杨树达 著

杨柳岸 整理

楊樹達日記

（一九四八—一九五四）

中华书局

图书在版编目(CIP)数据

杨树达日记:一九四八——一九五四/杨树达著;杨柳岸整理.
—北京:中华书局,2021.10
ISBN 978-7-101-15415-3

Ⅰ.杨…　Ⅱ.①杨…②杨…　Ⅲ.杨树达(1885~1956)-日记
Ⅳ.K825.5

中国版本图书馆 CIP 数据核字(2021)第 216310 号

书　　名	杨树达日记(一九四八——一九五四)
著　　者	杨树达
整 理 者	杨柳岸
责任编辑	常利辉　白爱虎
出版发行	中华书局
	(北京市丰台区太平桥西里 38 号　100073)
	http://www.zhbc.com.cn
	E-mail:zhbc@zhbc.com.cn
印　　刷	北京瑞古冠中印刷厂
版　　次	2021 年 10 月北京第 1 版
	2021 年 10 月北京第 1 次印刷
规　　格	开本/920×1250 毫米　1/32
	印张 9　插页 16　字数 240 千字
印　　数	1-4000 册
国际书号	ISBN 978-7-101-15415-3
定　　价	48.00 元

1920 年的杨树达

1952 年的杨树达

外舅
父親大人 賜存
婿樹達
女家祓 敬呈
十年六月四日 樹達 家祓結婚以是日雨甚撮影
糢糊近某友結婚 樹達 家祓偕往賀歸途撮此
聊補當日之缺尔
九月一日 樹達 家祓敬補記

杨树达、张家祓夫妇 1921 年 9 月 1 日在北京补拍的结婚照

1931年初冬于北平。前排左起：杨德娴、杨德纯，中排左起：张家袚同父异母妹妹、张家袚、杨德豫，后排左起：张训钦、杨德庆、杨树达

1947年夏于长沙岳麓山。前排左起：杨树达、张家袚，后排左起：袁志强、杨德娴、杨德嘉、杨德纯、周硕朋、周铁铮、杨德庆

20 世纪 40 年代末，杨树达、张家祓于广州石牌中山大学

1949 年春于广州石牌中山大学。前排坐者为杨树达、张家祓，杨树达右后较高微笑女士为杨德纯

1953年元旦于长沙岳麓山爱晚亭枫林桥。左起：王舜芝、杨逢甲、周硕朋、张福、杨逢年、袁志新、张家袯、杨文玄、杨树达、周冬麓、周铁铮、杨德纯

1953年5月31日于长沙岳麓山爱晚亭。前排左起：周硕朋、杨逢甲、杨树达、袁志新、张家祓、张福、杨逢年、周冬麓，后排左起：王舜芝、杨文玄、杨德骧、周铁铮、杨德庆、杨德纯

1948 年 9 月中研院第一次院士会议合影。第三排左起第一人为杨树达

1956 年 2 月长沙，杨树达追悼会

湖南省政治協商會議轉楊樹達先生家屬：

驚聞樹達先生病故，深為悼念，特電致唁。

毛澤東

一九五六年二月十六日

湖南省政协转毛泽东唁电

位于长沙岳麓山景区的杨树达教授之墓

積微居日記 第四十三册 时在 麓山即晋粤行

杨树达日记第 46 册原稿封一

積微居日記第四十六冊　三十七年十一月一日起叙

將作粤遊
三十七年
十一月一日　晴

著雍困敦陽月月朔日　月晴
晨清理室中大櫃書籍遂竟日足踝蘇來無知白來省
少坐言飯後周秉鈞來吉祥山來謁辛楊懺在南州大
學事五時李家源來邀至金谷春晚飯畢爲余與錢仁叔
粤博二人七時歸九時寢
羅

十一月二日　著雍困敦陽月初二日　火晴
晨清理講義峻妞來云明日隨宗可得遄決行午馮宗霍
李眉壽劉天隱周秉鈞謝弘敩辭李光瀋碩基吉雲山陶
雲叔合錢余於金谷春峻妞亦邀偕行飯後歸夜不寐

与铁锌横

纯

与腺锈

十月五日　著雍困敦陽月初二日　金晴

晨作信早點後出訪吳市之鐘應梅少年出嚴學第閲余以
玉入市相訪依簡錫永治來飯後同肯雲學弟著平山以
歷以言十七辭為佳後同玉北橋二十二辭此居年文歸余以
他人書信去然入寺日往祝別以悅余玉遯他還此回嶂頹工
將被褥來晚仍飯扵肯雲家八時復宿北齋

十月六日　著雍困敦陽月初六日　土晴

晨婚嫁姓入市著末至雞以條桌一歸飯後走林帳曾聯後
張巖坡東周達走來學校送所假木蒼來書案二藤椅
二方桌一竹榜四櫈姓入市買藤製桌深二尺半連陳文今

寤检理行装五时半别慕山侯渡湘至清书沉老尼邃宿

为晚九时夜

十一月二日　著雍困敦阳月初三日　昨晴

晨六时起林七时别老屋卦东诣李硕以李善姞周性頵玖妮

储玉纯芟及铁铭富慕山入市相送十四车发下汐二时过

慕山四昨过衡阳八时入夜

十一月卯日　著雍困敦阳月初卯日　未晴

晨六时趁车迟英德十一时至遵广州下车庵申至文明路

中山大学孔肖云家进拳條与肖云谈校事晚宿平山堂

二万十五号八时夜

与京辛元

余偕行

与杨华一

京华…

电孔肖云

佃山氏

苏顶宋公来港 70. 洋 2. 券一万 3000 四月

二次　　　　　港 12. 券一千. 咱咱 省

三次　　　　　 22. 券万禾 台（港 164 券三万二千 洋 2）

四次　　　　　券三百　　　执来四月十三 港 200. 券 32 300.

五次　宋来　 25 角　来 代　　　　　　　　　　　洋二

六次　　　　　券四十六万二千元　　四三换港纸 194 元 除券四万禾元　港 212 5

襄四月苟　　　拨交同妹洋三元港纸四十八元（铁兰信之要峡执元 光洋一瓶港六元 完今港 帐）　洋二 券 743 300.

苇七次　加铁存交港十九元 券五万禾千 六百元

宪八次　宋交来港纸十三元　券十六万元

陈付共存港纸万九十五元五角　　券叁拾叁万 0 九百元　　　　除港 1645

83年 12月 23日
杨叔达家属捐赠
一函二册
估价 100元
9批

杨叔达先生的家属于 1983年
12月捐燥给我馆，故发给此收
藏证以资鼓励配表。

1983年 12月 23日

九月二十九日　屠維赤奮若　壯月初八日　未睡

晨閱溝禮公義士冠記士昏居楊大堉補撰儀理不明違迕

原著模范當為不刊取代乃自心願明甚美人之智力不可了

強同此伯後入治岀兵唐生临行不遇挑薇元夫婦来晚海渡

政協議定團鎮紅迎角上五星一四山黄包圏公元紀年九
九月三十日　屠維赤奮若　壯月初九日　金曜
　　　　政協議定團鎮紅迎角上五星一四山黄包圏公元紀年
　　　　　　　　　　　　　　　　　　一九四

晨閱戲禮公義遂竟日田張来午心悵悵晚岀歩歩腕八时
　　報載綏遠新疆先後和平解放國堂自章以氐久
夜
解新強不自悔利用倭宼飛行員自殘其数聯行逆
施玉以真可誤衷心病狂苦矣

積微居日記 弟伍拾册

藏堂山

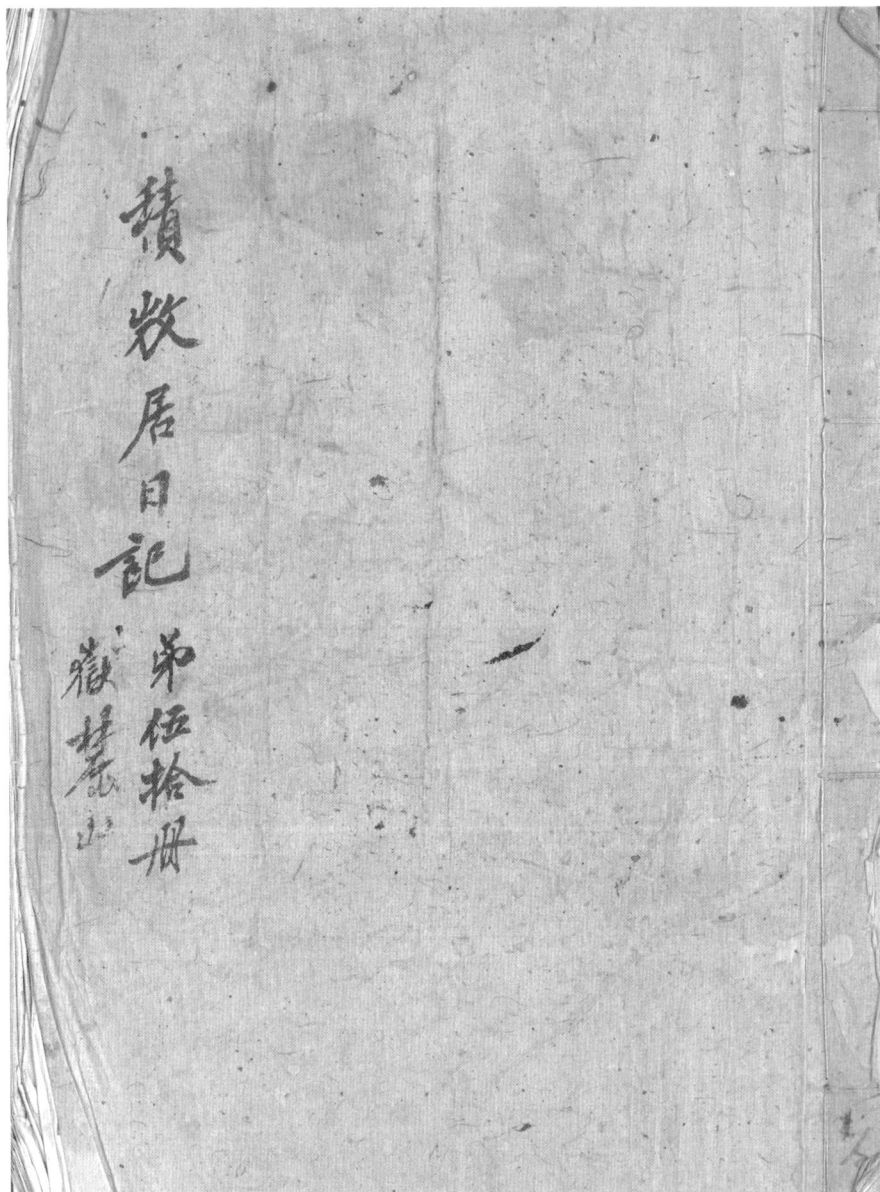

杨树达日记第 50 册原稿封一

五三年

二月九日血壓百五十八度

二月十曰曾中之次齊小學述林

二十三日寄撥澮南子證閒標點記

廿五日張竹君圭秀多向豐元　二月廿日西張仃鍾昌立金若蘇

三月九日齋講卹宛寵　二十四日接甲文三書二查報告

三月十九日血壓百分度　七日向　廿八日血壓百六十六度

三十二月百六十五度　三千二百与萼希金壬　五月十二日110

胃一日与毛叶　六日血壓176　六185　茜176 104

九月二十五寄金至解說

八月齊淮南三校

十月廿二寄件辭學

十月十日寄國文又□五種

十二月八日再寄漢唐寵館

十二月廿五日血壓180 115

三月廿四日血壓160 110

三月廿日寄論程琉讚

杨树达日记第50册原稿首页

中國百貨公司湖南省公司
長沙市商店公告

1952、12、17 光明日報

楊樹達先生的藏書于1983年
同捐贈給我校，故後反藏（？）……
……（？）

83年12月23日

阅通俗编及小学芜倭王疏安来晚八时寝

五月十七日　甲午四月十五日　月晴

昆心信录令祝港夜仍渡阅段注撰马蔡伏三

李一萍来晚洗吕九时复拟安　三余舍庭覆乃音古

五月十八日　甲午四月十六日　火雨晴

昆川六谱说楷堂误切又今读渠屑训表作切切翻译某

阅武作威秋郭千缔及先结台乃清君首阅段注撰马

运谋还俗川情

仍俟小寝入浴晚仍返出撤步疏安卧六小时洗吕

大时寝安

李吟秋来

车号车
何生屋
弓与出版组
洪安
峻千
绵石屋
嘉季

杨树达日记第50册原稿末页及封三

北京師範大學叢書

漢書補注補正

楊樹達著

在舊金山店裡有遇夫先生的這一部書出售！我買了兩冊，一冊送給有三之。

適

卅二四一九

上海商務印書館發行

胡适在送给王重民之《汉书补注补正》封面上的题字

遇夫先生道鑒　大作序勉強草成
聊以塞責若以為尚可用則請將文中
文理不通字句錯誤之處痛加刪改
咸幸感幸時事如此不欲多言
耑覆　敬請
箸安
　　　弟寅恪敬啟　十月五日
附拙稿一紙

三十七年來冬病論語疏證序來也以空恪也茫明矣

陈寅恪 1948 年 10 月 5 日致杨树达函

遇夫先生左右 手示敬悉 大著尚未
收到 賤名不得附 尊作以傳 誠為
不幸 然批序語意違腐 將來恐有
累 大著今刪去之 亦未始非不幸也
湖大改組
公何所歸 能退休 吾弟現仍授課作文
但苦多病 恐無相見之日 如何～ 專此奉
復敬請
道安

弟寅恪敬啟 十二月 六日
一九五二年

北洪泰

陈寅恪 1952 年 12 月 6 日致杨树达函

地址：廣州市河南康樂村　電話：五〇〇五五　五〇四五二

第　頁

遇夫先生左右頃奉　手示而大著適

於前二日收到以事忙病多未能即

復致勞遠念歉甚季玉先生處

重復三本可不必寄來矣

大著多古文奇字俟請人代讀然此

書為近年出版物中第一部佳作

雖不讀亦可斷言也　撰老所言踐以

豐沛耆老南陽近親目　公其意

甚厚弟生於長沙通泰街周達武

故宅其地風水如不惡惜藝圃主人未之

知耳　一笑敬叩

著安

弟寅恪敬啟

公元一九五三年一月二日

陈寅恪 1953 年 1 月 2 日致杨树达函

七弟、八弟：

两位来信，先后收到。迟迟未答者，以我的问题，只听楼上人声，未见下楼人也。近日始得完全解决，恢复级别，恢复党籍。查询运后原因，最初由于北大报北京市委审批，未附历史结论（被退回），由此耽误一个月。其后作出历史结论："1926年入党，29年因失去联系脱党。47年1月重新入党。历史清楚，无政治问题。"四月初送交市委，五月廿一日才批复同意。又值北大搬中华，其中批党的关系介绍信之费些时日，早一晌才解决。我仍打算留中华工作，以人像被钱毁好，又可不上班。七弟工作问题进行如何？有发展否？打算成家不？我有浓厚兴头。如有喜讯，方请告我。某、同珍姊均此未另。

如愿 愚兄！　　　　　　　　　　　　　两位   □□

杨伯峻 1979 年 6 月 5 日致杨德豫、杨德庆函

杨树达部分后人于清香留合影

杨树达家族谱系表。杨逢彬制

张家祓（女）　吴夫人（女）
杨树达

杨德嘉　杨德庆　杨德豫　杨德华（女）（三岁殇）　杨德纯（女）　杨德絅（女）　杨文玄　杨德骧　杨德文（三岁殇）　杨德洪

杨伟庆　杨伟辉（女）　杨逢跃　杨逢彬
杨广广　杨京京（女）　杨晓橙（女）
周杨冬欢　周杨立朋　周硕朋
袁雷　袁志新（女）　袁志强（女）
杨星沙（女）　杨逢康　杨逢年
杨逢欣　杨逢武　杨逢革（女）　杨逢丙（女）　杨逢酉（女）　杨逢建（女）
杨逢奇　杨逢美（女）　杨逢甲

杨黄石（女）　吴杨和　杨柳岸
杨妮乐（女）　符安安（女）　韩紫渝（女）
周阳　周皓（女）　杨晓骏
袁翔　王昌（女）　王健　王耶青（女）　郑青（女）
杨钊（女）　杨娜（女）
孙雁迟　赵晶（女）　马奕（女）　杨帆（女）　杨倩（女）
杨舒惠（女）　杨一恺（女）　杨庆

目　录

整理说明

一、关于《积微居日记》

这里的《积微居日记》，指曾祖父杨树达先生 1920 年 8 月到 1956 年 2 月初所写的日记，共 51 册。不包括他老人家 1905—1911 年留学日本期间所写的几册日记。这 51 册日记，为大 16 开本，每册厚 1.5—2.5 厘米不等；封面为较厚且光滑的牛皮纸，内页则为双面夹层，每面印有较粗红框，框内印有较细的红色竖线。七伯祖父德豫先生在《〈文字形义学〉概况》（载《杨树达诞辰百周年纪念集》，湖南教育出版社 1985 年）一文中说："父亲逝世以后，1960 年底或 1961 年初，北京中国书店的一个工作人员来到长沙家中，将包括该稿在内的若干书稿贱价购去（当时家中只有母亲和一保姆，再无他人。母亲卧病在床，精神萎顿，因见来人持有两位学者的介绍信，遂予轻信）。"这 51 册日记中的 49 册以及留日日记五六册，就是被"中国书店的一个工作人员"收走的。至于写介绍信的"两位学者"，家父逢彬先生依稀记得其中一位似乎是马宗霍先生。据家父回忆，当时曾祖母住一楼，而储存遇夫先生遗稿的储藏室在二楼楼梯口左侧。曾祖母恹卧病榻，只能任由于铭和其雇佣的一位民工上楼搜罗遗稿。不久之后，于铭将搜罗的遗稿列一清单，让曾祖母过目并签字，曾祖母未曾一一细看就签字了。

　　稍后，从祖父伯峻先生整理《积微居读书记》，需要从遇夫先生遗稿中查找资料，就遇到了一些困难。对此，他是有些生气的。在1963年4月29日给德豫先生的信中，他写道："中国书店曾派人至长沙收购书籍稿本，曾来婶母处收购。依中国书店所开具的购得叔父遗稿目录，不但科学院所退还给婶母的遗稿都在其中，且有叔父的日记、笔记及其他遗稿若干种，其数量超出于交于科学出版社者几一倍（仅据其目录而言），《国语集解》与《国策集解》都在其中（《中国文字学形义篇》亦在其中，但不知流落何所？因书店售出，未曾登记）。中国书店购得后，俱以贱价售出。除《国语集解》系由民族学院图书馆以四十元（或八十元）收得外，其馀买主尚待调查（其中叔父自叙等文、手批《汉书》等书，系由科学院图书馆购得）……中华书局负责某君对我说，若遇老遗族不把遗稿如此售出，许多当可整理出版（如对死者著作仍继续支付稿酬，或者付以保管费，当不无补益。然今则难言之矣。）……其遗族既然把它们贱价卖出，以后似不便再过问云云。"1984年12月28日，伯峻先生又在给德豫先生回信中说："所云中国书店收购者为于铭，所持学者介绍信，不知为谁所写。我因追问叔叔《说文口语疏证》，才知被囊括。由我提议，经当时中华书局总经理兼总编辑金灿然、文化部部长齐燕铭查究，始知所以然。叔叔遗著散在外者我所见者尚有《国语集解》，藏民族学院图书馆，仅集钞前人成说（由钞手所抄），叔叔仅校阅一纸，未作定稿，故不能出版，亦无从整理。我已复制一份，交人参考。而《说文》诸书，谅被私人收买。若我辈尚在，谅不敢盗名出版也。至于《文字形义学》各本高下，自是后来居上。"

　　家父 1995 年夏参加清华研究院成立七十周年学术研讨会时,曾在清华大学图书馆见到过《国策集解》,但那是 20 世纪 30 年代清华大学印刷的。关于《中国文字学形义篇》,德豫先生在《〈文字形义学〉概况》一文中有详细介绍。至于 49 册日记及留日日记,则由中国科学院图书馆购得,藏于其善本书阅览室。1985 年家父为确定《积微居友朋书札》中每通书札的写作时间,曾两次到北京王府井北大街查找日记,受到图书馆工作人员的热情接待与照顾。

二、关于《积微居日记》第 46 册、第 50 册

　　51 册日记中的第 46 册、第 50 册(以下简称"第 46 册""第 50 册"),不知何故未被于铭购去,一直藏于长沙曾祖母处。20 世纪 80 年代初,为了接续写到 1953 年 7 月的《积微翁回忆录》,五伯祖父德骧先生的女婿,北京师范学院分院中文系教师孙秉伟先生也到中国科学院图书馆查阅《积微居日记》。德骧先生在 1982 年 8 月 31 日写给德豫先生的信中说:"据小婿孙秉伟告我,科学院图书馆对父亲日记极为珍视。每册外加塑料皮,每八册装入一精制小木盒,不是特殊介绍信,概不外借。图书馆同志也表示缺少两本,深表遗憾。因此,我想到是否可商之诸弟妹,将该两本日记转让该馆。作价若干,双方共同协商,使父亲部分手稿(日记也是父亲手稿的一部分)得以完整地保存下来。我们后辈也可稍慰先父在天之灵。不悉弟妹们意下如何?"

　　接信后,七伯祖父德豫先生即召集两位姑祖母德娴、德纯以及八伯祖父德庆先生、我祖父德嘉先生(行九)开会讨论,以家父雅好文史,也列席会议并担任记录。会上,大家一致同意捐献这两册日记,并采纳了家父提出的希望中科院图书馆将这两册日记

制成复印本返还杨家但不作为交换条件的动议。本书书名所谓"杨树达日记"，指的就是这两册日记。

第46册，起于"三十七年十一月一日"，即1948年11月1日，讫于"九月三十日"，即1949年9月30日。每日连续纪录无间断，册末最后一页，即9月30日之后一页为手写账目。

第50册，起于"公元一九五二年十一月二十一日"，即1952年11月21日，讫于"五月十八日"，即1954年5月18日。连续纪录无间断。其中3月6日、7日有目无文。原因为遇夫先生"触火钵，以右肱着书案"（1954年3月1日）受伤。

依《积微居日记》体例，每册第一天，以及每年元旦，才有诸如"三十七年十一月一日""三十八年元旦""公元一九五二年十一月二十五日""一九五三年元旦""一九五四年元旦"字样。其馀则只纪月日。第46册，又用太岁纪年法纪农历年月日。第50册，则用干支纪年，汉字数字纪月日。两册日记，都用日、月、火、水、木、金、土等"七曜"纪每周。最后，用一到三个字纪天气。有时还加上"上元节""冬至""春风""大寒"等纪节令。如"三十七年十一月一日　著雍困敦阳月（十月）朔日　月　晴""十一月十一日　著雍困敦阳月十一日　木　阴　微雨""二月十二日　屠维赤奋若上元节　土　晴""七月十四日　屠维赤奋若且月十九日　木　雨　晴""十二月二十二日　壬辰十一月初六日　月　晴　冬至""公元一九五二年十一月二十一日　壬辰十月初五日　金　雨""十一月二十五日　壬辰十月初九日　火　阴""六月十五日　癸巳端阳节　月　晴"等。天气用字，有"晴""阴""雨""微雨""雨水""夜雨""雪""夜雪""风"等。

第46册正文第一页第一列，写着："积微居日记第四十六册，三十七年十一月一日，整装将作粤游。"这是遇夫先生1948年第二次赴广州。这年 4 月 5 日曾赴广州讲学一次，5 月 30 日北返，中间于 9 月 14 日赴南京参加中央研究院首届院士会议，然后前往沪、杭探亲访友。两次赴粤，均以教育部部聘教授名义前往。可参《积微翁回忆录》。

第 50 册封面写着"积微居日记　第伍拾册　岳麓山"，正文第一页第一列写着："积微居日记第五十册　长沙岳麓。"

这两册一般用毛笔书写，1954 年 3 月 5 日、3 月 8 日至 3 月 20 日由曾祖母代写。到同年 3 月 24 日，除天头"与编局片"及正文前七个字毛笔书写外，改由钢笔书写。25、26、27、28 日均由钢笔书写，到 3 月 29 日，又由曾祖母代写，直到 3 月 31 日。

这两册日记，始于 1948 年，终于 1954 年，跨度长达 7 年，其中缺 1949 年 10 月至 1952 年 11 月 20 日约 3 年时间，我们按照终始时间将其定名为《杨树达日记(一九四八——一九五四)》。

遇夫先生著书，一般由毛笔书写，但到晚年，有时也用钢笔。易祖洛先生为纪念遇夫先生一百周年诞辰，撰有《记先师积微先生晚年著书》一文。文中说："携长女小安谒先生岳麓山至善村之耐林庼。木屋数椽，仅免旁风上雨；而先生怡然自得，手不停书，伸拖礬十行笺，以自来水笔两管更替书之。墨尽，则德配张以别管进。其亟欲礼堂写定之情，灼然可见。"这一情形，易先生也多次对家父描述过。

三、整理之缘起与经过

这两册日记的覆盖时间，都是历史上较为关键的时期，因此将之整理出版，具有相当的意义。更为重要的是，整个 51 册日记以及遇夫先生的留日日记若干册，即将由浙江古籍出版社出版，中科院图书馆善本书阅览室的工作人员整理。对积微翁日记感兴趣的朋友，可以先读这两册，因为这两册是做了注解的；读过之后，再去读那全本《积微居日记》，可能会感到轻松些。我们的工作，也有"抛砖引玉"的意义。

2014年暑期，家父和我谈了这两册日记出版的意义，我便于稍后不久开始一边录入电脑，一边辨认草字并标点，这一工作大约花了3个月的时间方才告竣；随后便搜集资料来做注释。在2015年寒假，我便将已经完成的初步整理稿交给他过目，他又指导我修改误认的草字，以及弥补部分注释的缺失，并为我联系若干当事人的家属，核实事实。做完这些工作后，他又对二次整理稿加以纠错、修改、润色，并摹写了部分古文字。

四、日记的内容和记载体例

《积微居日记》有其自身的记载体例，格式差不多是固定的，然后根据记载体例记录每天的内容，现介绍如下。

1. 天头。谁来信，给谁写信，给谁复信。谁来信一般写作"某某书"（"某某"可以是一个字、也可能是两个或多个字），如1948年11月1日"袁籁清书""中研院书""幼三姐书"。有时写作"某某几日书"，即某某哪天写的信，如同年11月13日"骧九日书"，即杨德骧本月9日写的信。给谁写信一般写作"与某某"，如同年11月5日"与铁铮、德纯""与骧、豫"。有时写作"某某与某某"，如同年11月17日"毅与觉人"。有时还有几个字说明内容，如同年11月24日"与豫［寄150元］"。复信给某某，一般写作"复某某"，如同年11月19日"复李家源""复王显""复贺钧""复谭宛生"。

"某某"可以是人物，也可以是单位，如1948年11月3日的"京华书"、同年11月19日的"与京华"、同年12月3日的"商务书"。还可以是某单位的某某。如同年 12 月 4 日 "与商务朱、李及会计科"。

另外，还有 "与某某片"，即给某某寄明信片。如 1952 年 12 月 10 日 "与京新华片"。某某片，即某某寄来明信片。如 1953 年 2 月 26 日 "周名震片"。电某某，即给某某发电报。如 1948 年 11 月 3 日 "电孔肖云"。电报往往还有几个字说明内容。如 1948 年 11 月 21 日 "电骧［命速归］"。某某电，即某某来电报，有时还有日期。如同年 12 月 15 日 "骧十四电"。挂，即挂号信或挂号包裹。如 1952 年 11 月 25 日 "复编局［挂］"。

此外，还有诸如税单、寄款、唁电、收到聘书、收到包裹等等，不一而足。

2. 正文。正文的内容是每天都做了什么。具体内容如工作、散步、来人、外出、乘车、访客、进餐、购物、洗浴、午休、就寝等。

正文中较有价值的，如造访了什么人，对来访者的品评，别人说了什么，自己的感想，以及当日写作的主要内容、主要收获，以及著作的修改、出版。例如：

1949 年 1 月 7 日："马节（彦符）来，幼渔之子也，言论丰采皆高于乃父矣。"

1949 年 6 月 25 日："彭祖智书言，张云就职，人事大变。孔德、徐贤恭将往重庆；陆凤书将返无锡。孔德书亦云将有远行；又云中大将迁往海南岛。"

同年 8 月 2 日所记，包括访问陈明仁，对陈的评价，以及陈说了什么，都具有史料价值："晨徐正凡、谷国瑞来，云昨晚教授、助教、学生联合会开会，决议仍请教授代表二人入城谒陈明仁，务请去云云。因余畏热，前此有不欲行之意也。潘硌基来，遂偕至伍蕙农寓。车至漾湾市，渡湘访仇亦山，不值；至教厅访李眉寿，眉寿导余等至省府。陈明仁主席人甚爽朗，言当忠于民族，不忠于一人。"

同年 7 月 27 日："晨潘硌基夫妇来，送还借去俄国阿理克教授来札。近日湖大诸生多谓中国旧籍不足研究。硌基大不谓然。阿有《司空图诗品研究》，硌基故以此札示诸生，谓虽俄人不尽以习马列主义为能事，而仍复钻研我国故籍，欲以觉诸生之迷惘也。硌又言去年苏俄开科学研究院会时有人以《海赋》《月赋》《登徒子好色赋》译文作论文宣读，见于郭沫若所著《苏俄旅行记》中。"

1949 年 2 月 25 日："金文恒见'王若曰'，非王而称'若曰'者，止白龢父一人。《尚书·君奭》《立政》二篇为周公摄政时书，称周公'若曰'，他篇则未见。以此参证，白龢父为共伯和，明矣。共和二说之纷争从此可息。三十六年四月跋师虘敦，尚未能透，余今则澈透矣。适孟韦来，以此告之，亦首肯称是。"

1953 年 1 月 22 日："前请科学院赠毛主席《金文说》，屡思上书表求教之意，又因其日理万几不果。昨闻李达言（1 月 21 日"访李鹤鸣，送其行。谈及毛主席曾示渠余致毛两书"），因决作缄。今日起草，谈共和问题。次谈文字改革事，谓余不谓然；昔曾痛骂钱、黎，今所见犹昔日也。"

1949 年 2 月 23 日："九儿学费无着，娴书来云，与铁铮杂凑三十馀元，尚止得半数，馀由易仁荄担保。余为国家教人子弟，而己子不能入学，此种国家真不必存在也！"

1953 年 5 月 4 日："《雪堂丛刻》中《王引之行状》，《名字解诂》成书时年二十五，可谓早成矣！"

1953 年 6 月 3 日："晨阅石醉六自述，名'六十年的我'。卷中记徐仁铸介石及蔡锷入时务学堂，又言谭嗣同为学堂学监，语皆不实。蔡以陈右铭中丞之考试，与余兄弟同入堂，时在光绪二十三年丁酉冬间，徐尚未来湘也。谭为时务学堂创办人之一，何至为学监耶？"

1953年6月27日："徐老不以吕叔湘语法著作为然，欲发起研究也。坐谈间，徐不以范文澜历史称'姬昌''姬发'为是，谓文、武与幽、厉无别；又现在捧太平军过高；语极平实。又言毛公对曾国藩谓其本领极大，有十几省之势力，而不为清廷所忌，亦平心之论也。"

1953年7月26日："借范文澜《近代史》上册，阅其《太平天国》一章。叙事议论夹杂不明，拙于文也。标李鸿章为大买办，亦嫌失实。范君天资不高，而今日推为首屈一指，史学界真无人也！"

1953年6月23日："清写与郭书，告以《甲文说》汰去十二篇，渠见商而仍存不汰者五篇。其实余说皆有根据，并非苟作。郭认识能力固远过陈梦家，而学问荒疏；余所见，渠亦不尽知也。《采矿》一篇尤误解余意。其怀疑《王妣日名不同》及《沃甲配妣庚》二篇尤为强说无理，故只得与之辩论。汰去十二篇者，以欲院中出版，不得不勉徇其说耳。"

五、整理体例说明

我们在整理日记的过程中，确定了一些整理规范，交代如下。

1. 日记原稿正文经常空了一格，表示后面的文字是写完后补记的。整理时，我们模仿《积微翁回忆录》的做法，以○号代替空格，表示与前文隔开。

2. 日记原稿的天头上除少数文字外，记载的都是来往信札、明信片、电报、包裹之类。此次整理将其移往当日日记之后，加括弧，标以"天头"二字。

3. 日记原稿中的小字是对前面大字的注释,整理时,我们将小字用括弧括入。天头文字中的小字,因文字前后已使用括号,为了区别,改用方括弧括入。

4. 日记原稿部分年份用民国纪年,整理时改为公元纪年;原稿每月起始处未标月份,整理时在每月月初加标月份。

5. 日记原稿竖排,整理时改为横排。日记原稿繁体字书写,整理时除少数姓名用字如於、後、幹、穀以及分析字形外,一律改为简体字。日记原稿未标点,此次整理施加标点。

7. 日记原稿的错漏,一般已由遇夫先生本人纠正过来了。如 1949 年 1 月 8 日至 1 月 11 日四天,原稿误记作“十二月八日”“十二月九日”“十二月十日”“十二月十一日”,后来都由遇夫先生一一纠正了。但也间存误记,如 1949 年 1 月 3 日,将农历“初五”误记为“初四”。

8. 此外我们还对日记内容不易索解者进行了简单注释,编制了人名索引,以便读者翻检。书前附录若干彩页,包括人物合影、日记原稿书影以及杨树达家族谱系表。

六、整理甘苦以及若干人物故事

这两册日记的文字一般用行草,大多数情况下可以辨认。但也有无法辨识的,如 1954 年 3 月 15 日“王原一夫妇及李□和母亲来”。这段日记由曾祖母代写,依据“及”字和同样由曾祖母代写的同年 3 月 12 日“陈天和父亲来”,我们可以断定“李□和”为一人名,“李□和母亲”就是李□和的母亲。而七十年后,物是人非,亲友及至善村老邻居中也未有人能忆及“李某和”,这一未认出的字只好以□号代之。

日记无非记人记事。日记主人熟知的人物,对读者而言大多并不熟悉。如果不注,日记便将成为一部流水账;注了,整部日记就鲜活起来:一群七十年前以广州、长沙的高校知识分子为主的众生相就将生动活泼地浮现于眼前。故本书注释以注人物为主(古人不注)。至于纪事,采取以人带事原则,即在相关人物的注释中凸显事件;因此,专门纪事的注释较少,如1949年3月25日、3月28日记录中山大学教授罢教与学生慰问罢教教师的事情。

我们注释人物的原则是,十分著名的人物不注;较为著名的人物,如罗常培,简注;不太著名的人物,或简注,或详注,因为有些人物本身经历具有传奇性,而有些人物能找到的资料较少。还有好些人物,实在没有线索,只能付诸阙如。

必须要说,时隔七十年左右,要求对日记中出现的每一个人物进行注释,既不可能,也无必要。例如1953年4月20首次出现的言瑾,可能是湖大幼儿园的一位老师,但除了"过育儿园晤言瑾"外却找不到任何资料来佐证这一点,只好不注。类似者如後菊英、後其苏。

人物之外,为了帮助阅读,对某些地名有时也稍加注释,如"北斋""清香流"。

日记中常常考释文字。所考文字之已发表者,多见于《积微居小学述林》(包括上海古籍出版社版《积微居小学述林全编》)《积微居金文说》《积微居甲文说》三书,欲知其详,可以参考。上海古籍出版社和北京大学出版社的《积微翁回忆录》也有若干考释文字者,与本书有重叠。特此说明。

必须说明,有些注释,非亲属必不能完成,即使亲属也未必能够完成。例如,按照旧时长沙人习俗,一般人都有小名,这小名是刚出生时取的,以后父母及父母的同辈亲属便以小名称之，或加"儿""侄"等字，或随晚一辈称呼；同辈在小名某字后加上"哥""姐""弟""妹"等，晚辈则在小名某字后加上"伯伯""叔叔""舅舅""姑姑"等。比如1948年11月3日"玖侄"，1949年1月27日"寿侄"，第46册日记末尾的"同妹"（随同辈称呼），又如1954年3月13日"寄林、六两媳书"的"林"。这种小名，整理者已不大清楚，幸亏家父自幼承欢曾祖母膝下，对曾祖母时常念叨的亲属称谓记得很熟，也就能听懂他的父亲、伯父、姑母说的"寿哥""林哥""玖姐""同姐"指的是谁。

但五伯祖父、六伯祖父、七伯祖父、八伯祖父和我祖父没有小名，于是用数字称呼，如1948年12月22日"五儿云，将呼小七入城"，1949年2月23日"九儿学费无着"。家父曾言，不但家人、亲戚这样称呼，祖父的学生也这样称呼。家父当年经常听见上门的曾祖父学生这样称呼"八弟""九弟"，上文提到的易祖洛先生所撰《记先师积微先生晚年著书》，篇首即写着"德嘉九兄削正，弟祖洛"。

如上文所述，整理者本着注释从简的原则，点到即止。但往往，短短二三十个字的注释，却蕴含十分丰富的信息。

例如，1949年5月16日日记的"伍蕙农"是湖南浏阳人，曾任湖南大学政治系主任。1981年夏，在衡阳街头，整理者祖父德嘉先生路遇50年代初在零陵工作时的老朋友河北丰润人关群，关邀至其家吃饭。关家有两位老太太，一为关的岳母，一为岳母的姐姐。后者见关群称客人为"老杨"，便问：你莫不是湖大杨遇夫教授的儿子？笔者祖父大愕，忙问：您老如何知道？答云：我看您的下巴像您的妈妈。原来，关群岳母的姐姐，就是伍蕙农教授夫人。时伍教授早已作古，夫人无依无靠，只能随妹妹一道住在女儿女婿家。伍夫人告知家父,她与石曼华莫逆,且常有联系;又说,石曾告诉她,李达校长之调武大,是曾昭抡为曾昭权关说的结果。

又如,1952年11月24日的"张福",是六伯祖父杨文玄(德鑫)夫人。50年代中期,张福改名"张茜"。曾祖母问,你改名字干什么?张回答,您老叫张家福(曾祖母名字通常这样写),我叫张福,怕是不妥。这是曾祖母告诉家父的。1984年下半年,大姑祖母杨德娴、何月英(即1952年12月4日日记的"胡妈")及家父路经学宫街张福姐姐家,被请进喝茶。张福姐姐拿出几册精美的铜版纸画报,一边翻一边说,我弟弟是中国参加洛杉矶奥运会的射击队总领队兼总教练,他的队员许海峰取得我国首块奥运金牌……三人一看画报,果然写着"总领队兼总教练张福"。大姑祖母便问,张福不是你妹妹吗?怎么变成你弟弟了?张福姐姐愣了一下说,那时组织上要送我弟弟到苏联学射击,可是他没文凭,我妹妹便把自己的文凭送给他了……

又如,1953年7月21日"董每戡",关于董先生的搬家,家父《杨树达先生之后的杨家》第12页说到过,此不赘。陆键东其书397页对这一搬家的原因有深刻分析,但最直接的原因陆先生可能并不清楚,就是杨家从湘春中路36号搬到上学宫街一条巷4号。

又如,第46册日记中三见"徐佛观",徐复观先生在其1981年5月5日日记中说:"收到陈耀南先生寄来气功养病书二册,乃杨逢彬先生所赠。与杨先生不认识,闻系杨树达先生之孙。"在5月21日日记中又说:"复一信与杨逢彬先生,谢其赠气功治癌法两种。过去与杨不认识,仅与其祖父杨遇夫先生有一面之缘。"(载《徐复观全集·无惭尺布裹头归·生平》第370、374页)在这通信中,徐先生说:"尊祖遇夫老先生到南京时曾在敝寓便餐,惜当时观尚未从事学问,未能好好请益。"

1949 年 9 月 13 日:"徐兴培来,将赴北平,为作书与徐懋恂。"为徐兴培写信给徐特立,可能是让后者为前者谋出路。可以肯定的是,遇夫先生与徐特立许多年没见过面了(此前最后一面,尚有待将来出版的全部《积微居日记》证实),通常做法,多年未曾联系,先要写封信联络一番,不会突兀地介绍别人前往;除非两者当年的关系非同一般。

我们现在知道,遇夫先生最早的一部书是 1917 年出版的《新制中华国文教科书词性释及批评》小册子,为该书作序者即徐特立。他先是说:

> 余友杨君遇夫好读书,其平日教授生徒文字,恒以刘氏《助字辨略》、王氏《经传释词》、俞氏《古书疑义举例》三书为根据。去年夏,君曾以英文法及《马氏文通》词性之说纳之于三书,融会贯通,确有科学系统。特立时请君付梓以公同好,君以不敢自信,未之许也。顷者君所授第一女子师范四年级生,届实习教授之期。诸生常以实习用《新制中华国文教科书》质疑于君,君既为之详析词性,复为之抉发疵累。诸友见君稿者,皆请君付梓。君曰,六岁小儿所读书,人皆以浅易忽之,纵付梓,亦不过覆瓿而已,何事滥灾梨枣乎?特立初颇是君言,及取君说细读之,则亦力怂君付梓焉。

然后从五个方面论述该书的意义。最后说:

夫小学为教育基础，科学时代，智育尤重形式陶冶。以极重要之事，人皆以其易而忽之；君知其不可忽矣，又能言其所以然之故，有所述而不肯以示人，殆非古人实事求是之道。此余所以终力促君付梓者也。君既勉从余请，及印刷成，余乃述其颠末以告读是篇者。民国六年五月长沙徐特立。

曾祖母张家祓是徐特立清末时期在长沙周南学校的学生，1912年元月毕业留校任教，数年后便应徐特立之邀，到徐创办的古稻田女子师范任附属幼稚园主事。她教学和住的地方离徐处很近，时常见一身材高大声音洪亮的男子去找徐。1921年5月经熊希龄、程叔文介绍两人见面，曾祖母惊奇地发现，这人竟然是当年常去找"徐老师"的人！

1985年5月在长沙枫林宾馆召开杨树达诞辰百周年纪念会期间，家父曾陪同张舜徽先生随湖南省图书馆刘志盛一道参观了湖南省图书馆的徐特立专藏图书（徐去世后藏书捐湖南省图书馆），家父发现其中有多册遇夫先生赠与徐特立的自己的著作——这些书都放置在有玻璃门的书柜中。刘先生对张舜徽先生说，如果您今后捐书，也按徐特立所捐书一样办理。当场，张先生就同意了。

家父的导师，北京大学郭锡良先生多次回忆说，有次他在爱晚亭坡下草地读书，遥见徐特老和遇夫先生坐在爱晚亭内的藤椅上，一边谈一边爽朗大笑。这事也见本书1953年6月20日日记。

由此不难推知，遇夫先生和徐特立当时的价值观应该是很接近的。

要说遇夫先生的价值观，就不能不提他的父亲翰仙公——遇夫先生无疑受翰仙公影响很深："甲午之役,（日本）夺我藩属,割我台湾。时著者年方十岁,亲见先大父及先君子愤慨之情,即切同仇之志。"（见《春秋大义述附注》未刊稿）翰仙公在长沙是"无房一族",先前靠租房过日子,后来便住到岳父家（见1948年12月20日"孔舅氏"注文）。按《积微翁回忆录》的说法,他老年轻时"于科举帖括程式不甚措意",不大在乎所谓"功名"。从他所结交的至交好友是毕永年（松甫,先参与维新,后来参加孙中山发动的惠州起义的一位志士——遇夫先生和他的兄长,正是靠着毕永年的推荐,才被湖南学使江标免费录取到设立在湘水校经堂的实学会学习算学、地理、英文——时为1897年4月）,可以大致推知他的价值观并非那样传统和保守。

　　五四前后,徐特立和遇夫先生都是陈润霖（夙荒）创办的"健学会"的主要成员,是湖南新文化运动的主要人物。在湖南人民驱逐张敬尧的斗争中,遇夫先生还被推举为教职员代表,前往北京请愿。撰有《回忆驱张运动》的李思安（见1953年3月24日日记注文）对遇夫先生在驱逐张敬尧运动中的表现,有绘声绘色的描述。穆立立在回忆母亲彭慧的文章中写道："她在二舅杨树达的书堆中找到一本《新青年》合订本,受到其中文章的影响,就学着用白话文写小说。"

　　最后要说,日记中常记载血压多少。陶孟和先生甚至在信中告以治高血压方剂（1953年2月10日,方剂配伍见《积微居友朋书札》）。遇夫先生是患高血压引起的脑溢血和消化道出血去世的,这在杨伯峻先生发表在《人民日报》的纪念文章《追悼杨树达先生》中说得很清楚。遇夫先生并未患哮喘病,当然更没有如有的文章所说,因哮喘病而接受过五百元赠款。

七、关于杨树达家族成员的说明

日记除了七十年前以广州、长沙的高校知识分子为主的人物外,出现最多的莫过于杨树达先生家族成员,且如上文所说,多用昵称、简称,人物关系很不容易弄清楚,这就有必要做集中的说明。杨树达先生的家族史,粗略记述如下。

1. 长沙杨家世系,如同大多数家族一样,本有一首五言诗标明辈分,但家族中不复有人能够记忆,只有杨树达先生次女杨德纯记得自上一辈起的一句:有德逢开运。这样说来,杨树达属于"有"字辈。

2. 杨家在明末清初由江西南昌府迁居到今长沙市北郊龙华岭一带(在今长沙城区东北,湖南信息学院以北一公里开外,属长沙县安沙镇。《积微居诗文钞》之《访肖聃箸箸铺肖聃有诗次和》二绝句之二"羡汝林居风味好,归当五亩筑龙华"注云:"余先世居龙华岭。"家父于何申甫(泽翰)先生家多次见过遇夫先生亲自书写的这两首七言绝句条幅)。到杨树达曾祖父春台公(名"允凌")时,迁居长沙近郊,为菜农。祖父炳南公(名"宗莹"),父亲翰仙公(名"孝秩")。1885年杨树达出生时,杨家居北正街宗伯司臣坊;1890年,迁居小东茅巷外祖父家。

3. 杨树达有兄一人(杨树毂,1882年生),弟一人(杨树绩)。据多年前何申甫先生记录,杨树毂派名"有镛",字"念诒",号"曙箴",自号"退盦",私谥"孝敏"。杨树达派名"有勋",字"镜盦",号"仲遇"。杨树绩派名"有芳",字"根石"。

4. 杨树达有两位姐姐,都比杨树毂年纪大,还有一位妹妹。大姐名杨树馨,二姐、三妹均不知其名。

5. 杨树达结过两次婚。原配吴夫人,1905年结婚,生四子:杨德洪(1912年生)、杨德文(1913年生,三岁殇)、杨德骧(1916

年生）、杨德鑫（文玄，1919 年生），她于 1920 年逝世。继配张家被，1894 年 12 月生，1921 年 6 月 4 日与杨树达结婚于北京，1979 年逝世。张家被生杨德娴（长女，1922 年生）、杨德纯（次女，1925 年生）、杨德华（三女，1927 年生，三岁殇）、杨德豫（江声，1928 年生）、杨德庆（1930 年生）、杨德嘉（1932 年生）。

6. 杨树毂原配黄氏，生杨德崇（字伯峻，1909 年生）、杨厚之；继配黄氏，生杨德恭（长女）、杨德庄（次女）。李肖聃《私谥孝敏先生长沙杨君墓志铭》："君两配皆黄氏。子伯峻，北京大学文学士；厚之，日本京都大学生，前夫人出。女德恭、德庄，后夫人出。"

7. 杨树毂、杨树达兄弟的子侄排行：杨伯峻行一，杨德洪行二，杨厚之行三，杨德文行四，杨德骧行五，杨文玄行六，杨德豫行七，杨德庆行八，杨德嘉行九。

8. 杨树达的弟弟杨树绩，早年从事过印书业，杨树达 1924 年出版的《中国语法纲要》，即为"家刻本"。1920 年代，任湖南移民依兰委员会委员，移民吉林省依兰县。

9. 杨树达大姐杨树馨，生于 1870 年代末，嫁彭麟书，生四女：彭淑端、彭涟清（彭慧）、彭颖天（彭玲）、彭运煌。好友徐锡麟惨死，亲妹洞庭湖遇难，彭麟书连遭打击而英年早逝，杨树馨带着四个女儿回到长沙天心阁下清香留娘家。

10. 杨树达二姐嫁袁某某。三妹嫁遇夫先生 1900 年在求实书院结识的好友湘潭周大椿（季良），生女儿周纫兰、周纫蕙、周三元及儿子周鸣珂等。

11. 杨树达长子德洪原配王舜芝，生子杨逢甲（遇夫先生长孙，1944 年生，正逢遇夫先生六十虚岁。遇夫先生《六十述怀》"正逢周甲茁孙枝"）；继配史金妹，生女杨逢美、子杨逢奇。

12. 杨树达次子杨德骧，夫人吴涟，长女杨逢建（1943 年生，遇夫先生长孙女）、次女杨逢酉、三女杨逢丙、四女杨逢革、长子杨逢武、次子杨逢欣。

13. 杨树达三子杨德鑫（文玄），夫人张福（张茜），生杨逢年（长子）、杨逢康（次子）、杨星沙（女儿）。

14. 杨树达长女杨德娴，嫁袁久坚，生袁志强（长女）、袁志新（次女）、袁雷（儿子）。

15. 杨树达次女杨德纯，嫁周铁铮，生子周硕朋（杨立）、女周冬麓（杨欢）。

16. 杨树达四子杨德豫（江声），夫人禹晓荣，女杨晓煜。

17. 杨树达五子杨德庆，夫人李菊华（李华），女杨京京，子杨广广。

18. 杨树达六子杨德嘉，夫人尤淑贤，生长子杨逢彬、次子杨逢跃、女杨伟辉、三子杨伟庆。

19. 杨树毅长子杨伯峻，原配粟陶靖，生杨逢时（长子）、杨逢瑜（长女）、杨逢祖（次子）、杨逢锡（三子）。继配徐提（徐提本），生杨逢定（次女）、杨逢棣（四子）。

20. 杨树毅次子杨厚之，夫人景燕霓，为杨厚之同学景霖之妹。杨厚之号称"中国矽钢片大王"，他所研发的矽钢片用于十二万五千吨水压机。他的女儿曾于"文革"初期从天津到长沙上学宫街一条巷四号杨家避难，时年约二十六七岁。

21. 杨树毅长女杨德恭，嫁景振银，生景新、景明、景平等六子女。

22. 杨树毅次女杨德庄，嫁周汝聪，生周希旦（长子）、周希纯（长女）、周希光（次子）、周希芷（次女）。

23. 杨树馨长女彭淑端，嫁云南文山籍学者楚图南，生楚泽涵、楚泽湘（女）、楚泽洋。

24. 杨树馨次女彭涟清（彭慧），嫁吉林伊通籍诗人穆木天，生女穆立立。

25. 杨树馨三女彭颖天，曾任瞿秋白助手，嫁湖北黄冈人早期共产党员邱陵，生子邱某某、邱某某、彭小明。彭小明现居德国，其兄则居上海。

26. 杨树馨四女彭运煌，嫁湖北黄冈人林逸圣（谱名"祚海"）将军，生林鹄鸣（长女）、林惕中（次女）、林旭中（三女）、林从度（长子）、林从庠（次子）。林从庠的儿子林涛（张涛）目前常居上海、武汉，与家父和我常相过往。

27. 杨树达三妹与周大椿的女儿周纫蕙，有子周煦明，曾发表文章《一片丹心向阳开——缅怀母亲周纫蕙》。

28. 关于杨树达的家族史，除与杨树达相关的论著外，重点可参考《李肖聃集》（《湖湘文库》2008 年版）以及楚泽涵《往事微尘》（群言出版社 2019 年版）。前者以杨家为主或涉及杨家的文字多达 16 篇以上，后者则有多篇文章谈及彭家和杨家的诸多往事。

八、致谢

黄曙辉先生原拟出版本书，因故未果，在此须对他的热心致以谢意！时任中华书局上海公司负责人余佐赞先生亲自关怀本书的出版，并提出若干指导性的意见，谨致谢忱！阎海文有联系之功，一并在此感谢！常利辉、白爱虎两位，先后为本书的出版付出了大量心血，诸如修改文稿、注释，找专家书写古文字，以及策划全书内容，等等，经常夜以继日；中科院图书馆莫晓霞女士提供了这两册日记的数帧原版照片；武汉大学哲学学院刘乐恒先生雅好书法，帮助辨认了《日记》中几处难以辨认的草字；西南石油大学马克思主义学院张健丰先生帮助考释了广州的几处地名和老字号饭店；沈昊年先生提供不少关于杨家和宁乡沈家、向家关系的关键资料；在此，谨向他们致以诚挚的谢意！

　　本书在辨字、断句、标点、注释等方面，难免还会有一些错误，敬希读者指正。

整理者

二〇二一年十月

一九四八年

十一月

十一月一日　著雍困敦阳月(十月)朔日　月　晴

晨清理室中大柜书籍,遂竟日。王啸稣[1]来,熊知白[2]来,皆少坐,去。饭后周秉钧[3]来。吉祥(西山)[4]来,谈辛树帜[5]在兰州大学事。五时,李家源[6]来,邀至金谷春晚饭,客为余与锺仁正[7](粤博罗)二人。七时归,九时寝。(天头:袁籁清[8]书,中研院书,幼三

---

[1] 王啸稣:即王竞(1883—1960),字啸苏,以字行,也即王疏庵、王疏安,湖南长沙人。他是遇夫先生湖南时务学堂的同学,一生相知垂六十年。曾任湖南大学教授。
[2] 熊知白:即熊崇煦(1873—1960),湖南长沙人。与遇夫先生同为汉字省体委员会委员,湖南大学知新学会会员之一。
[3] 周秉钧(1916—1993):字源远,湖南汨罗人。时任教于湖南大学中文系,1953年院系调整调入湖南师范学院。与周铁铮、李祜相交甚笃。
[4] 吉祥(1914—1977):即吉西山,湖南临澧人。毕业于武汉大学历史系,曾任教于兰州大学、湖南大学历史系。
[5] 辛树帜(1894—1977):湖南临澧人。时任兰州大学校长,是遇夫先生的老朋友。遇夫先生和辛的岳父康和声也是老朋友。见本月三日日记注。
[6] 李家源:曾和遇夫先生同时任教于湖南大学。据《吴宓日记》,1948年李27岁,为中山大学中文系教师。
[7] 锺仁正:英文教授。曾住教于中山大学、湖南大学、军委外语学校。
[8] 袁籁清:浙江鄞县(今宁波鄞州)人。抗战时期在长沙盐务局任职。袁籁清是遇夫先生的亲家,他的儿子袁久坚是遇夫先生长女杨德娴的丈夫。

姐①书。）

十一月二日　著雍困敦阳月初二日　火　晴

晨清理讲义。峻侄②来，云明日车票可得，遂决行。午马宗霍③、李眉寿④、刘天隐⑤、周秉钧、谢弘毅⑥、方则之⑦、罗季光⑧、潘硆基⑨、吉西山、陶云孙⑩合饯余于金谷春，峻侄亦以邀偕行。饭后归，欲寝，不成寐，检理行装。五时半别麓山馆⑪，渡湘至清香流⑫

---

① 幼三姐：大约指向幼三（曾祖母弟弟张家祉夫人，湖南宁乡向家塅人）的姐姐，参见家父《长沙的沈家》《长沙的张家》《长沙的向家》三文（分别刊于 2015 年 12 月 6 日、13 日、20 日《东方早报》）。她曾留学美国学心理学，抗战前归国，曾在中央大学讲授心理学。

② 峻侄：即杨伯峻先生（1909—1992），名德崇，以字行，是遇夫先生哥哥杨树毅先生的长子，大排行为长。1932 年毕业于北京大学中文系。1926 年加入中国共产党，1929 年与组织失去联系，1949 年 1 月重新入党，曾任长沙工委书记、湖南省政治协商会议秘书处处长、中共湖南省委统战部办公室主任、湖南民盟机关报《民主报》社长等。50 年代初申请回到学术岗位。按，杨伯峻先生之任长沙工委书记，不见于他书，是祖父和家父 1983 年在湖南医学院家属大院听周特新（1933—2016）说的，周说他看过相关资料，信息可靠。周后来出任中共湖南省委宣传部部长。

③ 马宗霍：太炎先生晚年弟子。家父有《马宗霍先生素描》一文，载《杨树达先生之后的杨家》（浙江大学出版社 2016 年版），可供参考。

④ 李眉寿：即李祖荫（1899—1963），湖南祁阳人。民法学家，1938 年受聘为湖南大学教授，至 1949 年初一直在湖南大学任职，其间曾任湖南大学法学院院长。

⑤ 刘天隐：即刘腴深（1884—1949），名善泽，号天隐，湖南浏阳人。以字行。与遇夫先生、李肖聃等倡立麓山诗社，并任社长，被遇夫先生誉为"湖外诗人第一刘"。信仰佛教，为湖南佛教居士林第二任林长。

⑥ 谢弘毅：即谢善继（1903—1980），湖南岳阳人。时为湖南大学中文系教授。

⑦ 方则之：即方授楚（1898—1956），湖南平江人。时任湖南大学中文系教授。曾从遇夫先生学习金文，与遇夫先生同年去世，墓地也在长沙岳麓山，与遇夫先生墓地相去不远。

⑧ 罗季光（1914—1978）：湖南长沙人。语言学家，研究少数民族语言及汉语方言、汉语音韵学。

⑨ 潘硆基（1904—1953）：湖南宁乡人。遇夫先生的挚友。时为湖南大学历史系教授。

⑩ 陶云孙：即陶元珍（1908—1980），四川安岳人。时为湖南大学历史系教授。

⑪ 麓山馆：长沙地名，位置大致在今湖南大学毛泽东塑像西北一百米处。遇夫先生当时居此，与著名建筑学家柳士英教授为邻，二人在湖大教授中最为杰出，时称"杨柳"。

⑫ 清香流：即清香留，长沙小巷名，在天心阁下。据闻清朝时一操京腔的刘姓捕快居此，此巷遂名这"京腔刘"，后易名"清香留""清香流"。清香留五号是辛亥革命后遇夫先生的父母以及遇夫先生和他的哥哥姐姐的住所，抗战初期王力先生一家曾短暂居此。

老屋，遂宿焉。晚九时寝。

十一月三日　著雍困敦阳月初三日　水　晴

晨六时起床，七时别老屋到东站。李弥六、本善侄[1]、周汝聪、玖侄[2]偕至。纯女及铁铮[3]亦由麓山入市相送。十时车发，午后二时过衡山，四时过衡阳，八时入寝。（天头：与康辛元[4]、余潜修[5]，与杨华一[6]，京华书[7]，电孔肖云[8]。）

十一月四日　著雍困敦阳月初四日　木　晴

晨六时起，车过英德，十一时半达广州。下车雇车至文明路中山大学。孔肖云寓进麦条，与肖云谈校事。晚宿平山堂[9]二百十五号。八时寝。

---

①李弥六、本善侄：杨本善是遇夫先生的族侄女，李弥六是其丈夫。李在邮局工作，晚年住长沙烈士公园南门斜对过的邮电宿舍，与我祖父德嘉先生的住所不远，我因而见过几次。

②玖侄：即杨德庄，杨伯峻先生的同父异母妹妹，周汝聪是杨德庄丈夫。

③纯女及铁铮：杨德纯（1925—1983），遇夫先生的次女。周铁铮（1914—1978），杨德纯的丈夫，也是遇夫先生原定的学术接班人。详见李蟠《麓山学人轶事》以及家父《杨树达先生之后的杨家》。

④康辛元（1901—1952）：号冕华，湖南衡山人。化学家，曾任湖南大学、湖南工学院、中山大学教授。辛树帜是其姐夫，康清桂是其叔父。康辛元父康和声，是遇夫先生老友。

⑤余潜修（1911—1992）：湖南攸县人。时任湖南大学数学系教授。

⑥杨华一：即杨卓新（1890—1963），湖南新化人。曾任湖南大学教授、校务委员及理科学长。1947与遇夫先生同被湖南大学推荐为中央研究院首届院士候选人。

⑦京华：京华印书局，商务印书馆在北平的印刷厂。遇夫先生的《论语疏证》1948年在此印刷。

⑧孔肖云：即孔德，时任中山大学中文系主任。

⑨平山堂：广州中山大学的建筑，1922年9月兴建，四年后完工。"平山"之得名，源于爱国港商冯平山先生。梁实秋《槐园梦忆——悼念故妻程季淑女士》："在广州这半年（按，1949年上半年），我们开始有身世飘零之感。平山堂是怎样的一个地方，我曾有一小文《平山堂记》，纯是纪实。"

十一月五日　著雍困敦阳月初五日　金　晴

晨作信。早点后出访吴希之[1]、锺应梅[2]，少坐，出。严学宭[3]闻余至，入市相访，饭。岑时甫[4]、商锡永[5]亦来。饭后同肖云、学宭看平山堂屋，以二百十七号为佳。复同至北斋[6]二十二号。此屋前本定归余，以他人暂借，未能入。今日往视，则借居者以闻余至，正他迁也。因嘱颜工将被褥来。晚仍饭于肖云家。八时寝，宿北斋。（天头：与铁铮、德纯，与骧[7]、豫[8]。）

十一月六日　著雍困敦阳月初六日　土　晴

晨偕峻伋入市看木器，购小条桌一归。饭后支床帐。曾昭琼[9]、张崄坡[10]来。周达夫[11]来。学校送所假木器来：书案二，藤椅二，方桌一，竹椅四。峻伋入市买藤制书架二。发书箧陈书。今日始自炊爨也。晚八时寝。

---

[1] 吴希之：安徽怀宁人。曾任中华正气出版社总编辑。

[2] 锺应梅（1903—1985）：广东梅县人。时任中山大学中文系教授。

[3] 严学宭（1910—1992）：号子君，江西分宜人。著名语言学家，时任中山大学中文系教授。晚年任教华中理工大学。20世纪80年代末，家父适在武汉大学，曾往拜访。

[4] 岑时甫：即岑麒祥（1903—1989），广西合浦人。著名语言学家，时任中山大学中文系教授。院系调整后调北京大学。

[5] 商锡永：即商承祚（1902—1991），广东番禺人。著名古文字学家，自1948年起至逝世，一直任教于中山大学。我处藏有其金文立轴一幅，是为贺家父新婚所作。家父说，1990年春曾到商家看望，已卧床不起云。

[6] 北斋：在平山堂附近。曾经作为清朝贡院和中山大学校舍。

[7] 骧：即杨德骧（1916—1984），水泥专家，高级工程师。遇夫先生次子，大排行第五，毕业于西南联合大学，曾翻译英文、德文建材著作数种。

[8] 豫：即杨德豫（1928—2013），翻译家。遇夫先生四子，大排行第七，此时正就读于清华大学外文系。屠岸先生说："我认为把英文诗翻成当代白话，成就最高的是杨德豫，他翻译的量不多，面不广，但精益求精，他是中国诗歌翻译的一个顶峰，很难超越。"

[9] 曾昭琼（1912—2001）：湖南临武人。时任中山大学法学院教授，后任中南政法大学教授。

[10] 张崄坡：即张为纲（1914—1964），字冠三，江西南丰人。语言学家、音韵学家，是曾运乾的学生。时任中山大学文学院副教授。

[11] 周达夫（1914—1989）：时任中山大学教授。后随中山大学语言专业调往北京大学。

十一月七日　著雍困敦阳月初七日　　日　晴

　　晨出行箧书。吴希之夫妇来。严学窘、宋长栋①来。彭祖智②夫妇来。朱少滨③来。孔肖云来。饭后小寝。偕毅④至彭宅晤田运钧、王颖珠夫妇。王扶生⑤来。肖云介王季思⑥来。晚八时寝。

十一月八日　著雍困敦阳月初八日　　月　晴

　　晨作信。顾铁符⑦来。吴辛旨⑧来。商锡永来。午小寝,豫备课业,阅《引申义述》。始校《小学金石论丛续稿》。晚八时寝。〇昨日米百斤百五十元,今日遂倍之,吾辈将即为饿殍矣。(天头:与洪儿⑨,与张外舅⑩,与庆⑪、嘉⑫,张外舅书,纯女书,王显⑬书。)

---

①宋长栋(1923—　):语言学者,时为中山大学中文系学生兼助教。

②彭祖智(1920—1998):湖南湘阴人。时为中山大学青年教师。1949年后任教于湖南大学、湖南师范学院。

③朱少滨:即朱师辙(1878—1969),江苏苏州人。遇夫先生早年北京思辨社的旧友,他是清代《说文》四大家朱骏声的后人,曾将朱骏声手稿献给毛主席,晚年卜居杭州西湖边。

④毅:即张家祓(1894—1979),遇夫先生夫人,我的曾祖母。曾祖父为其取名"毅君"。

⑤王扶生(1902—1960):浙江开化人。时任中山大学历史系教授。

⑥王季思:即王起(1906—1996),浙江永嘉。著名文学史家、戏曲史论家,自1948年夏起至退休,一直任中山大学中文系教授。

⑦顾铁符(1908—1990):江苏无锡人。时任中山大学中文系讲师。

⑧吴辛旨:即吴三立(1897—1989),广东梅州人。时任中山大学中文系教授。他是遇夫先生在北京师范大学国文系任教时的学生。

⑨洪儿:即杨德洪(1912—1959),遇夫先生长子,大排行第二,当时正准备赴美国留学。1950年代初自美归国,在上海百货公司任会计,1959年因肝癌去世。

⑩张外舅:即张训钦(1875—1963),湖南长沙人,遇夫先生的岳父。详见家父《长沙的张家》一文。

⑪庆:即杨德庆(1930—2001),遇夫先生五子,大排行第八。1949年前夕为长沙清华高中地下党书记,1950年代初任职共青团湖南省委,后因肺病休养,旋任长沙一中英语教师。

⑫嘉:即杨德嘉(1932—2014),遇夫先生六子(幼子),大排行第九。是我的祖父,离休前为湖南省新闻出版局副局长。

⑬王显(1922—1994):字尊荣,别名伯晦,湖南衡山人。毕业于湖南大学中文系,他和夫人任建纯都是遇夫先生的学生,经遇夫先生推荐,1950年代初到中国科学院语言所古汉语室工作。曾任中国音韵学会副会长。

十一月九日　著雍困敦阳月初九日　火　晴

晨肖云来，偕肖及峻侄趁校车到石牌授训诂学二时。用余往年《引申义述》为教材，以本义、引申义皆备也。午归，饭后小寝。校历年说字之文，拟集为《小学论丛续稿》也。删去《释己》一篇。晚八时寝。（天头：毅与八、九[1]，与纯。）

十一月十日　著雍困敦阳月初十日　水　阴

晨作信。偕峻侄出门至汉民路配眼镜匡。雇车至博济医院，趁岭南大学校车到岭大访王了一[2]，留午饭。饭后访容希白[3]，少坐，以渠昔年所印郑业敩《金石文考》残卷一册见贻。郑《金石文考二集》实八卷，湖大所藏止四卷，乃不全之本。余前撰《提要》，不知此，有误记，当改正矣。访李沧萍[4]，不遇。归。校说字之文。晚八时寝。（天头：与谭戒甫[5]。）

十一月十一日　著雍困敦阳月十一日　木　阴　微雨

晨阅郑业敩《金石文考》残卷，考订多精审。阅温廷敬《毛公鼎之年代》，谓在穆王时，似亦嫌略早。午小寝。校说字文字。五时出，至孔肖云、吴希之、周其勋[6]、王季思（起）、吕调阳[7]各处小

---

[1] 八、九：即杨德庆、杨德嘉，杨树达先生第五、第六子，大排行行八、行九。

[2] 王了一：即王力（1900—1986），广西博白人。著名语言学家。王先生与遇夫先生都是梁任公的学生，又是清华大学中文系的同事。

[3] 容希白：即容庚（1894—1983），广东东莞。中山大学教授，古文字学家。家父的硕士导师夏渌先生是他带的首届研究生中最为年长者，同门称为"大师兄"。

[4] 李沧萍（1897—1949）：广东丰顺人。时任岭南大学中国文学教授。

[5] 谭戒甫（1887—1974）：湖南湘乡人。1928年遇夫先生聘他为武汉大学中文系教授，后任教于湖南大学，院系调整后到武汉大学工作。

[6] 周其勋（1897—1982）：字淦卿，浙江杭州人。著名翻译家，1948年度由中山大学转入岭南大学执教。

[7] 吕调阳（1905—1991）：湖北沔阳人。时任中山大学经济系教授。

坐。入市购物。晚八时寝。(天头：与彭端、涟甥①，与陈介石②、黎尔毅③。)

十一月十二日　　著雍困敦阳月十二日　　金　晴

晨孔肖云、周其勋、卢俊恺④来。偕孔、周访陈可忠⑤，不遇。饭后小寝。校说字之文。晚八时寝。(天头：与王有三⑥。)

十一月十三日　　著雍困敦阳月十三日　　土　晴

晨严学宭夫妇来。刘子植⑦来。曾昭琼、顾铁符来。廖生成九⑧来，留午饭⑨。饭后小寝。阅徐中舒⑩《䰉羌钟释》及《清仪阁题跋》。晚八时寝。○录卅一年所撰《盂鼎跋》一节应顾铁符。(天头：与汝聪，秦凤翔⑪书，骧九日书，纯、铁十日书，彭端甥书，周

---

①彭端、涟甥：即彭淑端(1905—1979)和彭涟清(彭慧，1907—1968)，湖南长沙人。遇夫先生姐姐杨树馨的大女儿和二女儿。

②陈介石：即陈迪光(1895—1966)，湖南浏阳人。1949年4月—7月曾任长沙市市长，随程潜参加湖南和平起义。

③黎尔毅：即黎泽泰(1898—1978)，湖南湘潭人。篆刻家，湖南文史研究馆馆员，曾为遇夫先生治印。

④卢俊恺：广东东莞人。时任中山大学政治学系教授。

⑤陈可忠(1898—1992)：福建闽侯人。时任中山大学校长。

⑥王有三：即王重民(1903—1975)，河北高阳人。1924年考入北京师范大学国文系，是遇夫先生的学生。时在北平图书馆任职。

⑦刘子植：即刘节(1901—1977)，号青松，浙江永嘉人。是陈寅恪先生的弟子，遇夫先生在清华大学时的老熟人，时任中山大学历史系教授。

⑧廖生成九：廖成九，湖南耒阳人。时为中山大学中文系学生，1951—1954年曾任衡南一中校长。

⑨留午饭：这里意为留廖成九一人午饭，其他人已告辞离去。否则，依《积微居日记》体例，若每人后都有"来"字，意味着并非一道而来，则当为"皆留午饭"。

⑩徐中舒(1898—1991)：历史学家、古文字学家。《积微翁回忆录》1946年2月7日："得徐中舒书，谓生平于国学者，清末最佩服孙籀廎；并时人士，于王静安师外，最佩服先生。"

⑪秦凤翔：学者，1922年出版有《比较实验国语正音法》一书。

名煇^① 书,觉人^② 十日书,黄泮荪书。)

十一月十四日　著雍困敦阳月十四日　日　晴

　　晨作信。校说字之文竟日。饭后小寝。四时出访林文铮^③,不值;又访吕调阳、邹豹君^④、刘显琳^⑤、罗雄才^⑥、王士略^⑦,皆少坐。晚八时寝。(天头:与铁、纯,与骧,与徐佛观^⑧,范治学^⑨ 书。)

十一月十五日　著雍困敦阳月望日　月　晴

　　晨阅《缀遗斋彝器考释》一卷。午后小寝。饭后出,至陈锡祺^⑩、孔肖云处小坐。康桂清^⑪ 来,辛元之叔父也。晚八时寝。(天头:纯十日晚书,与庆、嘉,复范治学。)

十一月十六日　著雍困敦阳月既望日　火　晴

　　晨趁车至石牌授训诂学二时。至学窘寓,留午饭。访朱谦之^⑫、周达夫、张嵚坡,不遇。朱少滨、刘子植、曾昭琼三处皆少坐。

---

① 周名煇:学者,1948 年出版有《新订说文古籀考》一书。

② 觉人:即张家祉(1896—1962),曾祖母张家被的弟弟、谢觉哉弟子。毕业于北京大学工学院机械科,后到美国留学。1949 年后任上海电机工程学会首任理事长。

③ 林文铮(1903—1989):广东梅县人。蔡元培先生的女婿,与林风眠友善。时任中山大学外文系主任。家父有文《林文铮家的法会》(《东方早报》2015 年 6 月 28 日)。

④ 邹豹君(1906—1993):山东蓬莱人。时任中山大学地理学系教授。

⑤ 刘显琳:安徽人。时任中山大学法学院助教。

⑥ 罗雄才(1903—1993):广东兴宁人。时任中山大学总务长兼工学院院长。

⑦ 王士略:即王越(1903—2011),广东兴宁人。时任中山大学教育系教授。

⑧ 徐佛观:即徐复观(1903—1982),湖北浠水人。这次遇夫先生给徐先生写信,大约是谈刊登在徐所办杂志《学原》的文稿事。

⑨ 范治学(?　—1978):字炳星,李肖聃的门生,曾祖父的私淑弟子。曾任教于湖南大学。

⑩ 陈锡祺(1912—2008):江苏盐城人。时任中山大学历史系教授。《陈寅恪的最后 20 年》第四章第五节曾描述汪篯托他给陈先生带北京蜜饯。

⑪ 康桂清:应为康清桂(1897—?　),又名康清,湖南衡山人。曾祖父老友康和声的弟弟。时任中山大学理科教授。梁实秋《槐园梦忆——悼念故妻程季淑女士》:"(平山堂)住处实在没有设备,同人康清桂先生为我们订制了一张小木桌。"

⑫ 朱谦之(1899—1972):福建福州人。曾任中山大学历史系主任、哲学系主任、文学院院长等职。

四时车归,阅行政院新闻局出版历史语言研究小册,举及季豫①、星笠②及余。晚八时寝。

十一月十七日　著雍困敦阳月十七日　水　晴

晨阅方濬益《彝器考释》,改《释唧篇》为《释泗》。草《△霝德鼎跋》,据《诗·丝衣》毛传,谓即《诗》之"鬲"。饭后小寝。校说字之文数首。晚八时寝。○得洪儿及袁婿③书,知娴女④、舜媳⑤皆拟返湘,票已有希望,为之一慰。近日京沪极纷乱也。(天头:与豫儿,与铁铮,毅与觉人,丁梧梓⑥书,洪十三书,久坚书,李日章⑦、莎青⑧书。)

十一月十八日　著雍困敦阳月十八日　木　晴

晨阅《缀遗斋考释》。容希白来,云拟结集其文字,请余序之。同希白至杨成志⑨处少坐。饭后小寝。清检书籍,阅《缀遗》。晚八时寝。○希白言,鼙叔即鲍叔,光绪间山西人杨笃先明之。(天

---

① 季豫:即余嘉锡(1884—1955),湖南常德人。文献学与目录学家,中央研究院首届院士。遇夫先生的挚友,张舜徽先生的姑父,周祖谟先生的岳父。其子余逊,字让之,也是知名学者。余让之夫妇之结褵,遇夫先生为介绍人。见《积微翁回忆录》1934年1月31日。

② 星笠:即曾运乾(1884—1945),湖南益阳人。音韵学家,遇夫先生的挚友。长沙烈士公园就是他的次子曾子泉设计的。

③ 袁婿:即袁久坚,浙江鄞县(今宁波鄞州)人。杨德娴丈夫(见《杨树达先生之后的杨家》,浙江大学出版社2016年版)。

④ 娴女:即杨德娴(1922—2000),遇夫先生的长女。

⑤ 舜媳:即王舜芝,杨德洪夫人。

⑥ 丁梧梓:即丁声树(1909—1989),河南邓州人。语言学家,杨伯峻先生北京大学同班同学。

⑦ 李日章(1887—1953):江西会昌人。律师。

⑧ 莎青:即李莎青,姓承前"李日章"省。李莎青(1925—2005),湖南嘉禾人。1948年毕业于中山大学。家父20世纪80年代初在中共湖南省委党校学报《学习与实践》(后改名《湖湘论坛》)编辑部工作时,主管领导即副校长李莎青,李多次对家父言昔年在中山大学读书时,曾前往看望遇夫先生。

⑨ 杨成志(1902—1991):字有寔,广东海丰人。民族学家、人类学家,时任中山大学教授,人类学系主任。

头：李家源书，九儿书，纯女书，王显书，与李眉寿。）

十一月十九日　著雍困敦阳月十九日　金　晴

晨趁专车到石牌授古文字学二时。午车归。饭后小寝。作信。校说字文数篇。改《释荆篇》。前以甲文 𠙶 为"囚"字，故谓荆从 𠙶 为木。校后读胡厚宣[1]书，知 𠙶 为"夶"字，非"囚"字，则 𠙶 像棺，表死刑。久思改，未暇，今日始为之也。八时寝。（天头：与铁、纯，复李家源，复王显，复贺钧[2]，复谭宛生，与京华。）

十一月二十日　著雍困敦阳月二十日　土　晴

晨孔肖云、周淦卿来。偕淦卿步至财政厅访胡铁岩[3]，归。草《邵黛钟跋》。饭后小寝，阅《缀遗斋考释》。王士略、何士坚[4]来。王季思送《闻一多集》来。王扶生来。占《易林》，问时局，不利。晚陈锡祥、锡祺兄弟来。祥，辰溪湖大同事也。胡铁岩、周淦卿来，久谈，去。九时寝。○罗元一[5]来，以金文跋十馀首及《读金文编记》付之。（天头：骧十六日，纯十七日书，沪来薰书。）

十一月二十一日　著雍困敦阳月二十一日　日　晴

晨阅《缀遗斋考释》，翻阅《闻一多集》，饭后小寝。吴辛旨夫妇来。孔肖云、李沧萍来。肖云以近得元本《方回诗选》请题识。

---

① 胡厚宣（1911—1995）：河北望都人。古文字学家，史学家。

② 贺钧：遇夫先生的学生。《积微翁回忆录》1948 年 10 月 27 日："贺钧任教扶轮中学，来书言：'读师《词诠》，得益极大。偶以师说文字学举示诸生，莫不欣然动听。乃知师学为天下之公学，当终生服膺。'"

③ 胡铁岩：即胡善恒（1897—1964），湖南常德人。胡善志四弟。财政学家、会计专家。曾任湖南财政厅厅长，时为广东省财政厅厅长。善诗词。据《积微居友朋书札》，1949 年秋，遇夫先生与胡铁岩、王晓湘（易）一道游岳麓山。

④ 何士坚：学者。著有《中国修辞学草创》《修辞学讲义》。

⑤ 罗元一：即罗香林（1906—1978），字符一，号乙堂，广东兴宁人。历史学家、客家研究开拓者。毕业于清华大学历史系，陈寅恪先生弟子，时任中山大学史学系教授。

胡铁岩遣使来告，虚云老法师①尚未成行。因偕周淦卿往志德医院访之，则已赴六榕寺。遂雇车到寺谒之。年已百二岁，而神明不衰，如五六十许人，口操湘乡音。如约到财政厅少谈。偕铁岩至太平馆。蔡季襄②自长沙来，携有古物。陈大年③宴蔡，铁岩邀余偕往观之也，同坐商锡永、黄文宽④。饭后偕锡永步归寓——锡永已于今日移来平山堂也。晚十时寝。（天头：与骧；电骧［命速归］。）

十一月二十二日　著雍困敦阳月二十二日　月　晴

晨阅《缀遗斋考释》，饭后小寝。校说字之文五叶。出，答访商锡永。商邀余同赴文献馆阅陈白沙诞辰纪念展览会，遗物有琴及茅制笔、墨迹及遗像等。商友何君邀至丽丰园晚饭，步归寓。九时寝。○汝聪书告，卖产事不谐⑤。（天头：与中华局，汝聪十八书，庆十四书，秦凤翔文字。）

十一月二十三日　著雍困敦阳月二十三日　火　晴

晨趁车到石牌授训诂学二时。午车归。饭后小寝。商锡永、孔肖云来。偕商、孔及峻侄至惠吉西路访陈大年，阅其藏器。玉最多，外有石器及琉璃器。六时归。晚八时寝。（天头：戒甫书，徐佛观书，姜亮夫⑥文字。）

十一月二十四日　著雍困敦阳月二十四日　水　阴

晨作信，阅《缀遗考释》。饭后小寝。廖生成九来，请为其亡

---

① 虚云老法师：即虚云禅师（1840—1959），湖南湘乡人。俗姓萧，名古岩，字德清，号虚云，是近代著名的禅宗大德。
② 蔡季襄（1898—1979）：湖南收藏家，俗称"蔡四爹"。他与遇夫先生是几十年的老友。
③ 陈大年（1881—1969）：字萝生，广东南海人。1949 年后任广州市首任文史馆馆长。
④ 黄文宽（1910—1989）：广东台山人。时任广州法学院教授。
⑤ 卖产事不谐：根据 1953 年 11 月 1 日日记"清香老屋已有人承受，价三千六百万元"来看，此处"卖产"大约是指出售清香留老屋。
⑥ 姜亮夫（1902—1995）：名寅清，云南昭通人。时任昆明师范学院教授。

祖母题墓志、遗像。校说字之文五叶。草《释攲篇》。攲,从也,为女阴;从攴,有所作为。以《韩诗外传》卷一"男子十六精通而后能施化"为证。攲,本字"施",同音假字也。晚八时寝。（天头:与汝聪,与豫［寄150元］,豫十六书,庆十七书。）

十一月二十五日　著雍困敦阳月二十五日　木　阴

晨阅《缀遗斋考释》。草《毕鼎跋》。此器自吴荣光以下,皆名为"执干鼎"。今以甲文校之,乃"毕"字。《殷文存》云"𩰬鼎",亦误。严学宭来。饭后小寝。访孔肖云,邀之访罗元一,不遇。游中央公园,树木颇盛,规模颇小。步归寓。晚八时寝。（天头:与纯,纯廿一书,李眉寿书。）

十一月二十六日　著雍困敦阳月二十六日　金　雨

晨趁专车到石牌授古文字二时（经、溢、绅、畾）。午车归。饭后小寝。校说字文五叶。晚八时寝。○得洪儿及袁婿书,知舜媳、娴女、燕霓侄妇[1]于廿一日由京乘江安轮驶汉,廿四日可抵汉,日来已返长沙矣。骧儿书,知决率眷返湘。连日不闻确耗,为之少慰。（天头:卞孝萱[2]书,洪廿二书,骧廿二书,嘉廿一书,久坚廿一书,铁、纯廿三书。）

十一月二十七日　著雍困敦阳月二十七日　土　晴

晨作信。阅《缀遗斋考释》。严学宭夫人[3]来,留午饭。饭后小寝。田渠[4]来。阅《缀遗》。晚八时寝。（天头:复洪,与朱骝

---

①燕霓侄妇:即景燕霓,遇夫先生侄儿杨厚之（杨伯峻先生之弟）的夫人。

②卞孝萱（1924—2009）:江苏扬州人。约在1948年,卞孝萱向遇夫先生索诗索字,以颂母德。遇夫先生作诗云:"到处乞言张母德,吾生喜复见龙庄。孤儿教养恩如海,寸草将心报北堂。"（《卞母李太夫人颂词,为卞孝萱作》）

③严学宭夫人:即张志远。

④田渠（1900—1957）:字河森,湖南麻阳人。时任湖南大学物理系教授。

先①，与叶公超②，与铁、纯。）

十一月二十八日　著雍困敦阳月二十八日　日　阴

晨阅《缀遗斋考释》，遂竟日。吴辛旨、田河森、邹豹君、陆守庵、容希白、顾铁符来。饭后小寝。守庵介何劲秋③来。到孔肖云处小坐。晚八时寝。○刚主昆明来书，邀往五华学院任教。（天头：谢刚主④书。）

十一月二十九日　著雍困敦阳月二十九日　月　晴

晨草《齐侯盘跋》，纠方濬益误认"皇匕"为"皇氏"之说。再跋师虎毁，以《书·盘庚》《周本纪》证"居"有"都"义。饭后小寝。偕峻侄到文献馆观广东名人书画，有陈白沙、海忠介、屈翁山、陈元孝、黎二樵、吴荷屋、宋芷湾、陈观楼、朱九江、陈兰甫、康长素作品。余尤喜荷屋、长素二家。晚八时寝。○汝聪与峻侄书，知舜芝、燕霓、德娴于二十六日抵长沙。（天头：复刚主，与铁、纯、肖聃⑤、湘生⑥、王显，与骧，与洪，嘉廿四书，复卜孝萱。）

十一月三十日　著雍困敦阳月晦日　火　晴

晨以疲倦校课缺席。作信。阅《缀遗斋考释》，遂竟日。午小

---

① 朱骝先：即朱家骅（1893—1963），浙江湖州人。时任中研院院长。

② 叶公超（1904—1981）：江西九江人。时任外交部常务次长。遇夫先生20世纪二三十年代在清华大学文学院的同事。

③ 何劲秋：海南人。著有《琼语字源》。

④ 谢刚主：即谢国桢（1901—1982），河南安阳人。毕业于清华国学研究院，师从梁启超等。

⑤ 肖聃：即李肖聃（1881—1953），湖南望城人。曾任湖南大学教授，是遇夫先生以及杨树毂先生从小到老的挚友，和遇夫先生一起负责主修湖南省文献委员会《艺文志》。《积微翁回忆录》1938年3月11日："李肖聃挽大人云：'励节志符伯起，忧时心契灵君，身世际艰危，再阅沧桑伤此老；长君共宦金台，仲子同浮碧海，朋游若兄弟，卅年生死见交亲。'词义恳挚。'励节''忧时'二语，尤足慨大人一生志事。"

⑥ 湘生：即刘永湘（1889—1971），湖南新宁人。曾任湖南大学、湖南师范学院中文系教授，刘永济教授的胞弟。

寝。饭后宋长栋来。贾国永①夫妇来，峻侄之同学友也。厚之侄夫妇自长沙来，知舜芝媳、娴女等归湘后平安无恙，余卖产事仍在交涉中。晚八时寝。（天头：与胡春藻②，与林蔚人③，洪廿六书，纯廿六书，庆廿四书，与黎尔毂。）

十二月

十二月一日　著雍困敦辜月（十一月）朔日　水　晴

晨草《简白大父再跋》（似郭已及），释"作嬴改"为遣嫁嬴改，以晋公盦"丕作元女"为证。阅《缀遗斋考释》。饭后小寝。《历代著录吉金目》于一器异名有互见例，录其叶数以便检查。校说字之文十叶。晚厚之侄夫妇去张宅宿。八时寝。○尹世积④来书，请序所著书。（天头：尹世积镒新书，纯廿七书。）

十二月二日　著雍困敦辜月初二日　木　雨

晨六时厚之侄来，取行囊去香港。廖成九来，云今日趁车返湘，留早点。校说字文十叶。饭后小寝。记福开森书器互见叶数。晚八时寝。○骧书告湖南水泥厂邀之任事，为之一慰。（天头：复久坚，洪廿九书，骧廿六书。）

十二月三日　著雍困敦辜月初三日　金　雨

晨趁车赴石牌授古文字研究二时（蝀、虹）。午车归，饭后小寝。校说字文九叶。三十三年尾止之文皆已校讫。晚八时寝。（天头：娴廿八书，骧廿九书，商务书。）

---

① 贾国永（1900—1982）：湖南石门人。时任中山大学物理系教授。
② 胡春藻：即胡庶华（1886—1968），湖南攸县人。冶金学家、教育家，曾三任湖南大学校长。
③ 林蔚人（1904—？）：福建闽侯人。曾任西南联大政治经济学院院长。
④ 尹世积：字镒新，湖南武冈人。著有《尚书通论》《禹贡集解》《王制集义》等书。

十二月四日　著雍困敦辜月初四日　土　雨

晨作信。阅《缀遗斋考释》九卷讫。草《△子每孖鼎跋》，正方氏题敏父甗之误。饭后小寝。跋杞伯每孖卣。据陈公子甗"梁"字作汈，知刂乃"孖"之别体。出到肖云处少坐。答访余卓庵。晚八时寝。（天头：与骧、豫，商务税单，刘树荣书，文韶清书，与商务朱、李及会计科，与汝冲[1]，复刘树荣，复文韶清，李家源书，久坚书，学审会书。）

十二月五日　著雍困敦辜月初五日　日　晴

晨补订《杞伯卣跋》。赵荣光[2]、王咏祥[3]来。赵，昔年燕京同学[4]；王著有中国文法，曾介周叔厦[5]，请余署首。检甲文讲义，依类分之。饭后偕毅到彭祖智、孔肖云二处小坐。晚八时寝。

十二月六日　著雍困敦辜月初六日　月　晴

晨作信。清检旧讲义，依类分之。阅旧撰金文跋。饭后小寝。阅《缀遗斋考释》。出，至吴希之处小坐。晚八时寝。（天头：与娴、纯，与龙伯坚[6]，庆一日书，嘉二日书，中华局书。）

十二月七日　著雍困敦辜月初七日　火　晴

今日为孔太夫人九十一岁生辰，不睹音容忽忽十三年矣！追念深恩，痛悼何极！晨车赴石牌授训诂学一时，指导四年级论文一时。学宦邀至其家进麦食，饭后假榻小寝，以昨晚失眠也。至贾国

---

① 汝冲：即周汝聪。

② 赵荣光：里贯、生卒年不详，后迁往香港。

③ 王咏祥：江苏盐城人。1930年毕业于厦门大学中国文学系。时任教于厦门大学。

④ 同学：日记中的"同学"，并非"同窗"之意，而是"学生"的意思。如1953年10月27日日记中的"刘同学"，即指遇夫先生在清华大学任教时的学生刘绶松。

⑤ 曾介周叔厦：曾经介绍周叔厦到湖南大学文法学院任教授。周叔厦，即周枬（1908—2004），江苏溧阳人。抗战中遇夫先生曾任湖南大学文法学院院长。时因有匪警，遇夫先生一家曾寄居辰溪县马溪周叔厦家。

⑥ 龙伯坚（1900—1983）：湖南攸县人。中医医学史专家。遇夫先生的老朋友。

永寓小坐。三时车归。校训诂学讲义（即《文字引申义述》），以诸生请付印，故略加校正。晚八时寝。〇纯女闻余窘状，向湖大假五十元寄到，并告舜媳已来住麓山矣。（纯一日书，林蔚人夫人书。）

十二月八日　著雍困敦辜月初八日　水　晴

晨阅《缀遗斋彝器考释》，温《尚书》数篇。草《匽侯旨鼎跋》，以《康诰》"见士于周"证彝铭之"见事"，纠吴愙斋、方濬益"见使"之释。饭后小寝。校说字之文。访孔肖云。同孔访商探花（衍鎏）[1]，年七十五矣，强健不衰，出示明弘治二年《登科录》。晚八时寝。（天头：与洪，纯二、三日书，觉人书，孝纪[2]书。）

十二月九日　著雍困敦辜月初九日　木　晴

晨繙阅《簠斋吉金录》，考释至少。前阅《簠斋尺牍》亦然。知陈氏仅一收藏家，于学问之事无涉也。阅《缀遗斋考释》。饭后小寝。记《历代吉金目》互见叶数。晚八时寝。（天头：与铁、纯，骧六日书，京华书，王啸疏书。）

十二月十日　著雍困敦辜月初十日　金　晴

晨趁车到石牌授古文字学二时（鑮、力、脅）。偕峻侄至贾国永寓午饭。饭后同贾至天文台访田河森，少坐。三时车归。过孔宅，阅报。晚八时寝。（天头：戒甫书，张外舅与毅书，黎泽泰书，沪商务书，《论语疏证》校样。）

十二月十一日　著雍困敦辜月十一日　土　晴

晨校《论语疏证》，遂竟日，讫十三、十四两卷。作信。张钦坡、严太太来，留午饭。饭后小寝。晚商锡永来谈。十时寝。（天

---

① 商探花衍鎏：商衍鎏（1875—1963），广东番禺人。商承祚的父亲，是清末最后一届科举的探花。

② 孝纪：即张孝纪（1930—　），曾祖母哥哥张家祺（迪人）的第二子。

头：与骧、豫，纯七日书，觉人书，刘树荣书。）

十二月十二日　著雍困敦辜月十二日　日　晴

晨峻侄邀至聚丰园进早点，过市购物，午归。饭后小寝。草
《次卣跋》。𢆶前人释"邑"（阮元），释"叉"（吴式芬、大澂、刘心
源、方濬益），释"丑"（《周金文存》），余释为"次"。"裘"字甲文
作𠧧，次卣作𢆐，加"又"旁乃声类，纠方氏之谬说。张嶔坡夫妇
来。晚八时寝。校《论语疏证》十五、十六二卷。

十二月十三日　著雍困敦辜月十三日　月　晴

晨校《论语疏证》十七卷至二十卷讫，并陈、方二序[1]寄还京
华。饭后小寝。彭祖智夫妇来。余及毅偕彭趁汽车至仓前街访
王颖珠，不遇。王之母及吴子炉[2]款接。吴亦湖大同学也。游六
榕寺，祖智邀进素点。颖珠夫妇闻余至，亦来寺相晤。步归。孔
肖云来。偕孔至吴辛旨寓，赴其晚饭之约。同坐林文铮、方孝
若[3]、吴敬轩[4]夫妇。九时归寝。（天头：峻与豫［二百元］，王显
书，中华局书，寄《论疏》校样。）

十二月十四日　著雍困敦辜月十四日　火　晴

晨趁车到石牌授训诂学二时。午车归。饭后小寝。阅商锡
永《彝器伪字研究》（《金陵学报》三卷二期及《考古》五期抽印
本），阅《缀遗斋考释》。贾国永夫妇来。陈生楚光[5]来。晚八时

---

① 陈、方二序：陈序指陈寅恪序，方序今版《论语疏证》阙如。
② 吴子炉（1916—1988）：湖南汨罗人。化工专家。1940年毕业于湖南大学理学院化
　　工系。
③ 方孝若：即方孝岳（1897—1973），名时乔，又名乘，以字行，安徽桐城人。时任中山大学
　　中文系教授。其子方管，即舒芜。按，长沙话岳、若同音。
④ 吴敬轩（1895—1976）：名康，广东平远人。曾任中山大学文学院院长。
⑤ 陈生楚光：陈楚光，时为中山大学学生，从商承祚学习。后执教于台湾大学，撰有《破殷
　　历谱》《殷本纪补注》。

寝。（天头：豫九日书,庆八日书,颜杰贤^①书,周汝冲书。）

十二月十五日　著雍困敦辜月望日　水　晴

　　晨作信。商藻亭老人（衍鎏）来,久谈,去。记福开森书互见叶数。午小寝。饭后阅《缀遗斋考释》。六时过商锡永寓,查金文书。应吕调阳之约赴其家进饺子。晚八时寝。○报载北平被围,炮弹落清华,伤厨工一人,汽车停驶,师生皆徒步入城云。五儿十四电云道阻暂留。疏安寄所撰伯兄^②传来,略为删润,寄还并谢之。（天头：与王疏安,骧十四电。）

十二月十六日　著雍困敦辜月既望日　木　晴

　　晨严学宭来。作信。跋元刊本周弼《唐贤三体绝句诗法》^③,应孔肖云之请也。饭后小寝。阅《缀遗斋考释》。晚八时寝。○纯寄三百元来。（天头：与纯,与王显,纯十二、十三书,谢刚主书,文献会书,骧十一书。）

十二月十七日　著雍困敦辜月十七日　金　晴

　　晨趁车到石牌授古文字二时。午车归。饭后小寝。商锡永来。草《瓔燹盨跋》（旧项絾篒）,以“燹,稣典切”证絾、豯为一字。絾,息利切,与燹为对转也。晚八时寝。（天头：洪十四沪书,娴十二书,纯十四书。）

十二月十八日　著雍困敦辜月十八日　土　晴

　　晨改订《瓔燹盨跋》。跋子未父乙盉。屮,旧释宁,余以甲文“子”作屮,定为“子”字。饭后小寝。阅《缀遗斋考释》。王季思来。晚八时寝。○孔肖云来云,戒甫此期云不来,甚感困惑。余因作书与戒告之。（天头：与戒甫。）

---

①颜杰贤：湖南涟源人。湖南大学毕业,中共地下党员,解放初期在湖南省政府办公室任秘书。

②伯兄：即杨树毂（1882—1935）,字芟诒。遇夫先生的长兄,杨伯峻先生的父亲。

③即《唐贤绝句三体诗法》。

十二月十九日　著雍困敦辜月十九日　日　阴雨

晨跋子孙祖丁觚。🦴字前人无释，余据甲文定为"子"字。子祖丁与子祖辛卣云子祖辛者同，但为祖作器而称"子"为不解，当阙疑耳。记福开森书互见叶数。午后小寝。饭后阅《缀遗斋考释》。到孔肖云寓阅港报。晚八时寝。

十二月二十日　著雍困敦辜月二十日　月　晴

晨顾铁符来，为余从容希白所假来榆次常赞春著《柞翰吟庵金石谈》一册。内记杨笃（字秋湄）考鞏叔即鲍叔，与余说同，文他条记。杨，丙子丁丑入京会试，潘祖荫与之熟识云。今日内子五十五初度[1]，杀鸡一头为食。饭后小寝。阅《缀遗斋考释》。跋孙爵。方书名子执惠爵，铭作🔣字。左旁方释为"子"字，是矣；🔣字据甲文是"糸"字。"子"旁作"糸"，明"孙"字也。到肖云处看报。晚八时寝。（天头：复谢刚主，久坚十四书，铁铮十三书，汝冲十五书，孔舅氏[2]书，李沧萍复，商务馆书。）

十二月二十一日　著雍困敦辜月二十一日　火　晴

晨车赴石牌授训诂学二时。十一时十分车归。饭后小寝。录《古籀拾遗》诸器于福开森《吉金目》。阅《柞翰吟庵金石谈》及《缀遗考释》。杨邦杰[3]来，农院教授，武冈人，留日学生。晚八时寝。

---

① 内子五十五初度：曾祖母生于 1894 年农历 11 月 20 日。

② 孔舅氏：即孔莆村公，遇夫先生的舅父，同时也是遇夫先生最早的同窗。《积微翁回忆录》："是年（1890）始从先君受读。先君频年馆于外，为人课子弟，不能家居教余兄弟，每以为忧。是年外祖父孔晓岩公筑新居于小东茅巷成，颇有馀屋。母舅莆村公须聘业师，孔太夫人因请于外祖，外祖遂令舅氏从先君受业，不致馆谷，而以其馀屋令吾家寓居以为酬。于是先君得安居于家，训吾兄弟焉。"据《李肖聃集》所收 1933 年《孔莆村六十双寿颂》来看，他出生于 1873 或 1874 年。

③ 杨邦杰（1891—1971）：湖南武冈人。蚕业教育家、蚕业科学家，曾任中山大学农学院教授、蚕桑系主任。

十二月二十二日　著雍困敦辜月二十二日　水　晴

晨严学窘来。田渠来，云今日午后趁车返湘，以糖果及牙膏等托之携归长沙。整理说字之文竟日。饭后小寝。五时出散步。晚八时寝。○得骧、豫儿书，时风声已急；五儿云，将呼小七入城①。（天头：洪十八书，骧十四书，豫十三书。）

十二月二十三日　著雍困敦辜月二十三日　木　晴

晨作信。整理文字。饭后小寝。为人作字。草《〈书〉"见士于周"解》，以�侯旨鼎、珤鼎"见事"为证，谓"士"当读为"事"。草《〈左氏〉"姜氏君之妣"解》。记福开森书互见叶数。晚八时寝。（天头：与洪，与骧，与豫，庆书。）

十二月二十四日　著雍困敦辜月二十四日　金　阴

晨趁车到石牌授古文字学二时。十一时车归。饭后小寝。记福开森书互见叶数。阅《缀遗斋彝器考释》。晚八时寝。○纯书寄二百五十元，麻元岭房金也（十一、十二两月）。倭战犯东条英畿、土肥原贤二、广田弘毅、松井石根共七人昨晨由盟军绞死。此辈万恶，吾同胞之死于其手者不知凡几，一死尚不足以蔽其辜，然倭种人侵略之心亦可以薄示惩戒矣。（天头：纯十七书，汝冲十九书，嘉十五书，范炳星书。）

十二月二十五日　著雍困敦辜月二十五日　土　晴

晨王季思来请作字。作信。改订前日撰《"姜氏君之妣"解》，谓"姜氏"指穆姜，非指齐姜；"妣"是"祖妣"之"妣"，非"考妣"之"妣"；订杜注之误说。饭后小寝。阅《缀遗斋考释》。草《㝩子父丁觯跋》，释𝐅𝟖为㝩。晚彭祖智来谈。九时寝。（天头：与纯，纯廿二书，刘已及。）

_____

① 五儿云将呼小七入城：五儿，即杨德骧，大排行行五；小七：即杨德豫，大排行行七。当时德豫先生就读清华大学，在北平城外西北郊。

十二月二十六日　著雍困敦辜月二十六日　日　阴

晨朱少滨来,赠旧墨二事。吴辛旨来。为王季思书祝其母舅七十扁额。严学窘来。午赴季思之约,至其家午饭。季思籍温州,故肴馔皆温州风,有"叩鱼"①颇可口。陆达节②、何劲秋来,邀赴九曜园茶饮,进麦食。此为清学使署旧址,壁间有杨铁崖、翁覃溪题字刻石;又有清代学使者题名,至光绪二十六年学使张百熙止。地本南唐刘氏故宫,园林有九曜石。惠定宇有《九曜斋笔记》,乃惠士奇任学政时,定宇随侍此间之所撰也。廖成九自湘返,为余携书三种来(《甲骨文编》《仓颉篇》《积微文录》),赠白莲八斤。晚八时寝。○报载清华大学复课,不知信否?

十二月二十七日　著雍困敦辜月二十七日　月　阴

晨草《诅楚文跋》。"衿以斋盟","衿"当读"畛",《尔雅·释言》:"畛,重也。"此与《左传》"申之以盟誓"义同,"申"亦重也。"斋盟"可证《左传》"齐盟"之读,杜训"齐"为"一心",非也。"鞈"即"鞳"字,释"鞞"者非("畣"为"答对"之"答"本字)。草《宀觯跋》,以甲文、金文偏旁证亼为"宀"字。又跋𤔔𤔔𤔔犀,释二文为"子魁"。饭后小寝。阅《缀遗斋考释》。晚八时寝。(天头:纯廿四书[款150],胡春藻复,王疏安复,教育部款。)

十二月二十八日　著雍困敦辜月二十八日　火　晴

晨趁车到石牌授训诂学二时。十一时车返。饭后小寝。阅《缀遗斋考释》。晚八时寝。(天头:复尹世积。)

---

①叩鱼:温州名菜,即"三丝敲鱼"。按,敲、叩二字义同,且在现代汉语南方诸方言中音近,是同源字。

②陆达节:原名陆建琅(1895—1968),字守庵,海南文昌人。1920年毕业于北京大学中国哲学系及研究院国学系,中山大学、海南大学教授。

十二月二十九日　著雍困敦辜月二十九日　水　晴

　　晨阅关葆谦《新郑古器图考》。午小寝。饭后审查教部寄到某君《文选注订补》，拟给三等奖。阅《缀遗斋彝器考释》。晚八时寝。○阅港廿七日《大公报》，载燕京、清华皆已复课。（天头：与纯，复教部学审会，洪廿七书。）

十二月三十日　著雍困敦涂月（十二月）朔日　木　晴

　　晨校理说字文十叶。饭后小寝。阅《缀遗斋考释》。偕毅入市购物。张钦坡送一月薪来。晚八时寝。（天头：与张外舅，庆廿三书。）

十二月三十一日　著雍困敦涂月初二日　金　阴

　　晨草《王子婴次卢跋》，是静安"楚子重器"之说；郭说郑僭称王，说不足信。惟王谓鄢陵之役所遗，则失之胶固。器迁流不定，以宋、鲁有郜鼎，齐、晋有纪甗，周用鲁壶为证。又跋索谋角，疑羞从羊从屮省，乃羔字。饭后小寝。阅《缀遗斋考释》。孔肖云来，约明日晚饭。晚八时寝。（天头：与铁、纯，沪商务十一月税单。）

一九四九年

一月

元旦　著雍困敦涂月初三日　土　晴

晨作信。阅《缀遗斋考释》竟。此书曾一读于辰溪，近日自购一册，因重读之，今日始讫业也。尹日滔来，谢余为书楹帖。商锡永来，请到珠海大学演讲。饭后小寝。草《缀遗考释提要》。晚偕毅及峻侄赴孔肖云晚饭之约。十时归寝。○张嵚坡来。（天头：与铁、纯，与康辛元。）

一月二日　著雍困敦涂月初四日　日　阴

晨续草《缀遗提要》讫。陈锡祺来。饭后小寝。阅《奇觚室吉金文述》。王了一来。林文铮来。晚八时寝。

一月三日　著雍困敦涂月初四[1]日　月　晴

晨阅《十六长乐堂款识考》。出，答访陈锡祺，少坐。访商锡永，请其作篆。访林文铮。饭后小寝。草《十六长乐堂款识考提要》，未讫。晚八时寝。○杨邦杰、曾昭琼、刘显琳来，不遇。邓中

---

[1]初四：此处误记，应为"初五"。

粹来，丘述尧[1] 来。

一月四日　著雍困敦涂月初六日　火　阴

　　晨到前门趁车，立候一时，车不至。九时半车来，五六十人争上，余无力竞上，转至后门趁商车到石牌，已十时半矣，遂缺讲。访刘子植、曾昭琼，皆少坐。答访赵却民[2]，不遇。依约至张钦坡处午饭。趁商车归。小寝。续写《十六长乐款识提要》。阅《奇觚室吉金文述》。晚持观音咒。八时寝。（天头：纯廿九书，庆廿九书，戒甫复，李伯嘉[3] 复。）

一月五日　著雍困敦涂月初七日　火　阴　小寒

　　晨作信。阅《奇觚室吉金文述》。余前此定$F8$为窠字，及说"帝考"犹言"皇考"，刘氏皆已言之，余稿当削去矣。饭后小寝。阅《筠清馆金文》。晚八时寝。○今日甚寒，始着裘。（天头：与娴、纯，纯廿四、廿七、卅、卅一书［百五十元］，嘉卅书，肖聃书，李家源书，与刘天隐。）

一月六日　著雍困敦涂月初八日　木　阴

　　晨草《王父丁尊跋》，谓二鹿三虎为记田猎之所获。杂采刘心源、方濬益之说，附以己意。为之阅《奇觚室文述》，遂竟日。饭后小寝。阅《大公报》，知桂系军队南撤，南京更孤立无助矣。五儿来书，云清华交通断绝，七儿情况无所知云。晚八时寝。（天头：骧廿书。）

---

[1] 丘述尧(1913—1999)：江西于都人。中山大学研究院文科研究所硕士，先后在中山大学和华南师范大学任教授。

[2] 赵却民(1899—1982)：湖南长沙人。天文学家、天文教育家，曾任中山大学、南京大学教授。

[3] 李伯嘉：即李泽彰(1895— ？)，湖北蕲春人。曾任商务印书馆法制经济部部长，有多种有关出版的论文、著作，如《十年来之中国出版事业》。译有《共产党宣言》。

一月七日　著雍困敦涂月初九日　金　阴

晨趁专车到石牌授古文字学二时。十一时车归。饭后小寝。作信。阅《奇觚室金文述》。此书亦间有善言,而学识不足,游移惝恍,不免八股冬烘头脑也。晚八时寝。〇马节[1](彦符)来,幼渔[2]之子也,言论丰采皆高于乃父矣。(天头:与骧,与黄威惠,舜芝书,复家源,与文献会。)

一月八日　著雍困敦涂月初十日　土　晴

晨阅《奇觚室金文述》。喻正之[3]来,留午饭。饭后小寝。续阅金文。四时偕毅及峻侄入市,购头巾、毛袜。过萨棠记进点心。晚八时寝。〇骧书告涟妇[4]死胎已取出,骧患脂肠,皆已出院。七儿情况渠仍无所知。(天头:娴、纯、铁四日书,傅任敢[5]书,彭葛怀[6]书,余季豫廿六书,骧卅一书。)

一月九日　著雍困敦涂月十一日　日　晴

晨草《大盂鼎三跋》,定"冂衣","冂"当读"卝","卝衣"即《诗》之"襮衣"。"冒",《说文》从冃,金文作𡆥,此冂、卝互作之证。再跋师𩛥毁,谓叔市即朱市。朱、叔,一声之转。饭后袁浚[7]之妻来。取《籀膏述林》卷七金文跋记入福开森书。曾昭琼、顾铁

---

①马节(1916—2009):字彦符,浙江鄞县(今宁波鄞州区)人。时为中山大学经济学教授。1949年后,供职国家外文局。夫人 Annemarie 为德国人。

②幼渔:即马裕藻(1878—1945),字幼渔,浙江鄞县(今宁波鄞州)人。音韵学家、文字学家,章太炎弟子,马衡、马鉴之兄。曾任北京大学国文系主任。

③喻正之:即喻亮,湖南大学总务处工作人员,来广州国民政府教育部催拨款给湖大。

④涟妇:杨德骧夫人吴涟。

⑤傅任敢(1905—1981):湖南湘乡人。1929年毕业于清华大学教育心理系,后任重庆清华中学、长沙清华中学校长。我的八伯祖父和祖父均就读于长沙清中,提起傅校长,都肃然起敬。

⑥彭葛怀:即彭泽陶(1898—1989),湖南平江人。武昌高师国文系毕业,黄侃弟子。曾任广西大学中文系主任、教授。曾为遇夫先生《淮南子证闻》作序。

⑦袁浚(1901—1989):号澈庵,湖南岳阳人。体育教育家。时为中山大学体育系主任。

符来。出访林文铮,问观音咒读法。林以佛珠见假。晚八时寝。（天头:叔市,善夫克鼎已言之。）

一月十日　著雍困敦涂月十二日　月　晴

昨夜用佛珠持咒,晨起忽不见珠,遍寻不获,异矣! 作信。阅《奇觚室金文述》。饭后小寝。张钦坡来。记《古籀馀论》各跋于福开森书。孔肖云来。晚八时寝。夜中梦飞行,甚乐,二十馀年无此事矣! 盖持咒之效也。（天头:与娴、纯,与洪,马宗霍书。）

一月十一日　著雍困敦涂月十三日　火　晴

晨趁车到石牌授训诂学二时。十一时车归。饭后小寝。阅《奇觚室金文述》。晚八时寝。○骧书告清华园平安,惟豫无信耳。（天头:骧八日书,庆八日书。）

一月十二日　著雍困敦涂月十四日　水　晴

晨习《尚书·大诰》。戴裔煊[1] 来,赠所著书一种。作信。饭后小寝。阅《奇觚室金文》。记《古籀馀论》各条于福开森书。孔肖云来。晚八时寝。（天头:复季豫,与骧,与舜芝,毅与张大嫂[2]。）

一月十三日　著雍困敦涂月望日　木　晴

晨作信。习《尚书·酒诰》《梓材》二篇,殊苦难解。饭后小寝。阅《奇觚室金文》。五时出至西堂,少坐。晚八时寝。（天头:复彭葛怀。）

一月十四日　著雍困敦涂月既望日　金　晴

晨以小不适缺讲。录《古籀馀论》各条于福开森书。草《释服篇》,释《诗》《书》"服"字数例为"职"。饭后小寝。草《释同篇》,《说文》"同"从冃口,义不相会。甲金文皆作�,从

---

[1]戴裔煊(1908—1988):广东阳江人。历史学者,曾任中山大学教授。
[2]张大嫂:张家祺夫人。按,张家祺已于1943年夏去世。

凡不从冃,与"咸"从戌、口(戌,悉也)组织同。阅《奇觚室金文述》。晚八时寝。○豫儿久无来信,访王扶生,请其占《易》,得观之剥,爻辞云"君子无咎",为之少安。(天头:复马宗霍,觉人、嫂书。)

一月十五日　著雍困敦涂月十七日　土　晴

晨趁车到石牌试训诂学。十时归。饭后小寝。何子明①来。录《古籀馀论》各目于福开森书。作信。阅《奇觚室金文述》。晚商锡永来谈。九时寝。(天头:纯十一信,与娴、纯,复肖聃,与颜老头②。)

一月十六日　著雍困敦涂月十八日　日　晴

晨何爵三③来。习《尚书·召诰篇》。阅《奇觚室金文述》。峻侄寒假归里,送之至车站。宋长栋为余购咸肉来,留午饭。饭后录《古籀馀论》目于福开森书讫。继录《颂斋吉金续录》。晚卢俊恺来。八时寝。

一月十七日　著雍困敦涂月十九日　月　晴

晨何爵三来,同访肖云,则已先行矣。匆匆早点,偕何趁汽车赴石牌。肖云言古宪遵未到。本可即返城,因学校已准备午餐,遂暂留。偕詹祝南④至其家少坐,新从其潮州故里了父丧返校也。答访马彦符,不遇。至文学院坐,遇陈习经⑤(岭南校长)、李沧萍、

①何子明:辛亥后在湘潭一带教授数、理、化、音、体、美等课程,颇得好评。
②颜老头:即上文"颜工"(颜姓男保姆)的父亲。
③何爵三(1905—1977):字志坚,广东大埔人。1924年考入北京师范大学国文系,是遇夫先生的学生。时任广东省立文理学院院长。《积微居诗文钞》中有一首作于1941年的《吴辛旨何爵三先后从连县来书并示近诗赋寄》:"故人十年别,一纸素书来。说尽三迁苦,吟成万语哀。旻天乐久狗,大地塞人骸。共保寒松节,阳和渐欲回。"
④詹祝南:即詹安泰(1902—1967),广东饶平人。著名古典文学学者,时任中山大学教授。
⑤陈习经:即陈序经(1903—1967),字怀民,广东文昌(现属海南)人。时任岭南大学校长。1949年后历任中山大学副校长、暨南大学校长、南开大学副校长。

岑仲勉①。陈君遇余至谦恭，人亦甚爽利，与陈可忠官僚气重者大异。渠知余曾受业于梁任公师，戏言当向余索还此债，并当索利子。余云，两手空空，无可还矣。奈何，奈何！校长室午饭，后乘陈君车入城。习《书·洛诰篇》。阅《奇觚室金文》。至林文铮寓少坐。晚八时寝。（天头：洪十三书，嘉十三书。）

一月十八日　著雍困敦涂月二十日　火　晴

晨《奇觚室金文》阅讫。草读刘书提要，遂竟日，仍未讫也。出访王士略、岑仲勉，皆不值。午小寝。五时至林文铮、孔肖云处小坐。晚八时寝。

一月十九日　著雍困敦涂月二十一日　水　晴

晨续草《奇觚室金文述提要》，讫。午小寝。饭后趁车赴石牌考试古文字学。四时车归。草《丧戈釰跋》。𧵎字从贝向声，定为"赏"之或体；"赏"从尚声，"尚"从向声也。吴辛旨来，少坐，去。晚八时寝。○报载天津改属共产党，北平人民竭力谋和平，傅作义已不坚主抵抗；文化古城能得保全，则国家之幸事也。岑仲冕偕顾铁符来访，少坐，去。岑病重听，谈话殊不便。

一月二十日　著雍困敦涂月二十二日　木　晴

晨阅《筠清馆金文》，遂竟日。詹祝南、吴辛旨来。饭后小寝。三时至林文铮处受佛咒十二通，礼佛。自九日持咒以来，眠食日佳，精神益畅。此后一意皈依，决不间断矣。廖生成九来。晚八时寝。（天头：骧十一月一日书，京华十一月二日书，与洪，与李弥六。）

一月二十一日　著雍困敦涂月二十三日　金　晴

晨《筠清馆金文》阅讫。阅《古籀拾遗》下卷，皆纠订《筠清》

---

① 岑仲勉（1886—1961）：广东顺德人，历史学家。时任中山大学历史系教授。

者也。出过陈锡祺、孔肖云、周淦卿家小坐。入市理发。闻学宭曾来，往铁符寓晤之。饭后小寝。草《筠清提要》，未讫。晚八时寝。九时许，吴辛旨来告蒋公明日下野。〇胡春藻书，促返湘。罗孟韦[①]来。（天头：黄威惠[②]复，胡春藻书，天隐见怀诗，与沈天梦[③]。）

一月二十二日　著雍困敦涂月二十四日　土　晴

晨续草《筠清提要》讫。出至西堂王扶生寓阅报，知蒋公于昨日宣布下野，李宗仁代职，和平或可觊乎？饭后小寝。草《或伯鼎跋》。前人释"臧"，或释"戎"，余改释"或"字，从戈从呈；为"土"字，王之省，王本从土也。出至商锡永寓，与其尊人略谈。肖云室少坐。同德会阅报。晚八时寝。（天头：纯十八书，峻十八书，文思书，舜芝书，与纯。）

一月二十三日　著雍困敦涂月二十五日　日　晴

晨阅考试卷：训诂学雷同者六人，古文字学雷同者四人，盖皆互相抄袭也。余监试至严，而仍有此。大学教育败坏至此，岂不可叹！陈可忠来，邀同乘车至石牌，赴清华同学会。到者百许人，余一人为教师。可忠嘱余说话，为敷衍数语。遇同学三人：一苏景泉[④]（国文系，宁夏人，字冷梅，由京避难来此），一李津身[⑤]（长沙人，英德糖瓷厂），一王耀埔[⑥]（粤），皆曾受余教者也。二时归。阅

---

① 罗孟韦：即罗倬汉（1898—1985），广东兴宁人。1925 年毕业于北京大学哲学系，时任广东省立文理学院教授、历史系主任。《积微居友朋书札》收有他致曾祖父书札一通，其中云："前日检寄拙作《论经学》一文，望为裁正。有新著极望赐教。小学金石，同仰泰斗，得蒙教泽，欣幸何似！"

② 黄威惠：遇夫先生的学生。时任湖南某县县长。

③ 沈天梦：即沈其蕃，时任中国农工银行上海分行经理。是曾祖母同辈分的亲戚。

④ 苏景泉（1910—1972）：宁夏中卫人。1930 年考入清华大学国文系。

⑤ 李津身（1915—？）：湖南津市人。1937 年毕业于清华大学土木系。

⑥ 王耀埔：广东南雄人。1936 年毕业于清华大学经济系。

《愙斋集古录》。三时,到林文铮寓参加拜佛会。到肖云寓借报,归。知南京已派和谈代表五人,即日飞延安和议。晚八时寝。○容希白来,不值。

一月二十四日　著雍困敦涂月二十六日　月　晴

晨出门趁公共车至长堤博济医院,乘岭南校车到岭大,晤容希白,偕访陈寅恪,谢其两次为余作序①。寅恪已失明,而容貌丰腴,精神健旺,殊为可喜。访王了一,闻其不在寓,折返希白寓。有顷了一亦来,同午饭。饭后再至寅恪寓谈。四时返寓。苏景泉来。阅《愙斋录》。晚八时寝。

一月二十五日　著雍困敦涂月二十七日　火　晴

晨至同德会,不知何故,今日竟无《广州报》。遇商锡永,同到顾铁符室少坐,铁符为余及锡永摄影。饭后小寝。阅《愙斋录》。李家源由湘来,得纯廿三日书。晚八时寝。(天头:骧十五书,庆十九书,铁铮十九书,久坚书,文献会书,纯廿三书,孝纪书。)

一月二十六日　著雍困敦涂月二十八日　水　晴

昨夜半腹泄一次,今晨又泄一次,人颇委顿,遂时卧时起。贾国永夫妇来。严学宭夫人来。饭后李祁②、周淦卿来。晚八时寝。○陈锡祥来,邀往其家午饭,以病辞之。陈楚光来。(天头:纯廿三书,复胡春藻,李子魁③书,侯芸圻④书。)

――――――――――――――――――――

① 陈寅恪……两次为余作序:一为1942年圣诞节所作《积微居小学金石论丛续稿序》,一为1948年10月所作《论语疏证序》。

② 李祁(1902—1989):湖南祁阳人。现代女词人,与武汉大学沈祖棻齐名。即1948年11月1日日记周秉钧注中李祐的姐姐。

③ 李子魁(1905—1983):又作子奎,湖北枝江人。时任教于湖南师范学院史地系。

④ 侯芸圻:即侯堮,安徽无为人。1926年至1929年在清华国学研究院学习。《积微翁回忆录》1944年8月19日:"侯芸圻(堮)来书,转达顾颉刚意,欲请余任齐鲁大学国学研究所长。"

一月二十七日　著雍困敦涂月二十九日　木　晴

　　腹泄止，精神渐复。晨阅《窓斋集古录》，遂竟日。饭后小寝。吴辛旨来，约明日晚饭。晚八时寝。(天头：黄伯轩[①]书，复寿侄[②]，与马宗霍。)

一月二十八日　著雍困敦除日　金　晴

　　晨阅《窓斋集古录》。顾铁符来。饭后小寝。三时偕毅出门至上海商业银行，汇款五百元呈张外舅。过汉民路，阅花市——此广州特有之习俗。时已深冬，而嫣红姹紫，灿烂不绝，亦他乡所不能有也。五时至辛旨家晚饭，饭后到孔肖云、彭祖智、袁浚三处小坐。八时寝。

一月二十九日　屠维赤奋若(己丑)元旦日　土　阴

　　晨僚友来贺者络绎。饭后小寝。出门答访来贺者。阅《窓斋录》。草《且子鼎跋》，释为鬶。晚八时寝。(天头：吴闿生已及，《文录》一之十下。)

一月三十日　屠维赤奋若陬月初二日　日　阴

　　今日为孔太夫人逝世之日，不见慈颜整十四年，焚香向空叩拜，不知地下果有知否也？严学窘夫妇、张崚坡、曾昭琼、宋长栋、廖成九来，留午饭。饭后小寝，贺客有至者。阅《窓斋录》。草王作簠、孙作祖庚毁、弔父癸簠三跋。吴说显然讹误，聊施驳诘，非余创辟新义，故不详记。晚八时寝。

---

①黄伯轩(1897—1953)：广东台山人。曾任湖南大学中文系(或历史系)教师。1949年2月赴北京任李济深秘书。《积微翁回忆录》1944年4月29日："黄伯轩告余，日来授诸生以《汉书》，多用余著《窥管》之说，亟称其美。"《积微居诗文钞》中有《送黄伯轩归里》《黄伯轩告余韩树园师近状赋寄一首兼追念任公师》《偶成示伯轩》。
②寿侄：即杨伯峻先生。我伯祖父、祖父称之为"寿哥"，家父兼称之为"寿伯伯"。

一月三十一日　屠维赤奋若陬月初三日　月　晴

晨赖生以愚[1]来。余与妇偕赖至观音山游孙公纪念塔,过中央公园少憩,萨棠记饮豆浆。午返寓,饭后小寝。贾国永来。阅《愙斋集古录》。如约至孔肖云处晚饭,同坐梁实秋、翟毅夫[2]、钱清廉、周淦卿。同淦卿至林文铮寓。遇李丹(长沙),由湘返滇,来此待飞机也。十时返寓,寝。(天头:汇豫四百元。)

二月

二月一日　屠维赤奋若陬月初四日　火　晴

晨阅《愙斋集古录》,遂竟日。饭后小寝。阎宗临[3]、张作人[4]来。佘雪曼[5]来。张任南来。答贺商锡永,不遇,与其尊人探花公杂谈,少顷,归。晚八时寝。(天头:洪廿六杭州书,铁、纯廿七书,文献会书,颜老头书,与铁、纯。)

二月二日　屠维赤奋若陬月初五日　水　晴

晨作信。偕毅趁商车到石牌,答访诸来贺者。詹祝南处小坐。严学宭家午饭。饭后小寝。偕孔肖云趁专车返寓。阅《愙斋集古录》。晚八时寝。(天头:与洪。)

二月三日　屠维赤奋若陬月初六日　木　晴

晨詹祝南来。阅《愙斋集古录》。饭后小寝。方生振新来。

---

① 赖生以愚:赖以愚,广东大埔人。时为中山大学学生。

② 翟毅夫:梁实秋、闻一多的清华同学,与梁等同为清华文学社成员。

③ 阎宗临(1904—1978):山西五台人。时任中山大学历史系主任兼历史研究所所长。

④ 张作人(1900—1991):江苏泰兴人。时为中山大学生物系教授。

⑤ 佘雪曼(1908—1993):四川巴县(今属重庆)人。书画家,曾执教于中山大学,后移居香港,创办雪曼艺文院。

孔肖云来,偕肖出答访萧韵庭①(锡三,潮州),少坐,归。五时吴敬轩(康)以车来,偕毅赴之晚饭。同坐谢哲邦②(梅县)夫妇、吴辛旨夫妇、罗香林夫妇、徐女士、朱逖先夫人③、李君。趁谢君汽车返寓。八时寝。(天头:骧廿七书,嘉书,清中④书,与朱咏沂⑤。)

二月四日　屠维赤奋若陬月初七日　金　晴

晨朱少滨、岑时甫先后来。阅《愙斋集古录》讫。饭后小寝。草《𠇗伯爵跋》,谓𠇗系之略字,从近人释"过"。又跋邑爵,𠅘字吴释围形节形,余谓是"邑"字。周达夫来。草《读愙斋录提要》,未讫。五时出,至吕调阳处小坐;访周淦卿,留晚饭。九时寝。

二月五日　屠维赤奋若陬月初八日　土　晴

晨续草《愙斋集古录提要》,讫。饭后小寝。周子若⑥来,新任广州金管局长也。阅《梦郼草堂吉金图》。晚八时寝。(天头:与骧,与铁、纯,与戒甫。)

二月六日　屠维赤奋若陬月初九日　日　阴

晨朱谦之、朱延丰⑦先后来。易澹如⑧来。谦之闻姚宝猷⑨约宴余,再来相邀,偕出,过汉民公园看九曜石之药洲石,有米元章题字,翁覃溪记文详其事。趁公共车至教育厅应姚宝猷厅长之约

---

① 萧韵庭(1898—1985):名锡三,广东潮阳人。时为中山大学教授。
② 谢哲邦(1900—1991):广东梅县人。曾任中央大学、浙江大学、中山大学教授。
③ 朱逖先夫人:朱希祖夫人张维。朱希祖(1879—1944),浙江海盐人。曾任中山大学教授。
④ 清中:长沙清华中学,清华大学三所不在校本部所在城市的附属中学之一(另两所在重庆、贵阳)。该校校舍即1936年清华大学预备南迁在长沙所盖的校舍,校长为清华中文系抗战前的毕业生旷璧城。1949年后与省立一中合并为长沙一中,旷璧城任校长。
⑤ 朱咏沂:曾与刘合江共同编著《文化学习小辞典·一三五九检字法》一书,1947年5月初,遇夫先生为之作序。
⑥ 周子若:即周德伟(1902—1986),湖南长沙人。他是遇夫先生的诗酒唱和老友。《积微翁回忆录》1941年12月6日:"撰《周君寿椿家传》,子若之前人也。"
⑦ 朱延丰(1906—1969):江苏萧县人。时任中山大学教授兼历史系主任。
⑧ 易澹如:1940年毕业于武汉大学文学院,毕业后在湖南大学任教。
⑨ 姚宝猷(1901—1951):字健生,广东平远人。时任中山大学教授。

午饭。同坐陈寅恪夫妇、朱谦之、王了一、陈习经、陈可忠。归后小寝。草《梦郼草堂吉金图提要》。陈幹中[1]来，云明日返湘，与毅合作一札付之。至林文铮处少坐。晚八时寝。○豫儿自十二月十三一札后，绝无来示。今得电告平安，缄、款皆收，为之大慰！（天头：豫四日电，与铁、纯。）

二月七日　屠维赤奋若陬月初十日　月　晴

晨到林文铮寓，晤吴上师[2]。十时归寓。饭后小寝。阅薛尚功书，尽五卷。出至孔肖云、周淦卿寓坐。同淦卿至林寓。晚到林处。吴君授余阿弥陀长生咒。十一时归，寝。○报载萨本栋[3]君病逝美国三藩市。萨君清华同事，抗战中任厦门大学校长，一再托人致意于余，望余往教，余以道远谢之。去年九月南京相见，精神甚王，不意遽至于此！中研院士八十一人，此公首陨，年才四十六也。（天头：纯卅一书，谢启明[4]书。）

二月八日　屠维赤奋若陬月十一日　火　晴

晨作信。趁车赴石牌访曾昭琼，谈周子若事。答贺刘子植、周达夫。学窘送余上商车归。得铁铮及纯女信，再作书阻其南行。饭后小寝。阅薛尚功《款识》三卷。晚八时寝。○纯女告天隐于除夕前一日中风不语，新正五日去世。廿年老友，一旦作古，痛悼不已！腊月得其见怀诗简，匆匆未复，辜负故人，尤为恨事！郑师许[5]来索余《筠清馆金文提要》去实广东文献刊物。容希白来。（天头：与纯［平快］，纯二日、四日书，铁二日书，商务书，再与

---

① 陈幹中：时为湖南大学法律系助教。
② 吴上师：即吴润江（1906—1979），广东开平人。佛教人士。
③ 萨本栋（1902—1949）：福建闽侯人。中央研究院首届院士。
④ 谢启明：字瘦秋，湖南湘潭人。有《雨声灯影盦丛书》。
⑤ 郑师许（1897—1952）：原名郑沛霖，广东东莞人。抗战胜利后曾在中山大学历史系任教，并筹办东莞旅省中学。

纯［平快］,与天隐夫人致唁。)

二月九日　屠维赤奋若陬月十二日　水　阴

晨作信。陈恕人来,幹中之父也。阅薛尚功《款识》,遂竟日。饭后小寝。四时偕毅入市,拟购布履,不得。至吴希之寓小坐。晚八时寝。○挽天隐云:"定慧早双修,千里惊伤摩诘逝;别离曾几日,一书悔报秣陵迟。"(天头:与豫,复黄伯轩,舜芝书。)

二月十日　屠维赤奋若陬月十三日　木　雨

晨勘校薛氏书及《啸堂集古录》,遂竟日。饭后记金文通用字,得八文。晚八时寝。○今日先君[1]逝世忌日,不见音容十一年矣,痛哉!(天头:娴二日书,峻五日书,与铁、纯,与周子若,复峻及舅氏。)

二月十一日　屠维赤奋若陬月十四日　金　雨

晨勘对《啸堂》及薛氏书,阅薛书二卷。宋长栋送二月薪馀款百倍万肆仟元来。晚八时寝。(天头:峻初四书,铁六日书,李家源书。)

二月十二日　屠维赤奋若上元节　土　晴

晨严学窘来。勘《啸堂》、薛氏二书。廖成九来,留午饭。阅薛氏《款识》。出门至文献会观商锡永、佘雪曼书画合展会。佘瘦金书甚佳。佘言重庆曾见余题扁,余不能记也。草容希白《颂斋文稿序》。孔肖云处小坐。晚八时寝。○豫电索款。(天头:豫十日电。)

二月十三日　屠维赤奋若陬月既望日　日　晴

晨增订《颂斋文稿序》,为录于卷端。校旧撰《湘艺文志稿》四篇。何爵三来。陈恕人来。至林文铮寓参加吴上师传法式。吴,粤人,操粤语,余全不解。午归。饭后小寝。录金文中人名见

---

①先君:遇夫先生的父亲杨翰仙,名孝秩。年轻时任乾州厅幕僚、矿务局职员,后来任塾师。杨树毂、杨树达兄弟都是他亲自教导的。

于经籍者,得邾轻、邾华、陆终、滕虎四人。张嶔坡来,将送其妻至柳州服务。晚八时寝。〇赵却民、贾国永来。

二月十四日　屠维赤奋若陬月十七日　月　晴

晨孔肖云来。录金文人名:康侯、丰国差二人。作信。午后宋长栋来。偕宋出门,答访陈恕人,不遇;至金管局答访周子若;至电局拍电,告七儿汇兑不通。晚八时寝。(天头:与铁、纯及邱晓,与峻,与舜芝,纯八、九日书,肖聘书,电豫。)

二月十五日　屠维赤奋若陬月十八日　火　晴

晨录金文见经传人名,遂竟日。得陈桓子(无宇)、陈逆、陈侯午(桓公)、陈侯因、脧黄、帝趣(齐桓公)、文(晋文公)、大保(召公),凡八人。饭后小寝。宋长栋送万元来。出门送信。晚八时寝。(天头:与豫[千元],尹世积书。)

二月十六日　屠维赤奋若陬月十九日　水　晴

晨录彝铭中之古人,竟日。得召伯虎、晋文侯、唐叔虞、定公牷四人。饭后小寝。五时出,至西堂小坐。录祖先及兄弟两姊夫妇及其他亲眷名单,送林文铮处,闻吴上师今日超度亡魂也。晚八时寝。(天头:与豫[二信,二千元]。)

二月十七日　屠维赤奋若陬月二十日　木　晴

晨录彝铭中之古人,竟日。得吴霝、楚公逆、楚王酓章、王子申四人。廖生成九来,留饭,将返里也。晚陆凤书[1]来。八时寝。(天头:铁、纯十三书,峻书,复铁、纯,与邹曼支[2]。)

二月十八日　屠维赤奋若陬月二十一日　金　晴

晨吴辛旨来。偕至林文铮寓参加吴上师传法式。午归。饭后小寝。录彝铭中所见之古人,得楚王酓忎、王子晏次、奠子石、

---

①陆凤书:江苏无锡人。曾任中山大学工学院院长。
②邹曼支:即邹谦,湖南新化人。曾任湖南第一师范事务主任兼训育主任等。

成唐四人。晚八时寝。（天头：庆书。）

二月十九日　屠维赤奋若陬月二十二日　土　晴

　　晨顾铁符邀游书肆，看《博古图》，价昂不能购入。便访王道源①，观其油画，至美。王，常德人，初甲工学生，蔡劭戣②弟子，曾游日本，入上野美术学校。归。录彝铭古人竟日。得伊小臣、宋穆公、杞成公、宋襄公、齐灵公、禹六人。饭后小寝。出至吴三立、孔肖云小坐。录祖先及亲族亡故者名单送林文铮处，今晚又有超度也。阅《宝蕴楼彝器图释》竟。晚八时寝。

二月二十日　屠维赤奋若陬月二十三日　日　晴

　　晨草《读〈宝蕴楼彝器图录〉》。十时到林文铮寓参与吴润江上师传法式。午归。饭后小寝片刻。草《庫壶跋》，以《左传》"诸侯之士门焉"证"庫大门之……甬！甬！"，读"甬"为"勇"。谓霝从"示"，为"神灵"之"灵"本字。顾铁符来。偕卢俊恺答访郑师许，见示《广东文献》双周刊十四期，载余《筠清馆金文提要》。到彭祖智处小坐。晚八时寝。○录彝铭文中之古人，得周公、毛班二人。（天头：豫十八电。）

二月二十一日　屠维赤奋若陬月二十四日　月　晴

　　晨假得《观堂集林》及北平研究院《史学集刊》第四期，补录静安及丁山诸说，得霝安一人（霝大史申鼎）。孔肖云来。饭后小寝。严学窘来，留晚饭。杨邦杰来。晚送亲族名单至林寓。八时寝。○借得吴其昌《金文世族谱》，可作金文人名索引之用。

---

① 王道源（1896—1960）：湖南常德人。曾任职于广州市立艺术专科学校、华南文艺学院、中南美术专科学校。
② 蔡劭戣：《积微翁回忆录》："（1909年）八月，别家赴日本京都，入学第三高等学校。同班派入此校者凡五人。余外，为浙江宋任，福建何熙曾、何崧龄，广东何良藻。赁民房与常德蔡劭戣（湘）同寓。蔡，时务同学，去年即入京都高等工业学校也。"

二月二十二日　　屠维赤奋若陬月二十五日　　火　晴

晨容希白来,以石印本阮氏《款识》见赠,并以《考古图》《博古图》见假。同希白至顾铁符寓少坐。补录王静安说,得文王、武王、成王三人。饭后小寝。阅《考古图》。吴希之来。晚八时寝。（天头:铁、纯十六书,戒甫书,张训丈书。）

二月二十三日　　屠维赤奋若陬月二十六日　　水　晴

晨,颜工狡狯已极,屡欲归去,今日遣去。因作书与峻侄及纯女。录彝铭古人,得毕公、昭王、穆王、恭王四人。饭后小寝。据静安《金文著录表》记阮录伪器于书眉。阅阮书一卷。晚八时寝。○九儿学费无着,娴书来云,与铁铮杂凑三十馀元,尚止得半数,馀由易仁荄[1]担保。余为国家教人子弟,而己子不能入学,此种国家真不必存在也！（天头:与峻,与铁、纯,娴十九书,峻十九书,舜芝书,廖成九书。）

二月二十四日　　屠维赤奋若陬月二十七日　　木　阴

晨作信。录彝铭古人,得宋牼公、宋公戍、宋公差、宋公䜌、周懿王、孝王六人。自十三日始录至今,凡得五十许人,尚未尽也。饭后取《考古图》校薛尚功书,尽二卷。出,答访杨邦杰,不遇。晚邦杰来。八时寝。（天头:复谢启明,铁十九书。）

二月二十五日　　屠维赤奋若陬月二十八日　　金　晴

晨录彝铭古人,得白穌父、虢中、兮白吉父、函皇父、杜白五人。午小寝。饭后取《考古图》校薛尚功书。出门取配给米,重二十斤,提携至吃力,真可谓手无搏鸡之力矣。罗孟韦来,久谈,去。晚八时寝。○金文恒见"王若曰",非王而称"若曰"者,止白

----

[1] 易仁荄(1908－1990):湖南湘阴人。曾任长沙清华中学历史教员、总务主任。1935年毕业于清华大学历史系,是遇夫先生的学生,也是杨德庆、杨德嘉的老师,也教过家父。参家父文《我的四位家庭教师》（见《杨树达先生之后的杨家》）。

穌父一人。《尚书·君奭》《立政》二篇为周公摄政时书,称周公"若曰",他篇则未见。以此参证,白穌父即共伯和,明矣。共和二说之纷争从此可息。三十六年四月跋师㝬敦,尚未能透,余今则澈透矣。适孟韦来,以此告之,亦首肯称是。(天头:邱有吾[1]书,三十六年已及此。)

二月二十六日　屠维赤奋若陬月二十九日　土　晴

晨袁仲仁[2]自麓山来,同进早点。饭后偕袁至大钟楼访教部会计处,无人在处。送仲仁至后门校车站。归。录彝铭古人,得者减、召公、吴王夫差、吴季子四人。五时袁仲仁、喻正之来,汝聪介王季仁来,并留晚饭。袁、王留宿。八时寝。(天头:龙伯坚复。)

二月二十七日　屠维赤奋若陬月晦日　日　晴

晨点后偕袁仲仁、喻正之赴石牌,趁专车赴黄埔参观筑港工程。归途过东圃,喻君邀用中点。四时返石牌,换乘商车返寓。易静正[3]来,同访康辛元,不遇。与清桂久谈。晚辛元、清桂来。十时寝。

二月二十八日　屠维赤奋若如月(二月)朔日　月　阴

晨至西堂换报纸。张嘉谋[4]处小坐。袁仲仁、康辛元来。录彝铭古人,得姑鹏昏同、沇儿、徐义楚三人。昏同即《左传》哀公二十六、七两年之"舌庸"。昏隶变作"舌",庸、同古音近也。此前人所未及,余今偶然得之。饭后小寝。康清桂、辛元来,同访易静正,不遇。晚八时寝。(天头:庆廿二书,铁、纯廿三书,三月

---

①邱有吾:即邱毅。曾任湖南大学教授。
②袁仲仁:曾任湖南大学建筑委员会委员。此时他大约负责湖南大学的财务,因教育部已随国民政府迁广州,盖至教育部索要经费。
③易静正:即易价(1896—1976),湖南湘乡人。曾任北京师范大学、西北联合大学校长秘书,西北师范学院校长等。
④张嘉谋(1911—1985):广东五华人。时为中山大学教授。

十二日撰文。）

三月

三月一日　屠维赤奋若如月初二日　火　晴

晨起取水。仆人去后，毅主炊，余亦不能不相助也[1]。录彝铭古人，得楚简王中、鞏叔、曾子遽、墜中崩、蜜叔和五人。崩从"彦"省声，"完"从"元"声，彦、元皆疑母寒部字，崩即"完"也。此亦前人所未及。"和"即田和，而郭沫若以为陈乞，大误。孔肖云、王季思来。饭后小寝。权少文[2]来。晚袁仲仁来，留宿。八时寝。（天头：嘉廿二书，胡春藻书，文献会书，十二月十九撰文。）

三月二日　屠维赤奋若如月初三日　水　晴

晨录彝铭古人，竟日。陈幹中之弟幹贞送长沙托件来。午后至林文铮寓少坐。宋长栋送为余代印名刺来。晚八时寝。（天头：娴、纯书。）

三月三日　屠维赤奋若如月初四日　木　晴

晨作信。出门至金龙酒店答访权少文。过市立图书馆访朱傻，不值，借其书目一看。饭后小寝。录彝铭古人，得秦景公及越王者召於賢二人。大凡已得七十五人，尚须补录也。晚陈东原[3]、徐贤恭[4]来。八时寝。○仲仁来，宿此。（天头：与娴、纯、铁，峻

---

① 晨起取水……不能不相助也：梁实秋《槐园梦忆——悼念故妻程季淑女士》："平山堂是怎样的一个地方，我曾有一小文《平山堂记》纯是纪实。我们住在这里，季淑要上街买菜，室中升火，提水上楼，楼下洗浣，常常累得红头涨脸。"
② 权少文（1911—1996）：原名国庆，甘肃武威人。毕业于清华大学文学院，遇夫先生的学生。著有《说文古韵二十八声部》，遇夫先生为之作序。
③ 陈东原（1902—1978）：安徽合肥人。曾任湖南师范学院院长。
④ 徐贤恭（1902—1994）：安徽怀宁人。时为中山大学教授、理学院院长。

书,文献书,商务书,中华书。)

三月四日　屠维赤奋若如月初五日　金　晴

　　晨录彝铭古人。易静正、商锡永来。饭后以《考古图》校薛氏《款识》。仲仁来,同赴教部,访田培林①,交涉湖大经费事。到康辛元处小坐。同康、袁到文德路答访陈东原。归。罗元一送《四库提要》来。晚八时寝。○闻李沧萍逝去,为之三叹!此君性挚厚,能诗;以家事抑郁,滥饮不节,遂至此。辛旨介熊润桐②来。熊能诗,辛旨及詹祝南皆佩服之。(天头:洪廿四美国沃克兰书,久坚衡阳书。)

三月五日　屠维赤奋若如月初六日　土　晴

　　晨以《考古图》校薛尚功书。吴希之、易静正来。饭后小寝。录彝铭古人,得武丁、武乙、燕王喆三人。出至林文铮寓小坐。晚八时寝。

三月六日　屠维赤奋若如月初七日　日　晴

　　晨录彝铭古人,得燕王之、燕王喜二人。偕喻正之出至大新路购佛珠二事(一百八珠、一十八珠)。归后周子若遣车来,至其东山寓午饭。同坐有宜章范体仁③,服务法界,曾读余文法各书;安化梁抡章,曾受余课。饭后归。刘子植来。录彝铭,得祭仲、魏冉、吕不韦。今日共得五人。仲仁明日返湘,宿此。晚八时寝。

三月七日　屠维赤奋若如月初八日　月　晴

　　晨作信。阅《金文世族谱》,拉杂之至。饭后校薛氏书。康辛元、袁仲仁来。出至平山堂,还书与商承祚,不遇;访辛树帜,不

---

① 田培林(1893—1975):字伯苍,河南襄城县人。1946年冬至1949年秋,任国民政府教育部常务次长。
② 熊润桐(约1902—1974):广东东莞人。曾任中山大学、香港珠海书院教授。研究《红楼梦》较有影响。
③ 范体仁(1900—1980):湖南宜章人。1946—1949年任福建高等法院院长。

遇。晚袁仲仁行。树帜来谈。十时寝。（天头：与铁、娴、纯，与杨开劲[1]，与邱有吾，与谷国瑞，与峻，朱咏沂书，铁廿八书。）

三月八日　屠维赤奋若如月初九日　火　晴

晨孔肖云来。校彝铭古人，遂竟日。昨借得吴闿生书，略有增益。饭后小寝。杨希靖来，同访辛树帜，久坐。晚八时寝。〇铁铮电告纯明日发长沙南来。（天头：邹曼支、高笏之[2]复，庆、嘉二日书，颜工书，铁电。）

三月九日　屠维赤奋若如月初十日　水　阴

晨陈幹中来。商锡永来，偕锡永至其寓，观所购古物，借金文书三种来。校阅《彝铭古人考》，草小序。饭后小寝。校薛尚功书。出门送信。理发。晚八时寝。（天头：复朱咏沂，廖成九书。）

三月十日　屠维赤奋若如月十一日　木　晴

晨录彝铭古人目录，共得八十五人。宋长栋来，同宋赴车站，问知九日晨车，午后一时到站，遂返寓。饭后再到车站，二时半车到站，偕纯女及硕、冬二外孙[3]返寓。晚八时寝。（天头：娴八日书，权少文书，与范、何、王，复久坚。）

三月十一日　屠维赤奋若如月十二日　金　晴

晨严学窘来。向毅安[4]来。校薛尚功书，遂竟日。午小寝。饭后彭祖智来。出门至权少文处取代买药物。晚八时寝。（天头：与娴，与铁。）

---

①杨开劲（1894—1956）：湖南新化人。曾任湖南大学化学系教授、系主任。院系调整后任湖南师范学院化学系主任。

②高笏之：即高鸿缙（1891—1963），湖北沔阳人。曾执教于湖北教育学院、四川省立教育学院等。他在四川省立教育学院任教时，是家父导师夏禄先生的老师。

③硕、冬二外孙：周铁铮、杨德纯的儿子周硕朋、女儿周冬麓，1958年后改名杨立、杨欢。

④向毅安：曾祖母的亲戚。

三月十二日　屠维赤奋若如月十三日　土　晴

晨罗孟韦来,以所著《诗乐论》一册请校阅,留之同进早点。朱延丰来,为姚薇元事也[1]。访康辛元,绍介鲁实先[2]、姚薇元,少坐,归。校薛尚功书。饭后小寝。《彝铭古人考》已写讫,今日始录彝铭中之本字,得嫚、佫二文。吴辛旨来。晚辛树帜、康辛元来辞,云一二日即离穗。以《金文说》五单本赠树帜并托其交颉刚一份,以树赴沪当访顾也[3]。十时寝。○韩生国霖来请作字,渠愿编《金文字汇》,以余告以《金文编》多漏略不合也。七儿来书,月馀以前信也。(天头:豫一月廿七、二月一日书。)

三月十三日　屠维赤奋若如月十四日　日　晴

晨阅《诗乐论》,颇多见道之论。阅阮氏《款识》。饭后小寝。校薛尚功书。晚八时寝。(天头:与铁铮,与嫚,胡春藻书,文献会书。)

三月十四日　屠维赤奋若如月望日　月　阴雨

晨阅《诗乐论》。录彝铭本字,得媿、妣、妊、晏四字。前三字《说文》所有而义不同,后一字则《说文》所无也。饭后阅阮氏《款识》,补彝铭古人"南中"一人。以海味二事、洋十元送辛树帜处,请其带上海[4],不遇,交其秘书刘君。晚八时寝。(天头:与张外

---

[1] 朱延丰来,为姚薇元事也:朱、姚都是清华大学历史系抗战前毕业的研究生。姚薇元事,姚薇元到湖南大学工作的事。姚薇元(1905—1985),安徽繁昌人。1936年毕业于清华研究院历史系,曾任大厦大学、贵州大学、湖南大学等校教授。院系调整后任武汉大学历史系教授。

[2] 鲁实先(1913—1977):湖南宁乡人。1942年由遇夫先生推荐,至复旦大学任教。可参考家父《闲话鲁实先》一文(见《杨树达先生之后的杨家》)。

[3] 以树赴沪当访顾也:辛树帜与顾颉刚关系非常密切。《积微居友朋书札》中顾的两通书札都提到辛树帜。一为1948年5月27日所写:"尊著《群书检目》敬乞寄苏州悬桥巷顾家花园七号白寿彝君处,以刚应辛树帜先生邀即须赴兰州。"一为1951年10月17日所写:"前岁树帜兄来苏,转到尊著数篇,读之神驰左右。"前岁即1949年,"转到尊著数篇"即此次辛树帜所转交者。

[4] 请其带上海:请辛树帜带到上海虹口北四川路上的黄渡路给遇夫先生的岳父张训钦先生。当时物价飞涨,而现洋颇能保值。

舅,与豫。)

三月十五日　屠维赤奋若如月既望日　火　晴

晨至辛树帜寓送其行。喻亮来。阅《诗乐论》。午小寝。饭后阅阮氏《款识》。向毅安来。晚八时寝。(天头:庆、嘉三日书,舜芝书,峻侄书,谢启明书。)

三月十六日　屠维赤奋若如月十七日　水　晴

晨录彝铭中之本字,得贝部貧、賓,宀部穷,凡三文。午小寝。饭后阅阮氏《款识》。出至西堂①彭、孔二处、南轩②吴处。晚八时寝。峻侄来书,以火车费太昂,不能来穗③;即示孔肖云。报载湘西民变,已攻据溆浦;而与共方和谈尚无头绪。大局如此,令人丧气之至。(天头:峻侄书。)

三月十七日　屠维赤奋若如月十八日　木　晴

晨阅《诗乐论》。阅阮氏《款识》讫。午小寝。校薛尚功书一卷。康辛元来辞,今夜车返湘,以信交之。六时至康处送其行,不值。晚八时寝。○彭祖智夫妇、吕夫人来。(天头:久坚书,与峻,与铁,与李石吾④,复胡春藻。)

三月十八日　屠维赤奋若如月十九日　金　晴

晨阅《诗乐论》。补彝铭中古人三人:齐国归父、鲁伯厚父、卫公孙吕,皆方濬益所发明也。连前补"南仲",已得八十九人,似尚可补益也。饭后小寝。录彝铭本字。得壴、斟、郐三文。至林

---

① 西堂:原中山大学宿舍,1983 年为建图书馆而拆除。
② 南轩:原中山大学宿舍,在西堂附近,1983 年为建图书馆而拆除。
③ 以火车费太昂不能来穗:这可能是托词,其时杨伯峻先生已任中共地下党长沙工委书记,不便离湘来穗,又不能明说。1949 年上半年时,遇夫先生已估计到杨伯峻先生是共产党员,曾对家人说过。
④ 李石吾:1939 年毕业于长沙明德中学,新中国成立后在湖南(湘雅)医科大学附二院中药房工作。

文铮寓少坐,归。填超度亲族单,送至林寓。晚八时寝。〇晨严学窘来,言邱大年①之子由北平来,言北平纪律甚佳,学校大都一切如故,但言论不大自由耳。廖生成九由耒阳来。洪儿告已抵丹佛城,生活极适,惟饭食少,不甚惯;又云已屏绝娱乐矣。(天头:洪三日美国丹佛城书,与舜芝。)

三月十九日　屠维赤奋若如月二十日　土　晴

晨阅《诗乐论》。翻阅《十六长乐堂》《筠清馆》各一通,搜求本字也。饭后小寝。至林文铮寓少坐。散步。晚八时寝。(天头:范炳星书。)

三月二十日　屠维赤奋若如月二十一日　日　晴

晨翻阅《书契前编集释》,欲觅"毓祖丁"之解释不可得。录彝铭本字,遂竟日。得酻、旃、衣、曹、妣、鏷六文。饭后出席教授会,四时归。阅《名原》,昔年未理甲、金文,曾读此书,格格不入;今读此,则得失了然如见矣。晚八时寝。

三月二十一日　屠维赤奋若如月二十二日　月　晴

晨作信。校薛氏书二卷。饭后小寝。录彝铭本字,得郯、鄑、邸三文。晚八时寝。(天头:与洪,与庆,与峻。)

三月二十二日　屠维赤奋若如月二十三日　火　晴

晨点后趁专车赴石牌,九至十一授训诂学二时。午车返寓。饭后小寝。校薛尚功书一卷。录彝铭本字嬢一文。彭祖智来久谈,去。晚杨邦杰来,已移来平山堂矣。八时寝。〇孔肖云来。(天头:文献会书,庆、嘉十六书。)

三月二十三日　屠维赤奋若如月二十四日　水　阴

晨录彝铭本字,得霙、棠、隻、邛、妃五文。陈生楚光来,以彝

①邱大年:即邱椿(1897—1966),江西宁都人。1946—1950年任北京大学教育系教授,1950—1966年任北京师范大学教育系教授。

铭古人稿付之清写。饭后小寝。翻阅《捃古金文》。五时陈可忠遣人以车来迎，到留法同学会陪梅月涵，梅新由沪来也。饭后摄影。车归寓，已十时矣。旋寝。

三月二十四日　屠维赤奋若如月二十五日　木　阴

晨录彝铭本字，得亯、甬、媥、鍺、鐴五文。总计已得三十二文，似尚未尽也。饭后小寝。增补彝铭本字材料。阅《捃古录》。王季思来，送吴江金天翮诗文集三册，云金之弟托渠见付者，内有叶郋园师传，云据余兄弟所撰《学行记》为之。按《学行记》系郋园师自为之。昔年伯兄以稿寄北平，云师意欲余兄弟任撰者之名，问余意云何。余以其中语句多开罪乡人之处，不欲出名，伯兄因婉谢却。大约师示金君之稿仍署余兄弟名字，金君不知，故有云也。出至吴辛旨处少坐，闻同人议决明日起请假一周云。晚八时寝。（天头：久坚书。）

三月二十五日　屠维赤奋若如月二十六日　金　阴雨

晨以公议请假，不赴石牌，今日本有课也[①]。阅《捃古录》竟日。饭后小寝。韩生国霖来，已假得改订本《金文编》，余示以改编条例。宋生长栋送三月研究费四万馀元来，值港币仅十馀元也。严学宭来。晚八时寝。（天头：与周子若，娴廿书，铁廿书。）

三月二十六日　屠维赤奋若如月二十七日　土　阴寒

晨作信。贾国永夫妇来。罗孟韦来，余以读《诗乐论》所见告之。商锡永来。校薛尚功书。饭后小寝。阅《捃古金文》。五时吴辛旨来，同赴留法同学会，参加吴润江上师度亡千坛贺宴。九

[①] 晨以公议……本有课也：《陈寅恪的最后二十年》第一章《陆沉下的抉择》："（1949 年）2 月 2 日，因物价上涨，员工生活陷入窘境，中山大学教授会全体教向当时的教育部负责人陈雪屏请愿，要求一次性透支 3 到 7 月份的薪津。3 月 5 日，中大教授因生活受到严重威胁，从该天起实行罢教并'总请假'达二十四天。"按，"3 月 5 日"当为"3 月 25 日"之误。

时归,寝。(天头:陈铁夫 ① 书,与娴、铁,与康辛元,与肖聃,与向毅安。)

三月二十七日　屠维赤奋若如月二十八日　日　晴

晨校薛尚功书二卷。十时出门到文德路北大同学会参加李沧萍追悼会,行礼后,少坐即出,至大学鞋店购呢鞋。归。饭后小寝。阅《捃古录》。五时到西堂答访王季思、徐贤恭。晚八时寝。

三月二十八日　屠维赤奋若如月廿九日　月　阴

晨校薛尚功书。补彝铭本字数文。饭后小寝。文系二生来馈卵四十枚,致慰问之意 ②。周子若来,谈久坚事。《捃古录金文》阅讫。看《考古图》,录其"读若"字。晚八时寝。○骧十四书,告共军接收后一切照旧,二月俸折得小米八百五十斤,每斤值人民券十元五角。(天头:骧十四日书,嘉廿三书。)

三月二十九日　屠维赤奋若痈月(三月)朔日　火　阴

晨作信。校薛尚功书三卷。吴辛旨来。饭后小寝。阅《考古图》及《古玉图》讫,录其"读若"字。周子若夫妇来。蒋复璁 ③、孔肖云来。复璁言清《全唐诗》乃据钱牧斋所为底稿为之。牧斋取唐人诗集加以剪贴,后季苍苇复据善本校勘。中央图书馆今得其稿本,故知之也。晚八时寝。(天头:与骧,与觉人,复范炳星,与文献会[稿]。)

---

① 陈铁夫:四川泸州人。学者。后去台湾。

② 文系二生……慰问之意:中共广州市委党史研究室编《中共广州党史纪事(1919.5—2006.12)》(广州出版社 2008 年版,第 135 页):"26 日,中山大学学生在校内中共地下党员的推动下,成立院系联合会,公开领导支援工作,发动全校学生节食敬师,并决定举行敬师义演,连续 4 天借广州基督教青年会礼堂演出,为教师募捐。"

③ 蒋复璁(1898—1992):浙江海宁人。图书馆学及目录学专家。1923 年毕业于北京大学哲学系。曾任"中央图书馆"馆长等职。

三月三十日　屠维赤奋若病月初二日　水　阴

晨点后偕毅君、德纯趁车赴石牌。学宰导余访赵却民及夏敬农[1]。余别访詹祝南、贾国永。四时归。晚八时寝。（天头：庆书，峻书，舜书，铁书，觉人书。）

三月三十一日　屠维赤奋若病月初三日　木　晴

晨校《博古图》，遂竟日。周达夫来，留午饭。饭后小寝。五时出散步。晚八时寝。（天头：文献会书，商务书。）

四月

四月一日　屠维赤奋若病月初四日　金　晴

晨记彝铭字说二则。午小寝。饭后阅《古文审》二卷。《博古图》阅讫。五时偕毅携纯女入市，至萨棠记用点。晚八时寝。○宋长栋送研究费来。

四月二日　屠维赤奋若病月初五日　土　晴

晨作信。廖成九、刘铭彰来。廖生邀余及家人到黄花冈作小游，摄影。午归。饭后小寝。校薛尚功书，讫。阅《啸堂》及薛书上册，搜假借字。五时出，视孔肖云病。晚八时寝。（天头：复觉人，复峻与铁，郭晋稀[2]书，邹曼支书。）

四月三日　屠维赤奋若病月初六日　日　阴

晨取彝铭中伯龢父条略加修饰，为《共和说断案试探》一文

---

① 夏敬农：物理学家，中国物理学会创会会员。曾留学法国，时任中山大学等校物理系教授。据陈锡祺之子陈嘉鸥《西堂记忆》一文，夏当时住在西堂西北角。见蔡宗周主编《中大童缘》上册第283页，中山大学出版社2014年版。

② 郭晋稀（1916—1998）：字君重，湖南株洲人。1942年毕业于湖南大学中文系，是遇夫先生的学生。曾任西北师范学院副教授、教授、古籍整理研究所所长。著名学生有陈成国、赵逵夫等。

寄侯芸圻,应任公先生逝世二十年纪念论文集之约也。录《考古图》所释假借字,尽三卷,得三十二文。午后彭祖智来谈。晚八时寝。(天头:与侯芸圻文稿。)

四月四日　　屠维赤奋若病月初七日　　月　　晴

晨补彝铭本字邱、鼎、罂三文。录《考古图》假读字毕。续录《博古图》假字。阅钱坫、阮元书,记假字。至喻亮处,商拨款事。喻云已缄告其弟付款与七儿矣。晚彭祖智来。八时寝。

四月五日　　屠维赤奋若病月初八日　　火　　阴

晨作信。出至西堂彭祖智处取电泡。录《博古图》假借字,尽十六卷。午小寝。饭后阅阮元书,搜假字。阅杂书。晚八时寝。○宋长栋来寄宿。(天头:与豫,与铁,与方心安①。)

四月六日　　屠维赤奋若病月初九日　　水　　阴

晨录《博古图》"读若"字讫,续录钱、阮二家书。阅徐同柏《从古堂》。五时至吴辛旨处谈女仆事。晚八时寝。(天头:洪廿九书,庆、嘉书,铁书,与沪来薰、修文。)

四月七日　　屠维赤奋若病月初十日　　木　　阴

晨录阮氏书"读若"字讫,续录徐同柏书。朱少滨来,久谈,留午饭。四时出门散步,过中华局取板税。晚八时寝。

四月八日　　屠维赤奋若病月十一日　　金　　雨

晨宋长栋来,偕宋趁车到东山答访蒋复璁,已于昨日返南京矣。归,到彭祖智寓小坐。录徐氏《从古堂》通假字,讫。看吴氏《筠清馆》,觅假字,未讫。商锡永来,云近从长沙估人买得铜戈一,铭五字,云鄝大大之戈。随商往其寓观之,字极纤细,鄝字从邑,必是地名,当徐考之。晚八时寝。○得七儿通县两书,云二月下旬即

---

① 方心安:即方壮猷(1902—1970),字欣安,湖南湘潭人。曾祖父好友方叔章的儿子,也是遇夫先生的学生。时任武汉大学历史系教授。

来通县，不日当南至沪、汉。不力学而他务，非余所望也。（天头：豫三月十七、卅一两书，铁书，张训老书，与舜芝，复陈铁夫。）

四月九日　屠维赤奋若痈月十二日　土　晴

晨作信。看《笈清金文》，搜假字，录之。文国华①来。顾铁符、曾昭琼来。饭后小寝。看《捃古录金文》，录其通假字。偕妇携女仆入市取配米。晚八时寝。○和使到平，共党闻提出难题。何应钦行前告人和平希望止十分之一。李宗仁电毛泽东愿以一身任战犯之责，辞颇恳挚，共党动心与否不可知矣。国党腐烂不堪，致造成现势，顽固之徒尚力主战事。人心已去，庸可为乎？（天头：娴书，铁书，与骧、豫。）

四月十日　屠维赤奋若痈月初十三日　日　晴

晨容庚来，态度骄蹇，痛责之。至林文铮寓，闻吴润江上师将返澳门也。饭后小憩。录《捃古录》中通假字。四时到林寓，则吴已行矣。遇周淦卿、谢文龙②（建设厅长），偕谢、周、林同访赵士养③君。赵学佛甚久，有神通，善观人气。相周、林、余，于余费时独久，心窃讶之。继言余去冬至苦闷，不必回忆，三四礼拜内当有好消息来；贵人已发动助余矣；此后尚有一番事业，佛缘甚好，家族平安无故云云；国事旧五月内有大变，此后当进步；三次大战两广劫数较轻。余问湖南何如？云尚好。赵君合其子女各一人出见，为题手册。因刘成禺④之夫人亦同行，道过其寓所（文献馆），

---

① 文国华（1921—2006）：字曾泽。1945年毕业于北京大学中文系，曾任教于波兰华沙大学东方语言系。
② 谢文龙（1898—？）：广东开平人。毕业于香港大学，后留学美国。时任广东省建设厅厅长。
③ 赵士养：革命先驱，早年曾协助孙中山先生。
④ 刘成禺（1876—约1953）：湖北武昌人，生于广东番禺。南社社员。1947年10月任两广监察使。未几，卸职。后曾任重庆市人大代表，湖北省人大代表等职。

入,少坐。刘他去,不遇。晚八时寝。

四月十一日　屠维赤奋若痫月十四日　月　雨　晴

　　晨豫备讲演材料。十时许,商锡永来,邀赴小北珠海大学。余讲《文字构造之一斑》约一时半。文苑饭店午饭。归。小寝。录《捃古》通假字,讫。阅《攀古楼款识》,录通假字。晚八时寝。〇女佣罗去。(天头:久坚书,文献会书。)

四月十二日　屠维赤奋若痫月望日　火　阴　雨

　　晨顾铁符来,云王道源允为余画像,偕往访之,至则高卧未起。游书肆,过市立图书馆,借庄述祖《古籀疏证》归。饭后小寝。录《攀古楼》所记假字,讫。阅《窀斋录》,搜假字。晚八时寝。(天头:与洪,与沪富晋[1],与平来薰。)

四月十三日　屠维赤奋若痫月十六日　水　晴

　　晨阅《窀斋录》,搜通假字。辛仙椿[2]来,树帜之族弟,为湖大来索款。饭后录窀斋书通假字。晚八时寝。〇郑师许来。(天头:与峻及汝冲,胡春藻书。)

四月十四日　屠维赤奋若痫月十七日　木　晴

　　晨补录彝铭古人三人。录《窀斋录》通假字,讫。午小寝。饭后阅《缀遗斋》,搜假字。至王扶生、孔肖云处小坐。晚严学窘来谈,云闻之在香港友人、郭沫若读余叔夷钟、曾侯簠两跋,皆表示佩服之意。郭曾贻书于余,略不及此,以余论金文于渠有微词,故虽鼙叔之释渠仍示不满。此君虽从事学问,仍不免政客习气也。(天头:徐兴培[3]书,黄伯轩书。)

---

① 富晋:即富晋书社。
② 辛仙椿(1900—1983):湖南澧县人。毕业于武昌中山大学、日本早稻田大学。曾任军职,1949年赴台。
③ 徐兴培:遇夫先生的学生,毕业于湖南大学。

四月十五日　屠维赤奋若痫月十八日　金　阴

晨翻阅罗叔言《贞松老人外集》及其他四种，从商锡永处借得也。阅《缀遗斋考释》，觅假字，遂竟日。出理发。饭后小寝。陈楚光、廖成九来。晚八时寝。○邱有吾来书，代天隐子女求作天隐传。钱宾四、唐君毅[1]来，新自沪来穗也。（天头：邱有吾书。）

四月十六日　屠维赤奋若痫月十九日　土　阴

晨，张钦坡归自柳州，来馈沙田柚、云南大都菜、咸鱼。录《缀遗斋》通假字。饭后小寝。偕顾铁符出门答访钱宾四、唐君毅。余告以伯龢父说，宾四极赞之；又称余《论语》"夷狄有君""齐一变"二章义之善；赠余近著《中国文化史导论》一册。访郑师许，不遇。归阅宾四所赠书。晚八时寝。

四月十七日　屠维赤奋若痫月二十日　日　雨

晨阅《文化史导论》讫，颇有独到之处。午应王季思、陈仲陶[2]之约，到西堂季思寓午饭。同坐有陈融[3]、刘成禺、胡毅生[4]。陈能诗，年七十馀，颇龙钟；刘年与陈相若，则甚健。胡为汉民之弟。此外为詹祝南、朱少滨、孔肖云。饭后同德会前摄影。归。录《缀遗斋》通假字。晚八时寝。

四月十八日　屠维赤奋若痫月二十一日　月　阴

晨《缀遗斋》阅讫，录其通假字。饭后吴辛旨来。偕辛旨至西关答访熊润桐，润桐出示挽李沧萍诗，至佳；又观所藏书，有宋本三种，元本一种，外明本及精钞本数种；并以麦食饷客。归。杨

---

① 唐君毅（1909—1978）：四川宜宾人。现代新儒家代表人物之一。
② 陈仲陶：即陈闳慧（1895—1953），浙江永嘉人。是王季思的姐夫，1948年冬随迁广州。善诗词，与李雁晴、夏承焘等并称"永嘉七子"。
③ 陈融（1876—1956）：字协之，原籍江苏，迁居广东番禺。精于诗词、书法、篆刻等。
④ 胡毅生（1883—1957）：名毅，以字行，广东番禺人。胡汉民的堂弟。早年留学日本，1948年任总统府顾问。1951年由港至台，1957年逝于台北。

承孝[①]、彭祖智来。晚八时寝。（天头：峻书。）

四月十九日　屠维赤奋若痾月二十二日　火　晴　雨

　　晨趁车赴石牌授训诂学二时。午车归。饭后小寝。入浴。校《彝铭中之古人》清本，《岭南学报》索投稿也。晚杨承孝来，馈火腿、茅台酒、麦片、饼干、茶杯、酒杯等物，求为其父作传也。八时寝。○补记昨日所见熊润桐藏书：宋本小字五经、杨子《法言》（秦敦复旧藏）、《王荆公集》（徐乾学旧藏）、元本《列子》、明本赵藩味经堂王弼《易注》、《唐僧弘秀集》（海源阁旧藏）、永乐本《罗豫章先生集》、孙大雅《沧螺集》（汲古阁本）、精钞本宋苏洞《冷然斋集》（放翁弟子，四库珍本已景印）、明《唐子西诗文集》（海源阁藏）。（天头：豫四日通县书，庆、嘉十四书，铁十四书，与豫及铁及峻。）

四月二十日　屠维赤奋若痾月二十三日　水　雨

　　晨作信，送至钟楼。校《彝铭古人》清本。饭后小寝。以《古人考》送邹豹君，请其携去岭南交王了一、容希白。阅《古籀拾遗》，搜通假字。晚八时寝。（天头：豫四日通县书，峻侄书，汝冲书，与朱咏沂，复久坚，与徐佛观，与峻。）

四月二十一日　屠维赤奋若痾月二十四日　木　晴

　　晨阅《古籀拾遗》，搜通假字。饭后小寝。录《拾遗》通假字。作信。晚八时寝。○国共和谈破裂，老百姓又苦矣，哀哉！（天头：方心安书，张训老书，肖聘书，复训老。）

四月二十二日　屠维赤奋若痾月二十五日　金　晴

　　晨趁车到石牌授古文字二时。过周达夫寓，少坐。午车归。饭后小寝。入浴。录《古籀拾遗》通假字。晚八时寝。（天头：峻

---

①杨承孝：中山大学职员。

书,娴书。）

四月二十三日　屠维赤奋若窝月二十六日　土　晴

　　晨阅《古籀拾遗》下卷,觅通假字。饭后小寝。录《拾遗》通假字。六时,至留法同学会参加北平中国大学聚餐会[1],遇余天休[2]。九时归,寝。○共军已渡江,南京人员全撤,市民劫掠无纪。（天头:与娴,富晋书,铁铮书。）

四月二十四日　屠维赤奋若窝月二十七日　日　晴

　　晨录《拾遗》通假字讫。阅《古籀馀论》,搜假字。饭后小寝。刘子植来。周达夫来。再校《彝铭古人》清本,容希白嘱子植携来者也。至商锡永、吴辛旨两处还所借书。晚八时寝。○杨承孝来,云为余谋头等免票,约十日内可到。午至孔肖云处谈结束功课事,肖云约集同人为之也。肖云以包子、春卷餐同人。

四月二十五日　屠维赤奋若窝月廿八日　月　晴

　　晨再校《彝铭中之古人》,讫。作书致王了一、容希白,托吴希之带去。阅《古籀馀论》,搜通假字。饭后小寝。翻阅柳诒徵《国史要义》。晚郑师许来,以莫天一[3]《群书跋文》一部见付。据云,莫曾受学于叶觉迈[4]先生,与余有同门之雅;又曾读余所著书云。九时寝。（天头:庆儿书。）

四月二十六日　屠维赤奋若窝月廿九日　火　晴

　　晨将赴石牌授书,以无车不果。阅《古籀馀论》讫,录其通假字。饭后韩生国霖来。以倦小寝。晚,出至西堂。八时寝。○鲁实先为宁乡□□拘留,其妻来书求救。（天头:铁廿一书,陶驿达[5]书。）

---

① 至留法……中国大学聚餐会:抗战前遇夫先生曾长期兼任北平中国大学教授。
② 余天休(1896—1969):广东台山人。是中国社会学初创时期的重要学者之一。
③ 莫天一:即莫伯骥(1877—1958),广东东莞人。藏书家。
④ 叶觉迈(1871—1954):广东东莞人。康有为弟子,湖南时务学堂中文教习。
⑤ 陶驿达:即陶杰(1929—　),谱名先获,湖南宁乡人。陶先瑜堂叔的儿子,居长沙。

四月二十七日　屠维赤奋若痾月晦日　水　晴

晨为鲁实先事作书与潘硌基、吴鷫冈。录《古籀馀论》通假字讫。阅《籀颐述林》第七卷,皆金文跋也。毛公鼎释文重定本较《古籀拾遗》所载详密多多矣。饭后寝。录《述林》通假字。晚八时寝。(天头:与潘硌基、吴鷫冈。)

四月二十八日　屠维赤奋若余月(四月)朔日　木　晴

晨录《述林》通假字讫。阅刘心源《古文审》,觅通假字。饭后小寝。阅庄述祖《古籀疏证》,凌杂不足取。阅莫氏《群书跋文》,芜蔓无绪,钞录多,可作小说看耳。入浴。晚八时寝。(天头:与庆、嘉。)

四月二十九日　屠维赤奋若余月初二日　金　晴

晨趁车赴石牌,九至十一授古文字二时。午车归。饭后小寝。阅《古文审》,录其通假字。宋生送薪来。晚八时寝。

四月三十日　屠维赤奋若余月初三日　土　雨

晨作信,送大钟楼。理发。录《古文审》通假字。饭后小寝。阅《古文审》第七卷。曾昭琼来。权少文来,留晚饭。商锡永来。晚八时寝。(天头:复黄伯轩、徐兴培、周好古 [①],文献会书,修文堂书,九儿书,贺李眉寿,复刘维楷 [②]。)

五月

五月一日　屠维赤奋若余月初四日　日　晴

晨阅《古文审》第八卷,录其通假字。朱少滨来。王扶生介

[①] 周好古:遇夫先生在辰溪的诗酒唱和友人。遇夫先生《积微居诗文钞》有《谢周好古赠方竹杖》诗。

[②] 刘维楷(1907—?):广西桂林人。时任桂林绥靖公署副参谋长。

陈粹芳[①]来。到林文铮寓小坐。午到留法同学会参加清华大学三十九年校庆公宴。干事林君前有书来,云以会长陈可忠之嘱专缄敦请参加也。遇寅恪、了一。三时归,阅《奇觚室金文述》。四时偕妇出门至汉民路购枕席。阅《群书跋文》,《韩诗外传》条下举及余《外传疏证》,并引前四卷似是《内传》之说;盖据郎园先生序文也。晚八时寝。

五月二日　　屠维赤奋若余月初五日　　月　　晴

晨草《杨海珊传》,杨承孝之请也。严学窘夫人来。商锡永来。饭后小寝。为人作字五幅。晚袁浚来。八时寝。（天头:舜芝书,铁铮书,久坚书,清中书。）

五月三日　　屠维赤奋若余月初六日　　火　　晴

晨趁车到石牌答访曾昭琼,过学窘寓,以字幅交之。授训诂学二时。午车归。遇杨浪明[②],亦长沙人,任兰大教授。饭后小寝。阅《奇觚室》,搜通假字。入浴。晚八时寝。（天头:庆儿书,复庆及旷、易[③]。）

五月四日　　屠维赤奋若余月初七日　　水　　晴

晨阅《奇觚吉金文述》,搜通假字。饭后小寝。录《奇觚》通假字。韩生国霖来。晚到孔肖云处小坐。八时寝。（天头:峻侄书,铁铮书,黎尔穀书,朱咏沂书,复黎尔穀,寄志稿[④]。）

五月五日　　屠维赤奋若余月初八日　　木　　雨

晨阅《奇觚室吉金文述》,觅通假字。饭后小寝。录《奇觚》

---

① 陈粹芳:湖南醴陵人。曾任湖南省参事室参事。

② 杨浪明(1905—1987):湖南长沙人。曾任兰州大学动物学系教授。

③ 复庆及旷、易:五月二日有"清中书",即清华中学来信,故五月三日回复清中校长旷璧城、总务主任易仁荟。庆,杨德庆,当时与杨德嘉一道在清中读书。

④ 寄志稿:遇夫先生当时担任了《湖南省志·艺文志》的撰写任务,故将已竣稿件寄到长沙。

通假字。四时到林文铮寓参加王家齐[①]上师传法式。余以"返湘安否"叩王，王云以不动为佳。晚八时寝。（天头：洪廿六书，复邱有吾。）

五月六日　　屠维赤奋若余月初九日　　金　晴

　　晨趁车到石牌授古文字学二时。午车归。小寝。入浴。阅《奇觚》，录通假字。晚在卢宅与彭祖智杂谈。九时寝。○硙基书告鲁实先已释出，湖大师生纷纷作归计，主余暂留不动为佳。（天头：黄伯轩书，潘硙基复。）

五月七日　　屠维赤奋若余月初十日　　土　晴

　　晨，以《彝铭古人》一文古字太多，难于排印，王了一来书请别稿。遂草《论语四章疏义》一文，未讫。饭后小寝。阅《奇觚室金文》，录其通假字。彭祖智来谈。晚持咒后寝。○喻正之送薪金来，金券千馀万，仅值港币五元——经济之崩溃已见其端矣，此国民党人之赐也。

五月八日　　屠维赤奋若余月十一日　　日　晴

　　晨录《论语疏义》，未讫。饭后小寝。入浴。阅《奇觚室金文》，录通假字。晚到彭祖智处，请其到邮局领款。罗孟韦来。九时寝。○田星六[②]老人寄见怀诗七律一首，有"老屋荒山闲野客，前王后叶数经师。乾坤劫日良多难，杖履春风好自持"之句。杨承孝来，见付火车免票；以其尊人《海珊传稿》付之。

---

① 王家齐：又名王毅修（1895—1959），海南屯昌人。潜心佛学，为宗教界知名人士。

② 田星六：即田兴奎（1874—1958），号晚秋居士，湖南凤凰人。南社诗人。《积微翁回忆录》1944年2月27日："饮席遇凤皇田星六，年六十九矣，甚健，能诗，有《晚秋堂诗集》。闻余有《论语疏证》，欲得一读，当即赠之。"遇夫先生与其族侄田个石（名瑜，1890—1981）也是好友。《积微翁回忆录》1946年11月24日："田个石来，以所著《思庐诗稿》四册请序。个石，星六翁犹子。"

五月九日　屠维赤奋若余月十二日　月　晴

晨录《论语四章疏义》讫，送吴希之处，请其交王了一。至孔肖云处少坐。归。阅吴闿生《吉金录》，觅通假字。饭后小寝。彭祖智为取邮局寄款来。晚八时寝。（天头：与王了一。）

五月十日　屠维赤奋若余月十三日　火　晴

晨赴石牌授训诂学二时。午车归。饭后小寝。入浴。阅王静安遗书中金文考释及题跋。晚吴希之送《彝铭古人稿》来。八时寝。

五月十一日　屠维赤奋若余月十四日　水　晴

晨录王静安所说通假字。饭后小寝。阅吴闿生《吉金文录》。晚至彭祖智处小坐，闻罗孟韦来访，归寓。出席北斋应变会议，闻孔肖云为人殴辱，往问之。九时寝。

五月十二日　屠维赤奋若余月望日　木　晴

今日定作归计。晨点后趁车赴石牌访严学宭。召廖成九、宋长栋、刘铭彰入城助理行装。归。到车站访杨承孝，请购卧床。饭后检书、物入箱。饭后学宭夫人来，见示《工商日报》，云衡阳火车壅塞不通，尼余行。余令廖、刘二生往车站问杨承孝，知报说不确，仍决行。张崧坡来，余请其代购皮箱、麻绳。晚林文铮、锺应梅、王扶生来。向毅安来。九时寝。（天头：娴书。）

五月十三日　屠维赤奋若余月既望日　金　晴

晨顾铁符、张崧坡、严学宭、彭祖智诸君代治行李。十时，余及家人应吕调阳夫人之约，到其家午饭。归后旋往车站登车。一时，车行。廖成九偕行。七时许，过英德，买饭进之，车中无饭可得也。晚九时寝。

五月十四日　屠维赤奋若余月十七日　土　晴

晨，车过郴县。前此车站爆炸，劫痕甚惨，历历在目。过耒阳，久停。有湖大毕业生彭继之[①]、曹□□[②]来谈。晚,到衡阳。九时寝。

五月十五日　屠维赤奋若余月十八日　日　阴　微雨

　　晨,过株洲,买面充饥。午,抵长沙东站。下车后,随渡湘返麓山寓舍。知八、九两儿及诸戚家皆无恙,为之大慰! 此次车行虽延误多至二十小时,然得安全复返故巢,亦云幸矣。饭后小寝。阅莫氏《群书跋文》。晚八时寝。

五月十六日　屠维赤奋若余月十九日　月　阴

　　晨阅莫氏《群书跋文》。八、九两儿归。清检书籍。谭戒甫、伍薏农[③]、皮芋岩[④]、马宗霍、谢弘毅、周秉钧来。邱有吾、刘寿彤[⑤]来。今日余六十五初度,娴女夫妇市肴馔八品为寿。饭后小寝。阅莫氏书。晚八时寝。(天头:伍钺[⑥]书。)

五月十七日　屠维赤奋若余月二十日　火　阴　晴

　　晨侯哲庵[⑦]、陈书农[⑧]来。李麓岑、何丽生[⑨]来。饭后天放晴。至刘庄天隐灵前行礼。数月之别,遽隔幽冥。寿彤哀哭,余亦凄

---

①彭继之:湖南浏阳人。湖南大学毕业生。

②曹□□:原稿"曹"后约空两字。

③伍薏农(1890—1953):湖南浏阳人。时任湖南大学政治系主任。

④皮芋岩:即皮名振,湖南善化人。皮锡瑞之孙。曾任楚怡工业学校、湖南大学教授。有《皮鹿门年谱》行世,由皮锡瑞门人李肖聃、夏敬观作序。

⑤刘寿彤(1910—1988):刘天隐(腴深)的女儿,诗人。

⑥伍钺:据《人鬼龙蛇八十秋》(载《新京报》2009年6月29日)一文,杨德豫曾回忆说:"1945年7月……在填志愿的时候,我选填了西南联大,我父亲就不准,一定要我考湖南大学,要我留在他身边。我在父亲的命令下,勉强填了湖南大学,父亲要我上中文系或者历史系。……管登记填志愿的人是我父亲的学生,跟我很熟,名叫伍钺。我填完志愿以后悄悄找到他,说你给我把志愿悄悄改一下,把湖南大学改成西南联大,但伍钺怕我父亲,向我父亲打小报告,告诉我父亲说我要志愿改成西南联大。我父亲一听,坚决不准。没办法,我只好上了湖南大学。"

⑦侯哲庵(1905—1992):湖南长沙人。曾任湖南大学合作经济系教授。

⑧陈书农:即陈启民(1898—1970),湖南长沙人。时任教于湖南大学。1950年代初还乡(见李蟠《麓山学人轶事》)。

⑨何丽生:即何利生、何竹淇、何竹琪。时为湖南大学历史系教师,院系调整后到中山大学历史系任教。

然下泪。至开劲处小坐。晚八时寝。（天头：与峻侄，与舜芝。）

五月十八日　屠维赤奋若余月二十一日　水　阴　雨

晨峻侄来，留午饭。饭后小寝。看郑业斆《金石文考》，搜通假字。晚八时寝。（天头：商务书。）

五月十九日　屠维赤奋若余月二十三日　木　阴

晨，以倦小寝。翻阅廖氏赠来《珠泉师友录》。刘爱晖[1]、张秀勤[2]来。阅吴闿生《吉金文录》。舜芝媳携甲孙[3]来。邱有吾来。晚八时寝。

五月二十日　屠维赤奋若余月二十三日　金　晴

今日快晴，出门答访来访诸友。到御书楼，伍、皮皆不在，陈书农已入城，请赵伯华[4]告之。到半学斋晤侯哲庵一人，到静一斋马、周、谢三处小坐，到集贤村晤彭沛民[5]、何丽生。饭后丽生偕张子武及易静正夫人来。出门到至善村王疏安、熊知白两处小坐。访唐寅阶[6]，不遇。杨承孝寄行李单来，可以取行李矣。晚八时寝。○唐艺青[7]来。何叔通来。黄千骧[8]来。（天头：杨承孝书。）

五月二十一日　屠维赤奋若余月二十四日　土　晴

晨阅吴闿生《吉金文录》，搜通假字。答访余潜修及同馆诸

---

① 刘爱晖：曾任湖南大学附中数学教师。

② 张秀勤：时任湖南大学外文系教授。

③ 甲孙：即杨逢甲（1944— ），杨德洪的长子，遇夫先生的长孙。1963 年考入西安交通大学，后在长沙任教。

④ 赵伯华：时任湖南大学矿冶系教授。

⑤ 彭沛民（1894—1974）：湖南长沙人。时任湖南大学外文系教授。

⑥ 唐寅阶：湖南大学校医。

⑦ 唐艺青：即唐艺菁（1889—1952），学名唐瑛，湖南零陵人。时任湖南大学土木工程系教授。

⑧ 黄千骧：曾任湖南大学附属中学——云麓中学的校长。1944 年，云麓中学创办了《云麓校刊》，由遇夫先生题署刊名。

君。饭后小寝。李眉寿来。行李一部分来。久坚今日生日,略具肴馔为晚餐。八时寝。

五月二十二日　屠维赤奋若余月二十五日　　日　阴

晨作信。出门访李眉寿、唐炳亮[①]、张秀勤。袁弥孙来。饭后书箱运到,清书。陈朗秋[②]来。王显来。阅吴闿生《吉金文录》。晚八时寝。(天头:与严、张、顾[③],与彭祖智。)

五月二十三日　屠维赤奋若余月二十六日　　月　晴

晨,出至科学馆教员休息室,少坐,归。录吴闿生书通假字。饭后小寝。高克明[④]、易祖洛[⑤]、姚霓[⑥]来。唐炳亮来。谭鹤松[⑦]来。阅《贞松堂遗文》,觅通假字。任建纯[⑧]来,留晚饭。九时寝。

五月二十四日　屠维赤奋若余月二十七日　　火　晴

晨录吴闿生通假字,遂竟日。刘子亚[⑨]、陈伯陶[⑩]来。姚薇元

---

① 唐炳亮:广东中山人。时任湖南大学经济学教授。

② 陈朗秋:即陈则光(1917—1992),湖南汉寿人。时任教于湖南大学中文系,院系调整后调入中山大学中文系。《积微翁回忆录》1951年10月7日:"陈朗秋书言,杜国庠在中山大学演讲,赞美陈寅恪、容庚。"

③ 严、张、顾:大约是指严学宭、张嵌坡、顾铁符。

④ 高克明:辽宁辽阳人。撰有《葭园文存》。

⑤ 易祖洛:即易潚源(约1914—2002),湖南湘阴人。遇夫先生的学生,易仁荄的族兄。1949年毕业于湖南大学中文系,擅骈文,精书法。参家父文《我的四位家庭教师》,载《杨树达先生之后的杨家》。

⑥ 姚霓(1922—　):字仰之,湖南邵阳人。毕业于湖南大学中文系,遇夫先生的学生,精于诗词、戏曲。1949年曾任云麓中学校长。

⑦ 谭鹤松:即谭云鹤,湖南衡山人。时任湖南大学化学系教授。与遇夫先生同为湖南大学五溪诗社成员,遇夫先生有《赠谭鹤松》诗。

⑧ 任建纯:王显的夫人,毕业于湖南大学中文系,遇夫先生的学生。1949年后和王显一道在中国科学院语言所工作,英年早逝。

⑨ 刘子亚(1894—1970):即刘子任,湖南桂阳人。毕业于北京大学经济系。1948年当学第一届国民代表大会湖南代表。

⑩ 陈伯陶:即陈国钧(1890—1953),湖南桑植人。1949年4月从重庆回长沙,后曾任湖南大学教授、湖南省政府参事室参事。

来。饭后小寝。皮名举①、姚薇元来。出访伍薏农,谈姚薇元事。答访何叔通。晚八时寝。(天头:李旭书,任建纯书,李眉寿书,朱咏沂书,复咏沂。)

五月二十五日　屠维赤奋若余月二十八日　水　晴

晨阅《贞松堂集古遗文》,觅通假字。饭后小寝。录吴闿生书所记通假字。五时出门访谭戒甫,不值。答访谭鹤松。晚八时寝。○吉祥、黄假我②来。田运钧来。苏重稣③来。(天头:与姚薇元。)

五月二十六日　屠维赤奋若余月二十九日　木　雨

晨阅郭沫若《大系考释》,搜通假字。姚薇元来。饭后小寝。录吴闿生书通假字。晚八时寝。(天头:复伍钺。)

五月二十七日　屠维赤奋若余月晦日　金　雨

晨出至文昌阁借书。作信。录吴闿生书通假字讫。录郑业斆书通假字,遂竟日。饭后小寝。李祜夫妇④来。彭津龙⑤兄弟来。晚八时寝。○姚霓来馈肉脯二脡。(天头:与彭祖智、孔肖云,与宋长栋、岑时甫,与罗元一,与田星六,与易仁荄,王显书。)

五月二十八日　屠维赤奋若皋月(五月)朔日　土　雨

晨作信。录郭沫若书通假字,遂竟日。饭后小寝。晚到余潜

---

① 皮名举(1907—1959):湖南长沙人。皮鹿门(锡瑞)之孙,时任湖南大学历史系教授。
② 黄假我(1916—1985):湖南宁乡人。在辰溪时,他曾与遇夫先生一道参与五溪诗社的酬唱活动。
③ 苏重稣(1906—?):湖南长沙人。在邮电系统工作,工书法,善诗词。
④ 李祜夫妇:即李祜、罗琪,都是遇夫先生的学生。二人事可参李蟠先生《麓山学人轶事》和家父《杨树达先生之后的杨家》。
⑤ 彭津龙:湖南攸县人。毕业于湖南大学法律系。

修家出席本馆应变会议。九时寝。〇曾威谋 [1]、吴小石 [2] 来。刘寿彤、孚永 [3] 来。曹止真来。（天头：与三侄 [4]，与五、七。）

五月二十九日　屠维赤奋若皋月初二日　日　雨

晨阅郭沫若书，觅通假字。录郑业斁金文跋目于福开森目录。饭后小寝。阅赵明诚《金石录》中古器物铭。录郭书通假字。翻《筠清阁金文》。搜王静安著录，表记其伪器。晚九时寝。〇肖聃撰先君传 [5] 来，久谈，去。（天头：与范炳星。）

五月三十日　屠维赤奋若皋月初三日　月　阴

晨翻阅《筠清金文》，记其与阮书有关涉者；录通假字。午小寝。饭后阅郭沫若书，觅假字。访肖聃，以《金天翮文集》赠之。与潘硌基杂谈。晚八时寝。

五月三十一日　屠维赤奋若皋月初四日　火　阴

晨阅郭沫若书，觅通假字。饭后小寝。督人安置书箱以便寻检。录通假字。至出纳室领薪——洋银陆元。晚八时寝。〇任、王二生馈茶、果、角黍。沈五老太太 [6] 馈鹜一双。草《〈诗〉"造舟为梁"解》，读"造"为"聚"。

---

① 曾威谋：即曾昭权（1894—1952），湖南双峰人。曾国藩的曾孙，曾纪鸿的孙子。时任湖南大学电机系教授，《积微居诗文钞》中与其唱和颇多。
② 吴小石（1894—1971）：江苏苏州人。弹词演员，擅隶书。
③ 孚永：即刘孚永（1928—1996），刘天隐（腴深）的儿子。
④ 三侄：即杨厚之，大排行行三。
⑤ 肖聃撰先君传：《李肖聃集》中有《杨丈翰仙双寿颂》，一来该文似乎不是传记，二来从内容看，似乎写于抗战前。然则所谓先君传《李肖聃集》未收，不知何故。
⑥ 沈五老太太：曾祖母的舅妈，我祖父辈称之为"五舅外婆"。按，曾祖母母亲为沈明慎（淑元），其弟沈明粹（五舅外公），行五，夫人即沈五太太。沈家居宁乡县向家塅。《积微翁回忆录》1937 年 12 月 30 日："毅君率家小离十家冲入城，明日乘小轮到新康，转乘肩舆赴向家塅，寓向淑予旧屋。余则移榻湖大焉。"1938 年 10 月 27 日："因广州失守，武汉危急，湘垣附近已不可居，率家人离向家塅到省，拟随湖大避往湘西。"杨家共计在向家塅住了十个月。参见家父《长沙的沈家》《长沙的张家》《长沙的向家》三文。

六月

六月一日　屠维赤奋若端节日　水　阴

晨，王显来。昨夜中以寒惊醒，今日人极不适。午饭饮酒二杯，饭后久寝。易祖洛、姚霓来。赵宝义[1]、蔺传薪[2]来。阅徐时栋《烟屿楼读书志》，尽六卷。晚八时寝。

六月二日　屠维赤奋若皋月初六日　木　阴　晴

晨阅徐氏《读书志》。饭后小寝。录郭书通假字。熊知白来借书。晚八时寝。

六月三日　屠维赤奋若皋月初七日　金　晴　雨

以晨天色快晴，偕久坚渡湘入市，至八角亭一看，街道展宽，余前此未得见也。至老屋谒祖，与舅氏、大嫂杂谈。黄八兄[3]处午饭。天忽大雨，借雨衣，衣之返山。录通假字。晚八时寝。

六月四日　屠维赤奋若皋月初八日　土　雨

晨阅郭沫若书，记通假字。饭后小寝。录郭书通假字。阅《烟屿楼读书志》。晚八时寝。〇莫伯骥书，请序所著《群书跋文》。其书芜杂无条理，不能应之也。盛启廷[4]来。（天头：张钦坡书，莫伯骥书，廖成九书。）

六月五日　屠维赤奋若皋月初九日　日　雨

晨录郭书通假字，遂竟日。午小寝。饭后《烟屿读书志》阅讫，续阅其《笔记》。易祖洛、姚霓来。刘湘生来。吴严霖[5]来。任建纯来。晚八时寝。（天头：鲁实先书。）

---

① 赵宝义：即赵宜亭。时任湖南大学法律系教授。
② 蔺传薪：曾任湖南大学土木系教授。
③ 黄八兄：杨树毂夫人的哥哥。
④ 盛启廷：湖南湘阴人。时任湖南大学土木系教授。
⑤ 吴严霖：浙江人。时任湖南大学水利系教授。

六月六日　屠维赤奋若皋月初十日　月　阴

晨出访肖聃、硌基，皆不值。书复鲁实先。录郭书通假字，遂竟日。饭后小寝。五时出访康辛元。晚八时寝。（天头：复实先。）

六月七日　屠维赤奋若皋月十一日　火　阴　雨

晨录郭沫若书通假字讫。草先考府君家传。饭后小寝。阅于思泊《吉金文选》，觅通假字。到御书楼访任赣忱①。答访黄假我，不值。盛启廷处小坐。晚八时寝。○曹茂林②、王平默③来。

六月八日　屠维赤奋若皋月十二日　水　阴

晨写先府君家传清本。阅《吉金文选》，觅通假字。饭后小寝。起录于书通假字。阅徐时栋《笔记》。晚八时寝。夜中闻喧呼声，同馆人皆起床，云爱晚亭有匪，学生警卫队起而防御云。

六月九日　屠维赤奋若皋月十三日　木　阴

晨阅《吉金文选》，觅通假字。方叔章④来。饭后小寝。录通假字。阅《烟屿楼笔记》。偕妇出门至曾威谋、彭沛民、方则之、熊知白诸处小坐。晚八时寝。○昨夜有人伐木，森林局阻之，非匪警也。（天头：姚薇元书，黎尔毂书。）

---

① 任赣忱：即任凯南（1885—1949），湖南湘阴人。曾任湖南大学经济学教授、校长、教务长。所见任凯南传记均载其生于1884年，但日记本年7月20日云："天隐与任皆乙酉生，与余同庚也。"
② 曹茂林：湖南大学工学院教师。
③ 王平默：即王学膺（1909—1977），王啸苏之子。时任湖南大学农业经济系教授。
④ 方叔章（1882—1953）：湖南长沙人。遇夫先生的好友。清末秀才，1948年回湘。曾任省文史馆副馆长。方公馆位于湖南大学附近桃子湖西岸，今四周旧屋均拆除，唯方宅尚存。

六月十日　屠维赤奋若皋月十四日　　金　晴

晨李逊伯[1]夫妇来。逊伯大父[2]曾著《六书系韵》二十四卷，以余任《通志·艺文》，欲余审查批评。赵宝义来，谈曾昭琼事。阅《澂秋馆吉金图》《楚器图释》及《颂斋吉金》前、续二录，录其通假字，遂竟日。饭后小寝。阅《小校经阁金文》半册，搜通假字。出到朗公庙，答访田渠、吴严霖。晚八时寝。

六月十一日　屠维赤奋若皋月望日　　土　晴

晨阅中山大学诸生报告，记分数寄孔肖云。饭后小寝。宋希禹来。黏《湖南文献》发表余《艺文志》稿于册中。出散步，观湘涨，已越刘庄而西矣。草《中廮父盘跋》，谓邎从禾，遭省声，当读为"糕"。此云"黍粱邎麦"，犹弭仲簠云"秌稻糕粱"。又谓"粱"作粷，乃从水、㶊声，刀乃刃之省作。自谓颇精确。晚康辛元、赵伯华来。九时寝。○孙常钧[3]、张秀勤来。（天头：与孔肖云。）

六月十二日　屠维赤奋若皋月既望日　　日　雨

晨阅《烟屿楼笔记》讫。午小寝。阅《小校经阁金文》，尽四册，以无考释，故通假字无所得。晚盛启廷来。九时寝。○草《释斁篇》。（天头：与龙伯坚。）

六月十三日　屠维赤奋若皋月十七日　　月　雨

晨作信。阅《小校经金文》二册。阅《积微居金文跋》，搜通假字。饭后小寝。录《积微跋》通假字。肖聃来。王显来。向毅安及小贝来，留之宿焉。晚八时寝。（天头：与曾昭琼、严学宭，与吴辛旨、吕调阳。）

①李逊伯：即李相均，湖南湘阴人。曾任湖南大学图书馆管理员、云麓中学校长。1949年后在大连海运学院任教。
②逊伯大父：李逊伯的祖父李贞，清末学者。
③孙常钧：即孙敬业（1897—1952），湖南长沙人。军人。随程潜、陈明仁参加湖南和平起义。1949年后任湖南省人民政府参事。

六月十四日　屠维赤奋若皋月十八日　火　雨

晨补录于思泊《文选》通假字讫。录余撰跋通假字。饭后小寝。阅向来撰金跋，读𦤏为"遂"，可谓妙悟，余竟久忘之矣。晚八时寝。

六月十五日　屠维赤奋若皋月十九日　水　晴

晨阅前撰金文跋，搜通假字。午小寝。饭后录通假字。谭戒甫来，久谈，去。晚八时寝。（天头：与严学宭、张钦坡，龙伯坚复，刘实君[①]书。）

六月十六日　屠维赤奋若皋月二十日　木　晴

晨草《师旅鼎跋》，谓"罚锾"属"师旅"，"宜播"属"众仆"，宾主分明，无夹杂之病矣。今晨熟思悟此，为之大快！出门访王疏安，不值，以先府君行述交平默。至赫石坡，拟谒高祖元吉公墓，草深没胫，畏有蛇藏，不果。答访李鹿岑，不遇。归，阅《湖南文献汇编》第二期，余撰《艺文志》稿，登入五十二首。阅肖聃《艺文志》稿及《人物传》（啸稣撰先兄传载入）。午后王显来，问钟鼎文字。晚八时寝。（天头：彭祖智书，宋长栋书，复彭祖智。）

六月十七日　屠维赤奋若皋月廿一日　金　晴

晨清写《师旅鼎跋》稿。录余撰金文跋通假字，遂竟日。饭后小寝。五时出，答访吉祥，不遇。潘硌基处小坐，留晚饭。八时寝。（天头：复宋长栋，电彭祖智，与龙伯坚，送莫书，洪一日书。）

六月十八日　屠维赤奋若皋月廿二日　土　晴

晨录《积微居金跋》通假字。午后小寝。阅欧公《集古录》

---

① 刘实君：即刘虚，词人。

一卷。向据吕氏《考古图》录杨南仲说，今改据欧书录之，以欧在吕前也。五时出，到罗仲言^①、江之泳^②、郭文鹤^③三处小坐。晚方信^④夫妇来。八时寝。（天头：复廖成九。）

六月十九日　屠维赤奋若皋月廿三日　日　晴

晨录《积微跋》通假字。萧伊莘^⑤夫妇来。午小寝片刻。饭后阅《容斋随笔》二卷。访戒甫，少坐。访张秀勤，问孙敬业住址。访罗皑岚^⑥，不遇。遇陈友古^⑦，言有人在香港见章行严^⑧，极道毛泽东之贤明。共党今欲言和，故近日黄绍雄^⑨、刘斐与章先后来港，三人皆此方和谈代表也。晚八时寝。

六月二十日　屠维赤奋若皋月廿四日　月　晴

晨录向撰跋通假字讫。午小寝。饭后阅《容斋随笔》一卷。戒甫来，同戒至桃子湖访方叔章。叔章见告明代耒阳曾金简——通佛学，著书多种，近日杨仁山曾刻行——进士，官祠部主事，与罗近溪、李卓吾为友云。校薛氏《款识》。晚八时寝。（天头：复刘实君。）

六月二十一日　屠维赤奋若皋月二十五日　火　晴

晨草《刘天隐传》。午小寝。饭后取赵明诚《金石录》校薛尚功书，补脱字二十馀。五时到任赣忱处小坐。晚八时寝。

----

① 罗仲言：即罗章龙（1896—1995），湖南浏阳人。早年就读于长沙联合一中时与毛泽东结识。时为湖南大学经济系教授。可参家父文《罗章龙先生杂忆》（见 2015 年 3 月 29 日《东方早报》）。
② 江之泳：时为湖南大学法学教授。
③ 郭文鹤：时任教于湖南大学商学院。
④ 方信：湖南平江人。中共地下党员。
⑤ 萧伊莘：湖南邵阳人。时为湖南大学数学系教授。
⑥ 罗皑岚（1906—1983）：湖南湘潭人。时任湖南大学外文系教授。
⑦ 陈友古：湖南长沙人。时任湖南大学教授，为湖南大学知新学会会员之一。
⑧ 章行严：即章士钊（1881—1973），遇夫先生的老友。
⑨ 黄绍雄：即黄绍竑（1895—1966），桂系三雄之一。

六月二十二日　屠维赤奋若皋月廿六日　水　雨

晨清写《天隐传》稿。作信。到第一院,以《天隐传》稿交邱有吾。饭后小寝。始草《彝铭证经》。晚八时寝。〇危克安[1]来。(天头:与骧,黄伯轩北平书,彭葛怀书。)

六月二十三日　屠维赤奋若皋月廿七日　木　雨

晨作信。录彝铭与群经数则。罗仲言来。午小寝。饭后阅《容斋随笔》。阅龙研仙[2]辑《仓颉篇》。晚八时寝。〇阅严可均《全上古文》十二、十三两卷,所录彝铭颇有说通假者,录之。改前人释"敦"为毁簋,为盨,可谓先觉;然近人皆未言之,何也?(天头:与陈援安[3]、余季豫、黎锦熙介绍伯轩,复黄伯轩。)

六月二十四日　屠维赤奋若皋月廿八日　金　雨

晨作信。录《彝铭证经》。午小寝。饭后阅《容斋随笔》二卷、《仓颉篇》十叶。晚八时寝。〇罗皑岚来。(天头:与张训老。)

六月二十五日　屠维赤奋若皋月廿九日　土　晴

晨录《彝铭证经》。饭后补《彝铭古人》二事(毛班簋"吕伯"即《吕刑》之"吕侯",蔡子匜之"蔡子众"即"蔡侯庐","众"为"旅"字之省)。阅《仓颉篇》十叶,《容斋随笔》一卷。出门访罗仲铭[4],少坐,归。晚八时寝。〇宋希禹、曾威谋、盛启廷来。彭祖智书言,张云[5]就职,人事大变。孔德、徐贤恭将往重庆;陆凤书将

---

① 危克安:刘天隐(腴深)的门生。

② 龙研仙:即龙璋(1854—1918),湖南攸县人。左宗棠的外孙女婿,谭嗣同亲家,龙伯坚的堂伯父。

③ 陈援安:即陈垣(1880—1971),字援庵,历史学家。

④ 罗仲铭:学者。1926年发表《英国民事诉讼法规及其诉讼手续之特点》,载《法律评论》第136期。

⑤ 张云(1896—1958):字子春,广东开平人。曾任中山大学校长。

返无锡。孔德书亦云将有远行；又云中大将迁往海南岛。（天头：龙伯坚书，孔德书，彭祖智书，复祖智。）

六月二十六日　屠维赤奋若且月（六月）朔日　日　雨

晨阅《容斋随笔》，尽六卷。阅龙研仙《小学蒐佚》。饭后小寝。录《彝铭证经》数则。晚八时寝。（天头：刘铭璋书。）

六月二十七日　屠维赤奋若且月初二日　月　雨

晨作信。到书库借书。录《彝铭证经》数则。饭后小寝。阅《宝蕴楼彝器图释》，容庚于文字学略无根柢，而又强作解事，故开口便错，真可嗤也。晚八时寝。○吴严霖来。江之泳来。（天头：与彭祖智、张嵚坡，与杨承孝，鲁实先书，范炳星书。）

六月二十八日　屠维赤奋若且月初三日　火　阴

晨增补二月二十日所撰之《〈宝蕴楼彝器图录〉提要》，以前文太略故也。饭后小寝。阅《容斋续笔》。录《彝铭证经》。五时出，访潘硌基，谈鲁实先事；吉祥处小坐；访戒甫，谈；知文系诸生要求多条，令人太息。邱有吾来。晚八时寝。

六月二十九日　屠维赤奋若且月初四日　水　雨

晨郭文鹤来。录《彝铭证经》。饭后小寝。王疏安来，以拟就先君传志稿见示。阅阮氏《款识》，尽三卷。晚八时寝。

六月三十日　屠维赤奋若且月初五日　木　雨

晨录《彝铭证经》。饭后小寝。阅阮氏《款识》第四卷，"叔麐作宫伯陵"，陵字乃是陵字。器是方鼎，铭文假"陵"为"齍"也。《小校经阁》释为"齍"，结论虽是，然未说明是陵字，似仍未了然也。晚谢善继来。八时寝。○《善斋》亦释"齍"，当查。见礼器二之五。（天头：骧四月十九书，复鲁实先。）

七月

七月一日　屠维赤奋若且月初六日　金　阴

晨录《彝铭证经》。午小寝。饭后阅薛氏《款识》。黄甫馨[1]、潘硌基夫妇来。晚八时寝。（天头：与陈书农，复彭祖智。）

七月二日　屠维赤奋若且月初七日　土　晴

今日人感倦乏，不欲钞录，阅郭沫若《古代铭刻汇考》正、续集竟日，遂竟之。午小寝。楚中元[2]来，赠以钱穆《中国文化史导论》一册。中元为余在石潭清理书籍颇劳心力，以此酬之也。宋增禹[3]来。陈朗秋夫妇来。晚八时寝。（天头：宋长栋书，吕调阳书，与刘鸣剑[4]，与曹籽老[5]。）

七月三日　屠维赤奋若且月初八日　日　晴

晨记《彝铭证经》材料。罗仲铭来。苏清卓[6]、徐兴培来。舜芝及甲孙归省。饭后小寝。肖聃来，偕肖访疏安。与肖、疏商先君传稿文字。少坐，归。阅阮氏《款识》。八时寝。

---

[1] 黄甫馨：即黄右昌（1885—1970），字黼馨，湖南临澧人。17 岁中举，到长沙读书，与遇夫先生结识，所以遇夫先生 7 月 9 日日记有"五十年前各少年"之句。

[2] 楚中元（1893—1975）：遇夫先生 1920 年代在北京师范大学的学生，1949 年后任中央文史研究馆馆员。

[3] 宋增禹：抗战末期毕业于西南联大，曾任教于衡山岳云中学。

[4] 刘鸣剑：北京大学毕业生。曾任湖南省立第一临时中学师范部（即原湖南第一师范）部主任。

[5] 曹籽老：即曹典球（1877—1960），字籽毂，号猛庵，湖南长沙人。时任湖南大学中文系教授。1949 年后，经遇夫先生推荐，任湖南省文史研究馆副馆长。《积微翁回忆录》1944 年 4 月 15 日："得曹籽毂丈书，云得余书及诗札（按，即《六十述怀诗五首》），悦豫之情为近年罕有，穷一夕之力次韵五章。"

[6] 苏清卓：即苏剑秋（1896—1968），湖南石门人。《积微翁回忆录》1942 年 9 月 1 日："桃源女子中学校长苏剑秋（清卓）来访。苏，北大哲学系毕业，有志治佛学史。"

七月四日　屠维赤奋若且月初九日　月　晴

　　晨阅阮氏《款识》讫，续阅《十六长乐堂》《从古堂》二家，搜证经材料也，遂竟日。饭后小寝。邹金华来，百川之子，中山大学毕业返省。晚八时寝。

七月五日　屠维赤奋若且月初十日　火　晴

　　晨到溁湾市，渡湘到草潮门，趁划至三汊矶登陆，步至张家冲白云寺谒先曾祖母唐太君、先祖母谢太君墓。彭烈祥家午饭。饭后访吴宅，少坐。借竹轿，令烈祥及陈元两人舁而行。过长茅岭，访周筠翘①，不见三十馀年矣。少坐，出，雇舟泛溁湾市，归。入浴。晚八时寝。（天头：廖成九书。）

七月六日　屠维赤奋若且月十一日　水　晴

　　早点后出门渡湘水，登岸遇范秉星，正拟来山访余，因同行。南门口趁汽车至兴汉门下车，至雅礼午饭，饭后访龙伯坚，不遇。因至菉溪老人②处，告以托龙伯坚事，请其转告。过余庄，催租金；答访孙敬业。至文艺③访曹猛翁。出，渡湘返山。入浴。晚八时寝。

七月七日　屠维赤奋若且月十二日　木　晴

　　晨翻阅《敬吾心室》《筠清馆》两书，搜证经材料。饭后小寝。起录证经《春秋左传》数则。入浴。邓佑直④、曹懋林来。晚八时寝。（天头：王颖珠书，严学宭书。）

七月八日　屠维赤奋若且月十三日　金　晴　阴

　　晨作信。翻阅《两罍轩款识》，录《彝铭证经·隐公》，共得十

---

①周筠翘：即周介裪（1886—1951），湖南长沙人。17岁时与遇夫先生同年考取善化县秀才。
②菉溪老人：即龙绂瑞（1874—1952），龙湛霖的儿子，龙伯坚的父亲，龙璋的堂弟。
③文艺：即长沙文艺中学（后更名长沙六中），为曹典球先生1923年创办，地址在今文艺路。
④邓佑直：曾任教于湖南大学机械工程系。

馀事。饭后小寝。阅《愙斋录》,搜材料。晚八时寝。(天头:与彭祖智,与周昭怡①,与峻。)

七月九日　屠维赤奋若且月十四日　土　晴

晨录《彝铭证经·左传·桓公》,得六则。午小寝。饭后阅《愙斋录》二册。晚邱有吾来。八时寝。〇《答黄黼馨兄赠》:五十年前各少年,君今须白我华颠。相看合作长沙哭,铁马金戈又满前。颇闻先德雄文藻,绳武如今有肖孙②。愧杀江郎才早尽,但抛瓦砾报瑶琨。(天头:龙伯坚书。)

七月十日　屠维赤奋若且月十五日　日　晴

晨再跋姑冯句鑃,明"昏同"即《左传》之"舌庸"。前輅《彝铭古人》时已明此义,未及为专跋,今日始补撰之。戒甫来,见示文系诸生公缄,欲学校辞退曹、李、马、谢、周、罗、王(显)七人。峻侄来。饭后小寝。录《彝铭证经·左传·庄公》各条。入浴。晚戒甫、肖聃来。八时寝。

七月十一日　屠维赤奋若且月既望日　月　晴

晨偕毅及久坚出门,渡湘赴湘雅医院诊眼。毅右眼患内障,非割治不为功。余左眼亦劣,须时时检查。返,过味腴斋进麦条。午归。饭后小寝。录《彝铭证经》。晚八时寝。(天头:伍锐书,曾昭琼书。)

七月十二日　屠维赤奋若且月十七日　火　晴

晨访谭戒甫,谈国文系事。访邱有吾、王疏安,少坐。录《彝铭证经》。午小寝。阅《愙斋集古录》,搜材料。晚八时寝。(天头:周筠翘书。)

---

① 周昭怡(1912—1989):周筠翘的女儿。书法家。
② 颇闻先德……有肖孙:黄右昌是晚清诗人黄道让的嫡孙。

七月十三日　屠维赤奋若且月十八日　水　晴

晨录《彝铭证经》。饭后小寝。理发。入浴。阅《愙斋录》，搜材料。晚八时寝。○刘寿彤来，谢为乃父撰传。刘湘生来。（天头：复龚曼甫[1]。）

七月十四日　屠维赤奋若且月十九日　木　雨　晴

晨录《彝铭证经》尽，汰去肤泛不真切诸条。午小寝。阅《愙斋录》讫，续阅《缀遗斋》。陈铁夫来，馈丽参。潘硌基夫人来。杨仲枢[2]自粤归，祖智付来拾壹元。晚八时寝。（天头：彭祖智十一书，刘实君书。）

七月十五日　屠维赤奋若且月二十日　金　晴

晨到第一院访杨仲枢。录《彝铭证经》。午小寝。饭后阅《缀遗斋考释》。晚九时寝。

七月十六日　屠维赤奋若且月廿一日　土　晴

晨到第二院，应诸生之请讲演《文字构造之大要》。王疏安来。十一时列席国系师生交谊会。饭后小寝。习《仪礼·士冠》六叶。阅《缀遗斋考释》。晚出席教授会座谈会，商推选校长事。十时归，寝。○马宗霍来，又说要送我太炎的字。我说那也狠好。此君多言少实，余故作此言弄之，并不存此希望也。杨荣国[3]来。（天头：来薰阁书，邓国基[4]书。）

七月十七日　屠维赤奋若且月廿二日　日　晴

晨出访潘硌基，少谈。答访杨荣国。过戒甫处，少坐。以昨

①龚曼甫：湖南长沙人。留学日本，曾创办麓西中学。遇夫先生的学生。《积微翁回忆录》1952年2月9日："草《释瘿篇》，据门人龚曼甫言'樱桃树干多疣赘'为说。"
②杨仲枢：湖南望城人。时任湖南大学机械系教授。
③杨荣国：据其子杨念慈言，杨荣国是遇夫先生的学生。
④邓国基：学者。治中国古典文学，对楚辞颇有研究。

夜晚睡，今日不欲读书。阅陈达[1]著《浪迹十年》，叙次凌杂，文笔冗蔓。贰叁叁面载郑和父马哈只墓碑为礼部尚书李至刚撰文，据文知郑和之"郑"乃赐姓。惟文云"公字哈只，姓马氏"，下文又云"父哈只，母温氏"。"哈只"之父"哈只"，岂非父子同名？据下文记和为温氏之子，文显有讹误。不知原文本误，抑陈君录误也。饭后方叔章来。晚九时寝。○访刘求南[2]参事，不值。

七月十八日　　屠维赤奋若且月廿三日　　月　晴

　　晨《浪迹十年》阅讫，到书库借《鸣沙石室遗书》，翻阅之。峻侄来，留午饭。饭后小寝。录《彝铭证经》。刘求南来。晚田渠来。九时寝。

七月十九日　　屠维赤奋若且月二十四日　　火　晴

　　晨录《隶古定尚书》异文于读本。知《说文》所载古文多本之壁中古文。"有罪多参在上"，"参"字不可通。《隶古》作厽，则增絫之假字，谓积絫在上，文义甚顺矣。袁弥孙来，留午饭。饭后小寝。续录异文。阅《缀遗斋考释》。晚九时寝。（天头：詹祝南书，宋增禹书。）

七月二十日　　屠维赤奋若且月二十五日　　水　晴

　　晨作信。旷璧城[3]来。杨仲枢来，云渠与潘硌基、谭戒甫、胡子安[4]中午公宴刘求南，请余作陪。余云当加入为主人。录《彝铭证经》。午到静一斋宴刘、康（辛元）、易（鼎新）[5]。饭后归，小寝。

---

① 陈达（1892—1975）：字通夫，浙江馀杭人。社会学家，中央研究院首届院士。

② 刘求南（1901—1990）：曾任中山大学政治系教授。后赴台。

③ 旷璧城（1912—2001）：抗战前毕业于清华大学中文系，后任长沙清华中学、长沙一中校长。她既是遇夫先生的学生，也是遇夫先生两个儿子杨德庆、杨德嘉的老师。

④ 胡子安：时任湖南大学外文系教授。

⑤ 易鼎新（1887—1953）：字修吟，湖南醴陵人。曾任湖南大学电机工程系教授、代校长。老湖大人几乎都知道遇夫先生曾当众打过时任代校长的易鼎新一个耳光。其实两人关系是很好的。《积微居日记》第五十册所记易去世时，遇夫先生力主厚葬一事，可以证明。大姑祖母曾对家父说，纠纷发生时她在场，"易校长涵养很好"。

阅《缀遗斋考释》。晚到马路口乘凉，仍无风。九时寝。○任赣忱前夜逝世于大麓中学。就寝时尚如恒，昨晨呼之不起，盖心脏病云。此君人质直不苟，为友朋所信，志撰《中国经济史》，不知其果成否？天隐与任皆乙酉生，与余同庚也。（天头：复伍钺，复刘铭璋，与李眉寿。）

七月二十一日　屠维赤奋若且月廿六日　木　晴

晨方则之来。任赣忱殡，来山下葬，出，参与公祭，旋归。作信。午小寝。饭后写《彝铭证经》二则。入浴。晚九时寝。○两日来热极不可耐。邹、高来书，邀往台湾任教。（天头：复曾昭琼，复宋增禹，邹曼支、高笏之书。）

七月二十二日　屠维赤奋若且月廿七日　金　晴

晨写《彝铭证经》。肖聃来，袁弥孙来，皆留午饭。小寝。入浴。阅《缀遗斋考释》。晚九时寝。

七月二十三日　屠维赤奋若且月廿八日　土　晴

晨录《彝铭证经》。潘硌基来，问俄国阿理克教授西文名字，因检历年师友来札册（即《缟紵集》）觅之。册无目录者，补书目录，以利寻检。庆年①、弥孙来。饭后小寝。续录《证经》。阅《缀遗斋考释》。入浴。晚送《缟紵集》二册至硌基处。外院乘凉。九时寝。○陈书农自广州归，得祖智书及格纸一刀、银元八元。书农久谈，去。（天头：彭祖智十八书，刘鸣剑书。）

七月二十四日　屠维赤奋若且月廿九日　日　晴

晨作信。李弥六来。午小寝。饭后阅《缀遗斋彝器考释》。入浴。晚九时寝。○国军在平江、浏阳、醴陵先后撤守，长沙在包围中。代主席陈明仁宣布决不在市区作战，人心少安。但望陈能

---

①庆年：袁庆年，袁弥孙的父亲或哥哥。

实践其言耳。(天头：鲁实先书，复彭祖智。)

七月二十五日　屠维赤奋若且月大尽日　月　晴

晨习《左传》，录《彝铭证经》，遂竟日。饭后小寝。入浴。谭宛生来。晚九时寝。

七月二十六日　屠维赤奋若相月(七月)朔日　火　晴

晨习《左传》，录《彝铭证经》四则。饭后小寝。重理《缟紵集》，取已故诸友来札集于一处。入浴。晚九时寝。

七月二十七日　屠维赤奋若相月初二日　水　晴　雨

晨潘硌基夫妇来，送还借去俄国阿理克教授来札。近日湖大诸生多谓中国旧籍不足研究。硌基大不谓然。阿有《司空图诗品研究》，硌基故以此札示诸生，谓虽俄人不尽以习马列主义为能事，而仍复钻研我国故籍，欲以觉诸生之迷惘也。硌又言去年苏俄开科学研究院会时有人以《海赋》《月赋》《登徒子好色赋》译文作论文宣读，见于郭沫若所著《苏俄旅行记》中。理发。录《彝铭证经》。饭后小寝。阅《缀遗斋考释》。傍晚小雨，凉风袭人，可喜。晚九时寝。

七月二十八日　屠维赤奋若相月初三日　木　晴

晨录《彝铭证经》。戒甫来。黄威惠、何申甫[1]来。余留二君饭。以威惠今为县长，率驺从四五人，恐累余，坚辞而去。饭后小寝。阅《缀遗考释》。晚曾威谋夫妇来。黄假我来。九时寝。○申甫言省府已与共军接洽，即日撤退，不以长沙为战场。假我说亦

---

[1] 何申甫：即何泽翰(1917—2005)，字申甫，号栎翁，晚号学止翁，宁乡古冲人。遇夫先生的学生，曾在湖南大学、湖南师范大学中文系任教。著有《儒林外史人物本事考略》。参见家父文《我的四位家庭教师》，载《杨树达先生之后的杨家》。抗战时他随湖南大学到辰溪，当旁听生，住学生宿舍。一次宿舍起火，烧掉了他的被褥，后在杨家住过一段时间。20世纪50—80年代，他住红墙巷(与连襟史鹏同住一院)，和杨家常来常往。搬去河西师大茶山村后，与杨家每年仍有数次来往。

相近。湘民已苦至万分，果能如此，为幸事耳。午后时闻炮声。

七月二十九日　屠维赤奋若相月初四日　金　晴

晨录《彝铭证经》。峻侄来请作字。饭后小寝。阅《缀遗考释》。晚郭文鹤来谈。九时寝。

七月三十日　屠维赤奋若相月初五日　土　晴

晨偕铁铮渡湘，至书院坪长沙医院看洪儿妇病，业已好转，甚幸。以太热，旋即返山。饭后小寝。阅郭沫若《苏俄旅行记》讫。晚九时寝。

七月三十一日　屠维赤奋若相月初六日　日　晴

晨阅硌基近来演讲稿《历史的叙述》《非私产制度者》。到戒甫处少坐。归。阅《缀遗考释》。午小寝。饭后到文昌阁出席教授会，商讨促进和平事。五时归。九时寝。（天头：王显书。）

八月

八月一日　屠维赤奋若乞巧日　月　晴

晨侯哲庵来，言湘局部和平昨日已签约，惟陈明仁禁新闻记载，敷衍广州也[1]。闻程潜、唐生智皆已到省，陈亦早倾向和平。盖民生困苦已极，实已不能再经战争之苦也。何生严来告，今日谒陈明仁事已打消，不必往。阅《缀遗斋》终日，录《彝铭证经》一则。晚九时寝。（天头：庆与洪。）

八月二日　屠维赤奋若相月初八日　火　晴

晨徐正凡[2]、谷国瑞来，云昨晚教授、助教、学生联合会开会，决议仍请教授代表二人入城谒陈明仁，务请去云云。因余畏热，

---

① 敷衍广州：当时国民政府已迁往广州。
② 徐正凡：时为湖南大学教授。

前此有不欲行之意也。潘硌基来,遂偕至伍薏农寓。车至溁湾市,渡湘访仇亦山[1],不值;至教厅访李眉寿,眉寿导余等至省府。陈明仁主席人甚爽朗,言当忠于民族,不忠于一人。返至教厅午饭。到清香留老屋少坐。峻侄不在寓,遂返山。入浴。小寝。阅《缀遗斋考释》。晚九时寝。

八月三日　屠维赤奋若相月初九日　水　晴

晨旷璧城来言,清华中学已来陈明仁部军队,云昨午奉命听候改编。然则和平条款已签字矣。崔敬伯[2]来谈。刘寿彤来,言保甲苛派之苦,请设法谋制止。午小寝。饭后入浴。习《左传》,粗讫一通。晚九时寝。○今日天空飞机不断,时闻爆炸声。哀哉,中国人之不值钱也!

八月四日　屠维赤奋若相月初十日　木　晴

晨廖秉钧来,以刘府事托之。陈则光来。阅《缀遗考释》。午饭乍讫,闻空中机群声,旋爆炸扫射声并作。余踉跄趋入科学馆,几不能自主。约一时许机去,始归寓。入浴。彭沛民来。晚九时寝。○戒甫、李振邦[3]来。

八月五日　屠维赤奋若相月十一日　金　晴

余初拟赴肖聘家暂避,继闻同寓人有在刷把冲赁屋者,因偕往,亦赁得一室。阅《缀遗室》竟日。午藤床假寐。六时返寓。入浴。晚九时寝。○昨日城区炸四五处,为省政府、财政厅田粮处、上麻园岭、湘雅路、允嘉巷。闻陈明仁新移居湘雅路,故尔见炸。同事陈书农寓教育会街,邻近省府,寓被波及,财物颇有

---

① 仇亦山:即仇鳌(1879—1970),湖南湘阴(今汨罗)人。1948年与程潜等筹划湖南和平解放事宜。
② 崔敬伯:原名翊昆,笔名静泊(1897—1988),天津汉沽人。时任湖南大学经济系教授。
③ 李振邦(1913—2000):湖南醴陵人。时任陈明仁第一兵团警卫营营长,本月随程潜、陈明仁起义。他抗战前毕业于清华大学中文系,是遇夫先生的学生。

损云。

八月六日　屠维赤奋若相月十二日　土　晴

晨到刷把冲邓宅。娴、纯来，言六儿[1]已随解放军来长沙。昨遇见萧杰五[2]君，托萧相告，不日入山来谒。余以儿久无息耗，疑有他故，今得生还，可谓万幸矣。阅《缀遗》竟日。饭后假寐。五时归寓。入浴。访王疏安，不遇。晚九时寝。夜中闻空中有声，起细审之，并非飞机；同馆人亦多起视者。（天头：峻侄书。）

八月七日　屠维赤奋若相月十三日　日　晴

晨谭丕模[3]来。今日为中元祀祖日，九时出门，拟渡湘入市，未到湘岸，闻飞机声，急入一小店暂避，经一时许折返科学馆，旋归寓。饭后小寝。阅《缀遗考释》。晚彭汝龙[4]来。九时寝。○今日飞机围绕南城外南大十字路投弹若干枚，以其为解放军驻地也。死伤者多系平民，国民党匪之残暴如此。

八月八日　屠维赤奋若相月十四日　月　晴　立秋节

晨出访李眉寿，以入城，不值。答访彭沛民，少坐。过陈书农处，遇其夫人黄麟凤女士。六儿来山，人较前瘦削，尚未婚。询知在解放军中为县团级（县长、团长），十二年中遍游陕西、山西、山东、河南、安徽、江苏诸省，近随军由通城入平江来省云。饭后小寝。与六儿杂谈。晚饭后儿去。其生活甚苦，至今每人每日油、盐各三钱、菜一斤云。晚书农夫妇来谈。九时寝。

---

① 六儿：即杨文玄（杨德鑫）。遇夫先生第三子，大排行行六。
② 萧杰五（1900—1985）：又名萧拔、萧特夫，湖南湘乡人。时任湖南大学土地经济系教授。
③ 谭丕模：即谭丕谟（1899—1958）：湖南祁阳人。时任教于湖南大学，是湖大"五人领导小组"成员之一。其事迹详见李蟠《麓山学人轶事》一书。
④ 彭汝龙：时任湖南大学法律系副教授，好写诗填词。

八月九日　屠维赤奋若相月望日　火　雨

晨出答访彭汝龙、杨荣国。过硌基寓,少谈。硌言诸生于马宗霍恶感甚深,恐难安于其位云。归,阅《缀遗考释》,遂竟日。娴女今日廿八岁初度,久坚治肴数事,纯女全家共午饭。晚康辛元来谈。九时寝。〇草《王妇匜跋》,谓"王妇"即"王后"。金文中无"王后"之称,并未见"后"字。《民主报》送到,峻侄所办民盟报纸也。

八月十日　屠维赤奋若相月既望日　水　晴

晨阅《缀遗斋考释》,遂竟日。饭后小寝。晚谢弘毅来谈《诗经》义。盛启廷夫妇来。九时寝。

八月十一日　屠维赤奋若相月十七日　木　晴

晨录《彝铭证经》,遂竟日。饭后小寝。入浴。晚马宗霍携其子来见,年十八,已入大学矣[①]。宗霍言章先生曾撰金文跋三册,为其仆分散卖去。此中必有精到处,惜不得见也。九时寝。(天头:骧九日电,王启湘[②]书,电骧。)

八月十二日　屠维赤奋若相月十八日　金　晴

晨录《彝铭证经》。饭后小寝。阅《缀遗斋考释》。入浴。晚九时寝。〇马宗霍言,黄季刚曾冒章先生之名卖文,又绍介时颇中饱。事为先生所闻,大不悦,以此书疏断绝者数年。后来凡季刚介绍必款先到然后下笔。季刚嗜利,虽师门亦欺诳如此!季刚虽能读书,其人行径终不脱汉口流氓习气。如秘藏刘申叔著述不肯示人,亦其一例——申叔亦其师也。地方习俗之移人,信可畏哉!(北京人士中刘复上海流氓气最重,更甚于季刚,学则远不逮。)

[①] 马宗霍携其子……已入大学矣:马宗霍其子,即马雍(1931—1985),笔名孟池,湖南衡阳人。

[②] 王启湘:即王时润(1879—1959),湖南长沙人。法律学家,1949年前曾任湖南大学教授。

八月十三日　屠维赤奋若相月十九日　土　晴

阅《缀遗斋考释》竟日。饭后小寝。入浴。谭宛生来。彭沛民来。晚九时寝。（天头：马季坚书。）

八月十四日　屠维赤奋若相月二十日　日　晴

晨录《彝铭证经》。饭后小寝。《缀遗斋考释》又一通阅讫，此书已校过四五通矣。此次取其纠正阮、吴（荣光）者分别录入两家书中，亦搜求证经资料也。续阅孙氏《古籀拾遗》。危克安来。入浴。晚九时寝。〇胡铁岩来书云，南昌王晓湘[1]欲相见，问余何日入城。王君在师大[2]先后同事，不曾一见也。（《吴后大师戈跋》补）（天头：复王启湘，胡铁岩书。）

八月十五日　屠维赤奋若相月二十一日　月　晴

晨出访戒甫、疏安、伍冲、曹茂林。饭后小寝。阅《古籀拾遗》。刘寿彤来，言军士寄寓其家，痛苦万状。因再访戒甫，邀同至易修吟寓，请其设法。便访刘湘生，小坐。晚九时寝。〇袁久坚携自强去，与娴女勃豁也。徐生兴培送款十四元来，黄威惠（拾元）、何申甫及徐（各二元）所集合也。妙手已空，得此如涸鳞得水矣。（天头：与张外舅，复胡铁岩，与峻侄，徐兴培书。）

八月十六日　屠维赤奋若相月廿二日　火　晴

晨阅《古籀拾遗》，遂竟日。饭后小寝。陈生送朱砚来。前在刷把冲所遗失也。入浴。晚邱有吾、侯哲庵来。九时寝。〇哲庵言，衡阳近有一硬战，两方损失并重。惨哉！

八月十七日　屠维赤奋若相月廿三日　水　晴

晨阅报。宋增禹来。饭后小寝。《古籀拾遗》阅讫，续阅《古

①王晓湘：即王易（1889—1956），江西南昌人。毕业于北京大学，曾于多所大学执教。1949年后，任湖南文史研究馆馆员。

②师大：即北京师范大学。

籀馀论》。张秀勤来。戒甫来。晚刘寿彤来告军人已去。九时寝。（天头：张觉人七月廿一书，与曹茂林。）

八月十八日　屠维赤奋若相月二十四日　木　晴

晨访康辛元，少谈。如戒甫约到御书楼列席同志会，闻机声，至防空洞少避；归。闻易祖洛、姚霓两同学来，留示黄威惠、何申甫等多人为余募款油印公缄，殊出意外。饭后小寝。录《彝铭证经》。为人作字。曹茂林来。晚九时寝。（天头：与京华局，曼甫书，峻侄书。）

八月十九日　屠维赤奋若相月二十五日　金　晴

晨阅报三份。唐生海来，新从岳阳归。饭后小寝。录《彝铭证经》。峻侄来，云六儿任民政厅社会、地政两科科长。晚谢弘毅来。九时寝。（天头：与黄威惠，与陈有觐[1]，与蔡鸿幹[2]。）

八月二十日　屠维赤奋若相月二十六日　土　晴

晨唐生海介武进虞逸夫[3]（逸）来。虞治国学，曾读余所著书，曾为马一浮办复性书院，今从岳阳人言仲儒[4]习道、佛。久谈，去。饭后小寝。录《彝铭证经》，悟睘卣“王姜……安尸（夷）伯”，以襄十二年司马子庚为夫人秦嬴宁秦例之，夷伯当为王姜之兄弟，或兄子之类。由此可知王姜乃夷国之人，而“夷”为姜姓。桓十六年卫宣公烝于夷姜，恰可为证。何叔通、唐寅陔、吴岩霖来。晚九时寝。（天头：黄威惠书，与季豫。）

---

[1] 陈有觐：1948 年前后曾任湖南省教育厅督学。

[2] 蔡鸿幹（1904—1998）：福建福州人。是年 8 月 4 日跟随程潜在长沙起义。曾翻译美国马汉《海军战略》。

[3] 虞逸夫（1915—2011）：江苏武进人。以诗文书法闻名于时。

[4] 言仲儒：应为阎仲儒（1893—1949），即阎敬夫，湖南岳阳人。曾任师长。

八月二十一日　　屠维赤奋若相月廿七日　　日　晴

晨草《罥卣跋》。饭后小寝。校《古籀馀论》。晚九时寝。

八月二十二日　　屠维赤奋若相月廿八日　　月　晴

晨至余潜修寓杂谈，见假书二册。阅《毛泽东之人生观》讫。饭后小寝。阅《唯物辩证法》。晚黎世英[1]、皮名振来。九时寝。（天头：周好古书，徐兴培书。）

八月二十三日　　屠维赤奋若相月廿九日　　火　晴　处暑

晨类集前写彝铭通假字。前此随得随录，但分韵部，不及分声；今则依声次粘贴之也。阅《古籀馀论》，搜证经资料，遂竟日。饭后小寝。入浴。岳麓区旧驻陈明仁军，撤浏阳受训。解放军来换防，有兵士数人来借用具，以门板、竹床各一借与之。○《国民日报》登出余启事，辞谢醵金也。（天头：姚薇元书。）

八月二十四日　　屠维赤奋若闰七月朔日　　水　晴

晨作信。阅报。马季坚来，向余贷款。余以箧中仅存三元，以渠或困甚于余，又向不启齿，故分一元与之。汪铁士[2]、张俊坤女士来，留午饭。饭后小寝。入浴。阅《古籀馀论》。晚谢弘毅、黄假我来谈。九时寝。（天头：复周好古，复姚薇元。）

八月二十五日　　屠维赤奋若闰七月初二日　　木　晴

晨到半山亭出席同志会。罗仲言讲毛泽东之经历与思想。午归。饭后小寝。阅《唯物辩证论》。入浴。理发。吉西山来，见示方欣安来书，说武大近状者。晚九时寝。

八月二十六日　　屠维赤奋若闰七月初三日　　金　晴

晨阅唯物论、辩证法及毛泽东自传讫。午小寝。饭后录《彝

---

[1] 黎世英：江西宜春人。毕业于湖南平民大学。

[2] 汪铁士：辛亥革命后在长沙楚怡学校教美术，那时与遇夫先生成为朋友。曾任湖南大学教授。

铭证经》。入浴。晚九时寝。（天头：黄伯轩八日北平书。）

八月二十七日　屠维赤奋若闰七月初四日　土　晴

晨阅报。到科学馆田渠处小坐。饭后小寝。阅《古籀馀论》。阅武汉大学接管公报五份，知其以前内部之糟殊甚。中国机构大氐如此，非如此澈底清理，绝无希望。此共产党人发动群众之妙用也（教员、学生、工人参加者六七百人）。晚至操场，拟观南下慰劳团演剧，至则散矣。九时寝。（天头：马季坚书。）

八月二十八日　屠维赤奋若闰七月初五日　日　晴

晨阅报。潘硌基来。《民主报》新史学副刊创刊号今日出版，载余《散氏盘跋》一首。饭后小寝。入浴。阅《古籀馀论》讫。八儿来电话云，四十六军今夜演《白毛女》，已送票五张。五时晚饭，偕妇及纯女、铁铮渡湘入市。车至怡长街联华电影院，七时开演，十二时散，往老屋宿焉。一时许寝。○张舜徽来。（天头：骧十五书，豫五月二书。）

八月二十九日　屠维赤奋若闰七月初六日　月　雨　晴

晨起，过德园用点。步至长沙医院，看舜芝媳，已于前三日出病房矣。渡湘。微雨。阅报。饭后小寝。潘硌基来。入浴。阅王绍兰《说文段注订补》。晚七时寝。○何丽生来。

八月三十日　屠维赤奋若闰七月初七日　火　晴

晨阅《古文审》。饭后小寝。阅《说文段注订补》。晚九时寝。

八月三十一日　屠维赤奋若闰七月初八日　水　晴

晨答访唐生海，少坐，归。作信。出至第一院，遇侯哲庵，谈近事。出席国文学系课程讨论会，午散。饭后小寝。录《彝铭证经》。因近治者系《春秋左传》，正名曰"《春秋左传彝铭征》，复从隐公起重行写定，约分征人、征国、征氏、征官、征事五项。罗仲言来。晚易濬源（祖洛）、姚仰之（霓）来。九时寝。（天头：与豫。）

九月

九月一日　屠维赤奋若闰七月初九日　木　晴

晨到科学馆借得吕调阳[①]《商周彝器释铭》六卷，匆匆浏览一遍，其瞎扯不伦，颇似王湘绮。吕籍成都，光绪间人，岂王尊经弟子乎？然亦有数事得之者。康侯为康叔，与《窠斋》说同。弨弜为彤弓、彤矢，旆为大白，与孙仲容同。岂曾见其说，盗袭之乎？然秦嬴为孟姜之媵，前人无言之者（盛昱似曾及之），而吕亦言之，则或其偶中也。饭后小寝。阅《古文审》一卷。曹廷藩[②]来，邀余加入专题研究会，告明日开会。晚八时寝。

九月二日　屠维赤奋若闰七月初十日　金　晴

晨作信。以与罗信送戒甫处。录《左传彝铭征》。看《辩证法》。饭后小寝。二时出，答访何丽生。同到政治资料室出席问题研究会。六时归。晚九时寝。○唐炳亮来。（天头：与罗莘田[③]，与苏建秋。）

九月三日　屠维赤奋若闰七月十一日　土　晴

晨作信。录《左彝铭征》。玖侄来，留午饭。饭后小寝。阅《古文审》二卷。入浴。晚八时寝。（天头：与骧。）

九月四日　屠维赤奋若闰七月十二日　日　晴

晨草《鼄公壶跋》，据《公》《穀》二传称"子贵"之说，以说子叔姜之"子"字。又《邾友父鬲跋》，据《杜氏世族谱》，知为始封小

① 吕调阳（1832—1892）：字晴笠，四川彭州人。清末学者。

② 曹廷藩（1907—1990）：河南舞阳人。时任湖南大学历史系教授。

③ 罗莘田：即罗常培（1899—1958），北京人。著名语言学家。

邾之公子友。舜媳、甲孙来，晚饭后始去。晚至操坪观庆祝国际青年节会。十一时归，寝。（天头：刘求南书。）

九月五日　屠维赤奋若闰七月十三日　月　晴

晨录《左氏彝铭征》。午小寝。饭后阅《古文审》二卷。晚八时寝。○外舅转来豫儿六月廿二日书，云四月下旬南下，六月中旬抵鄂东长江北岸，六十日中步行三千华里，精神愉快，远过昔时云。（天头：张训老廿五书，黎锦熙复，并入十四日。）

九月六日　屠维赤奋若闰七月十四日　火　晴

晨录《彝铭征》。饭后小寝。阅《古文审》讫。晚九时寝。

九月七日　屠维赤奋若闰七月望日　水　晴

晨半睡半醒中得诗一句云"霜叶从教耐晚林"，颇饶意味。向虽偶作诗，不能道出此语，亦怪事也。录《左氏彝铭征》。饭后小寝。阅《奇觚室金文》一卷。入浴。方信来。戒甫来。晚杨华一来。九时寝。（天头：王晓湘书。）

九月八日　屠维赤奋若闰七月既望日　木　晴

晨阅《奇觚室金文》，遂竟日。龚曼甫、大昕父子来。刘厚斋来。晚九时寝。

九月九日　屠维赤奋若闰七月十七日　金　晴

晨编《金文世族谱索引》。阅《奇觚室金文》。饭后小寝。三时唐炳亮来，同出席问题研究会，六时散归。晚八时寝。

九月十日　屠维赤奋若闰七月十八日　土　晴

晨阅《奇觚室金文》，遂竟日。饭后小寝。今日始凉。出至胡文灿家小坐，便过黄千骧、晏文松两处。记录《奇觚室》伪器。晚八时寝。

九月十一日　屠维赤奋若闰七月十九日　日　晴

晨录《左传彝铭征·隐公》讫。饭后小寝。阅《奇觚室》一卷。晚八时寝。（天头：觉人廿七书，景韬伯^①讣。）

九月十二日　屠维赤奋若闰七月二十日　月　晴

昨夜失眠，今日疲薾之至。本思入城谒舅母病，竟不果行。阅王氏《段注补订》。饭后阅《新民主主义论》及《论联合政府》。晚八时寝。〇今日人民政府人来接管湖大，主者余志宏^②，原湖大讲师，今为秘书长。豫儿书与铁铮，粤赣边发出。云虽随军，不临火线，为之少慰。云有家禀，未收到也。（天头：豫与铁铮。）

九月十三日　屠维赤奋若闰七月二十一日　火　晴

晨到出纳室借款陆元，偕八儿渡湘入市访王晓湘，少坐，同访胡铁厓，留午饭；同王、胡访徐绍周^③，少谈。到老屋看舅母病，已转好矣。渡湘返山。入浴。晚八时寝。〇徐兴培来，将赴北平，为作书与徐懋恂^④。（天头：张训老书。）

九月十四日　屠维赤奋若闰七月廿二日　水　晴

昨晚腹泄一次，颇觉委顿。刘厚斋来，作二信付之，因渠亦去北平也。饭后小寝。阅《奇觚室金文》。王显来。晚八时寝。〇豫书告，曾步行五千华里，人健无恙。（天头：豫八月廿四粤赣边军次书，与季豫，与来薰。）

九月十五日　屠维赤奋若闰七月廿三日　木　晴　雨

晨阅《论联合政府》讫。阅《奇觚室金文》，尽一卷。方信来辞，赴北平。旷璧城来，留午饭。姚薇元来，偕姚到一院觅住房，姚

---

① 景韬伯：即景韬白。遇夫先生侄儿杨厚之夫人景燕霓的父亲。曾任久大公司董事长。
② 余志宏（1916—1972）：湖南醴陵人。曾任湖南大学讲师。本月接管湖南大学，任湖大秘书长。
③ 徐绍周：即徐桢立（1890—1952），字绍周，晚号馀习居士，湖南长沙人。时为湖南大学教授，为徐树钧第六子，是杨伯峻岳父徐阆立（徐七爹）之兄，杨家通常谓之徐六爹。
④ 徐懋恂：即徐特立（1877—1968），遇夫先生的老友，又是曾祖母张家祓的老师。

旋偕来晚饭。八时寝。（天头：黄伯轩书，张彦超[1]书，唁景霖[2]电。）

九月十六日　屠维赤奋若闰七月二十四日　金　雨

晨草《古爵无定称说》，未讫。饭后小寝。三时到潘源来[3]寓出席讨论会，谢义伟[4]讲辩证法、唯物论，六时散，归。晚八时寝。○陈铁夫闻余窘状，寄来一万元。易祖洛来，馈鸡一枚，光洋一元。（天头：陈铁夫书，彭岩石[5]书。）

九月十七日　屠维赤奋若闰七月廿五日　土　阴

晨袁弥孙来。出门到潘硌基、吉西山、罗中言、王疏安各处小坐。饭后小寝。阅艾思奇《思想方法论》，文颇条鬯。王显、任建纯来。晚八时寝。○季豫书告患血压高，有南归之意。（天头：季豫一日书。）

九月十八日　屠维赤奋若闰七月廿六日　日　晴

晨赵宝义来。姚薇元来。唐生海来。偕生海至其家晤阎敬夫[6]。便访郭鸣九[7]。饭后小寝。续草《古爵无定称说》。到戒甫处小坐。唐、阎二君来。晚八时寝。（天头：与余让之。）

---

① 张彦超：山东聊城人。抗战前毕业于清华大学中文系，是遇夫先生的学生。撰有《马氏文通刊误补》，遇夫先生作序曰："聊城张君彦超学于清华大学，从余习中国文法，以余昔日所著《文通刊误》为未足，复有所述，得二三万言，颇有能自见其意者，可谓勤矣。"时在青岛，后任青岛十五中语文教师。

② 景霖（1914—1989）：景韬白的儿子。与杨厚之是中学同学，杨因而认识景霖的妹妹燕霓，并结为伉俪。

③ 潘源来（1903—1986）：湖南浏阳人。1930年毕业于中央大学经济学系。1938年获英国伦敦大学经济学硕士学位，旋回国。至1950年，先后在东北大学、湖南大学、成都华西大学、湖南大学、中央大学任教授、系主任。1950年后任南开大学教授、贸易系外贸教研组主任。

④ 谢义伟（1905—1962）：号益祥，湖南新田人。时任湖南大学政治系教授。其父谢厚藩与遇夫先生熟悉。

⑤ 彭岩石：即彭靖（1923—1990），湖南涟源人。时任湖南省立一中语文教师，工诗词。

⑥ 阎敬夫：日记原稿作"言敬夫"，后在"言"字旁写"阎"字改正。

⑦ 郭鸣九：时任教于湖南大学历史系。

九月十九日　屠维赤奋若闰七月廿七日　月　晴

晨作信。到唐生海寓，与阎敬夫谈，午归。饭后小寝。草《爵无定称说》讫。理发。晚八时寝。（天头：与陈铁夫。）

九月二十日　屠维赤奋若闰七月廿八日　火　晴

晨作信。复校《爵无定称说》。潘硌基、姚薇元来，硌邀用点心。同二君到戒甫处小坐。饭后小寝。看小册子二册（一《二万五千里长征》，一《中国革命与共产党》）。陈宣理[1]来。晚八时寝。（天头：与张训老及觉人，复张彦超。）

九月二十一日　屠维赤奋若闰七月廿九日　水　晴

晨阅胡培翚《仪礼正义》，遂竟日。饭后小寝。剔彝铭通假字，以声类之。易抱圭[2]、姚薇元来。袁家海来，北平农大旧同学也[3]，六儿接收彼服务机关云。晚八时寝。

九月二十二日　屠维赤奋若壮月（八月）朔日　木　晴

晨出门散步，过森林局至爱晚亭；遇蒋良俊[4]，至其家小坐。阅《仪礼正义》。饭后小寝。出至熊知白寓还书。唐生海家小坐。归，草《子尊跋》。𠂤，刘心源释"子"，得之。惟刘据字形偶中，余今以甲文"子"作𠪨证之，则可为定论矣。晚八时寝。

九月二十三日　屠维赤奋若壮月初二日　金　晴

晨改《曩公壶跋》。戒甫来，告今日知新社[5]开会。九时到半

---

① 陈宣理：湖南长沙人。时任湖南大学农业经济系教授。

② 易抱圭：即易幹球（1891—1956），湖南常宁人。曾任湖南大学数理系主任。《积微翁回忆录》1955年3月8日："易抱圭以所著《汉字检字》书相示，凡十馀册。易书用功二十年，颇见苦心。"

③ 北平农大旧同学：遇夫先生1923年在国立北京农业大学任教。

④ 蒋良俊（1913—1992）：号叔沅，湖南长沙人。时任湖南大学矿冶系教授。

⑤ 知新社：罗章龙《回忆杨遇夫先生》（载《杨树达诞辰百周年纪念集》，湖南教育出版社1985年版）一文说："当时杨先生组织了'知新学会'，罗致国文系部分知名教授，本'温故而知新'之意研讨中外各项新学。我到湖大后，杨先生几次邀我到知新学会座谈，参加学术活动。"

山亭出席社会,午散,归。饭后小寝。阅《仪礼正义》。入浴。曹茂林来。晚八时寝。○人民政治协商会议在北平开会,连日报纸有纪载甚详。辛亥以后,国事扰攘将四十年。国民望治之心至切,终归失望而已。共产党军纪严明,行动稳健切实。衰暮之身,或可及见升平乎?

九月二十四日　屠维赤奋若壮月初三日　土　晴

晨阅《仪礼正义》,遂竟日。曹廷藩来。饭后小寝。晚还书与戒甫,不值。八时寝。(天头:洪八月十四书。)

九月二十五日　屠维赤奋若壮月初四日　日　晴

晨登山。校《古爵名无定称说》,清写,硠基送来也。阅报。《民主报》来书,请为文纪念政协会议,因草一文,标题曰《实事求是》。大致谓清代皖派汉学家戴东原标榜"实事求是",清朝学术遂超越汉唐。今中共治军行政亦以"实事求是"为口号,并能实行,建国成功绝无疑义云。饭后小寝。皮芋岩来。李偁君[1]来。访硠基,交还文稿。晚八时寝。(天头:电骧促款。)

九月二十六日　屠维赤奋若壮月初五日　月　雨

晨出散步,到一院拟登山,因雨遂不果。阅《仪礼正义》。饭后小寝。黄同僚[2]来,请作介与六儿。廖秉钧来。草《令簠跋》,读"鄩俎于王姜"之"鄩"为《士冠》"侧尊一甒醴"之"尊"。晚八时寝。○唐生海来。

九月二十七日　屠维赤奋若壮月初六日　火　阴　晴

晨改订《令簠跋》。阅《仪礼正义》。饭后小寝。雨后放晴,出门散步,过森林局,至爱晚亭,登石级折至半山亭。戒甫、疏安来。晚列席知新学会。侯哲庵介绍新知识书卅种,十时散,归寝。

---

① 李偁君:即李傥(1884—1965),湖南湘潭人。时辞职在家,寄居长沙。
② 黄同僚:大约指黄威惠的同僚。

（天头：王晓湘书。）

九月二十八日　　屠维赤奋若壮月初七日　　水　晴

晨王子祐来，言清查校账，袁仲仁贪污当为第一人。赵宜亭（宝义）来。阅《仪礼正义》。饭后阅萧三所著《毛泽东同志》，文颇生动。出门答访赵宜亭，不遇。唐艺青寓小坐。晚八时寝。

九月二十九日　　屠维赤奋若壮月初八日　　木　晴

晨阅《仪礼正义·士冠》讫。《士昏》为杨大堉补撰，条理不明，远逊原著。模范当前，不能取法，乃自作聪明，甚矣，人之智力不可以强同也！饭后入浴。出送唐生海行，不遇。姚薇元夫妇来。晚八时寝。○政协议定都北京，国旗红地，角上五星一大四小，黄色，用公元纪年（一九四九）。

九月三十日　　屠维赤奋若壮月初九日　　金　晴

晨阅《仪礼正义》，遂竟日。田渠来。午小寝。傍晚出散步。晚八时寝。○报载绥远、新疆先后和平解放。国党自弃人民，人人解体，犹不自悛，利用倭寇飞行员自残其类，倒行逆施至此，真可谓丧心病狂者矣。

附

伯峻数

第一次宋交来　港70，洋2，券一万三千。四月四日

　　二次　　　　港72，　　　券八千。四月七日

　　三次　　　　　22，　　　券一万一千。八日（港164，券三万二千，洋2）。

　　四次　　　　　36，　　　券三百。顾来，四月十三。港200，券32300，洋二。

　　五次　宋来　　2.5角，　米代

　　　　六次　　　　　　　　　券四十六万二千元。四二换港纸
得十元,馀券四万二千元,港 212.5,洋二,券 74300。

　　　四月廿四　拨交同妹①洋二元,港纸四十八元(铁来信已交峻
洋十元,光洋一抵港六元,八元当港 48),馀港 164.5。

　　　廿七　七次　顾铁符交港十九元,券五万六千六百元。

　　　廿九　八次　宋交来港纸十二元,券十八万元。

　　　除付,共存港纸百九十五元五角,券三十一万〇九百元。

　　　五月三日　九次　研究费七元港币。

---

①同妹:指杨德纯。她出生时较胖,塞满了一个铜盆,因而小名为"铜胖子"。

一九五二年

十一月

十一月二十一日　壬辰十月初五日　金　雨

晨作信。写《窥管·公卿表》《古今人》,皆讫。近写诸表,大抵书眉有记者则录,无则缺,故进程速也。彭耀文[1]来。饭后小寝。阅《吕氏春秋》,觅《左传》材料。"隐""志"相及,"隐"当读"意"。晚八时寝。○编局寄《勘误表》十纸来,并告毛、徐、马、二陈、余已送书,章亦可遵余意送[2]。(天头:编局十七、十八书,与容希白,复峻。)

十一月二十二日　壬辰十月初六日　土　雨　小雪

晨作信与二陈、徐、章,求教也。棉花厂买纸。饭后小寝。写《律历》《礼乐志窥管》。晚七时寝。○鲁实先之友廖海廷[3]来书,告拟撰《六历谱》,别撰长历,自汉太初元年至明武宗正德七年,各

---

[1]彭耀文:湖南大学、湖南师院教师,时任遇夫先生的助教。
[2]并告毛……章亦可遵余意送:意为并且告知《积微居金文说》编局可代为寄送毛泽东、徐特立、马叙伦、陈垣、陈寅恪、余嘉锡六人,章士钊处也可遵照我的意思代为寄送。
[3]廖海廷:湖南宁乡人。20世纪三四十年代,居乡与鲁实先一道研讨学问,为鲁实先校对《史记会注考证驳议》。50年代初,到湖南行政学院工作,拜访遇夫先生,后时相过从。

依当时所用历法推算,详具朔闰节气,意不以钱大昕、陈垣著述为然。如成书,亦一伟著也。来书意在求教,愧无以益之。(天头：廖海廷书,陈则光复,豫书,与寅恪[1],与陈援安,与徐懋恂,与章行严。)

十一月二十三日　壬辰十月初七日　日　阴

晨检《汉艺文志条理》,欲得《吕览》论乐诸篇之来源,不可得。阅季豫《提要辨证》一篇。饭后小寝。写《汉书窥管·礼乐志》讫。阅《吕览》,此书可说者尚多,有专治半年之意。晚危克安送日记本来,新自师古斋订也。八时寝。

十一月二十四日　壬辰十月初八日　月　阴

晨授金文《虢季盘》(第五时)。写《刑法志窥管》。饭后小寝。王疏安来,见告昨晤方叔章,方当长湘文史馆,意欲余相助。并云湘省代表会议余当特邀出席云。汪诒荪[2]来。晚王原一[3]来。八时寝。(天头：张福[4]书,与方叔章[送书]。)

十一月二十五日　壬辰十月初九日　火　阴

晨写《刑法志窥管》。午小寝。饭后编局书嘱写《金文说》广告稿,因草之。作信送邮。晚七时寝。○于思泊读余《金文说》,来书云新识创解,胜义缤纷,自孙籀庼、王观堂以后,一人而已,其他皆自郐以下,何足数也。故人阿好过誉,非余所能当。姑记之,悬以为努力之标的耳。(天头：与叔章,编局书,于思泊书,复编局[挂]。)

---

① 与寅恪：《积微居金文说》陈寅恪先生序出版社未用,遇夫先生为此向陈先生致歉。
② 汪诒荪：安徽怀宁人。1949年随国师并入湖南大学,院系调整后转到武汉大学历史系。
③ 王原一(1896—1958)：字宪文,又名存绂,湖南湘阴人。1946年被聘为湖南省文献委员会专职委员,并主持《湖南通志》编辑工作。曾协助仇鳌协调湖南和平起义事宜。
④ 张福：六伯祖父杨文玄(德鑫,遇夫先生第三子)夫人。后改名为张茜。

十一月二十六日　壬辰十月初十日　水　晴

晨授金文《虢季盘》迄（第六时）。记《金文说要义索引》。午小寝。饭后方俟来。阅《吕览》。出访马宗霍、王疏安。晚七时寝。○王显来书，言"赕"变为"锾"，乃社会经济发展所致，订余《甲文说》之误，甚有理。（天头：王伯晦书。）

十一月二十七日　壬辰十月十一日　木　晴

晨记《金文说要义索引》，继编《馀说索引》，迄。一院取补薪。饭后小寝。写《刑法志》《食货志窥管》。晚七时寝。○省府聘充人民代表。（天头：方叔章书，省府聘书，寄新华款。）

十一月二十八日　壬辰十月十二日　金　晴

晨写《食货志窥管》。饭后小寝。阅《吕氏春秋》。晚八时寝。（天头：来薰书。）

十一月二十九日　壬辰十月十三日　土　晴

晨出访王疏安，不值。卫生所取药。书库借书。理发。饭后小寝。写《食货志窥管》。阅《流沙坠简》，增《窥管》二条（一直定，二反支）。晚七时寝。○《列女传·辨通传》"齐女徐吾与邻妇李吾之属会烛夜绩"，吾当读为《管子·海王篇》吾子之吾。《海王篇》云："吾子食盐二升少半。"《注》云："吾子，谓小男小女也。"今长沙尚称牙（尢丫）子，徐吾、李吾即徐牙子、李牙子也。我国嫁娶甚早，又嫁后多用在室时之称，不必以李吾是妇为疑也。《汉书·卫绾传》"不孰何绾"，孰当读为敦。《说文》："敦，怒也，诋也。一曰谁何也。""敦"有"对"音，故又通作"谁"。孰、敦并从臺声。（天头：新华湘店书。）

十一月三十日　壬辰十月十四日　日　晴

晨六时起，七时偕王原一、疏安同趁车及轮入市，步至宝南街口趁汽车到军库路。原一往邀宗鹤[1]，余与疏安步行到开福寺，王、马旋来，同观三殿佛及罗汉像。寺最近重修，丹漆焕然一新，费钱二亿有馀云。出寺，余雇人车过益群钟表店、文风纸店取物，到潇湘酒家公祝疏安七十初度。席散，到老屋少坐，五时返山。尹景瑚[2]来。晚七时寝。○来薰寄《汉书札记》六至十卷来。寄包三次，至最近余告以已绍介湖大购书，始细检寄来。商人之重利如此！（天头：来薰书包，与马夷初[3]。）

十二月

十二月一日　壬辰十月望日　月　阴　风　寒流

晨复习《虢季盘》（第七时）。归，阅报。《汉书窥管》有不全者，以新到旧讲义拼合之，遂竟日。饭后小寝。晚七时寝。（天头：复廖海廷。）

十二月二日　壬辰十月既望日　火　阴　风　寒

昨悟《虢季盘》为饮至之礼。检《左传》《诗经》。到书库借《五礼通考》，阅之，撰《四跋》一首。饭后小寝。并合《窥管》。王疏安来谢祝。编局书告《淮南证闻》可出版。正与商务洽商，极喜。晚七时寝。（天头：编局书，复编局。）

十二月三日　壬辰十月十七日　水　阴

晨授金文《不娶敦》（第八时）。改《虢盘跋》。饭后小寝。萧伊莘来问文字。并合《窥管》。晚八时寝。（天头：肖聘书，再与编局，与八儿，复肖聘。）

---

① 宗鹤：即马宗霍。长沙话鹤、霍同音。
② 尹景瑚：即尹进。时任湖南大学商学院教授。
③ 马夷初：即马叙伦（1885—1970）。遇夫先生老友，时为教育部长。

十二月四日　壬辰十月十八日　木　晴

晨合并《窥管》原第十卷讫。饭后小寝。姚薇元来，言易鼎新汉口会议归，湖大取消，改设土木建筑动力专科及师范学院。写《食货志窥管》。胡妈①取小钟归。八时寝。

十二月五日　壬辰十月十九日　金　晴

晨谭绪缵②、彭耀文来。并合《窥管》十一卷讫。饭后小寝。写《食货志窥管》，谓"官斥塞"为一句。晚七时寝。（天头：张训老书。）

十二月六日　壬辰十月二十日　土　晴

晨写《食货》《郊祀志窥管》，遂竟日。饭后小寝。唐寅陔来。周学舜③、许生来。到龙文蔚④处，为制衣事。晚八时寝。○援安书⑤云，《金文说》已送到，稍暇当细加钻研，以答盛意。来示谦言法高邮，高邮岂足为君学？我公居近韶山，法高邮何如法韶山云云。固哉，援安乃欲我为寿陵馀子也！（天头：来薰书，陈援安书。）

十二月七日　壬辰十月二十一日　日　晴

晨写《郊祀志窥管》，"少君资好方"，余依《陈平传》"资侮

---

① 胡妈：即何月英（1916—1994），湖南宁乡人。家贫，与妹妹一道嫁到花明乡戚家山村仓场湾胡家，后丈夫去世，三子夭折，到洪家大屋洪赓飏夫人袁素家做女佣。1949年袁介绍何月英到她的老师遇夫先生家工作。1956年曾祖父去世，适家父出生，她抚养家父长大。1969年祖父被捕，工资停发，她从长沙到衡阳，与我家共甘苦。可参家父《杨树达先生之后的杨家》第四部分及《宁乡洪克苏遗事》。

② 谭绪缵（1922—2018）：1946年考入湖南大学历史系。先后任职于湖南大学、湖南师范学院历史系。

③ 周学舜：时为湖南大学历史系学生，后转武汉大学。

④ 龙文蔚：即龙谷瑞（1890—1967），也即下文的"龙叟"，是龙璋、龙绂瑞的堂兄弟。杨家人叫他作"龙老头"。据家中长辈说，他是与遇夫先生坐轮渡渡湘时认识的，颇能读古书写诗文，且住在杨宅不远处，后遇夫先生将其安排在湖南文史研究馆任馆员。

⑤ 援安书：陈垣此札载于《积微居友朋书札》。

人"，释"资"为天性；"今上帝朕亲郊，而后土无祀，则礼不答也"，释"答"为"合"，以《宣三年》①假"合"为"答"为证，皆拍合，可喜！彭耀文、尹景胡来。饭后小寝。五时到邱有吾处还书。晚七时半寝。○苏联艺术团今晚表演，恐夜深，不往。周章缪来，以三十万元交之付周少卿，共付三十元五十万矣②。

十二月八日　壬辰十月二十二日　月　晴

　　晨授金文《不嬰毁》（第九时），到银行取有奖储券。饭后小寝。写《郊祀志窥管》。阅《流沙坠简》。晚王原一来谈。八时寝。（天头：陈寅恪书③，与来薰［退策通］。）

十二月九日　壬辰十月二十三日　火　晴

　　晨清写《虢季盘四跋》。王疏安来。文斗④、伍仲⑤夫人来。饭后小寝。写《郊祀志窥管》。晚八时寝。（天头：与编局，复寅恪，《中国语文》书。）

十二月十日　壬辰十月二十四日　水　晴

　　晨授金文《兮甲盘》（第十时）。彭生来。写《郊祀》《天文志窥管》。"填星缓则不建，急则过舍。""建"当为"逮"。《晋》《隋志》作"还"，又"逴"字之误，"逴"与"逮"同。饭后小寝。标点《金文馀说》。晚八时寝。（天头：与京新华片。）

十二月十一日　壬辰十月二十五日　木　晴

　　晨写《五行志窥管》上卷讫。"向用五福"，"向"读为"赏"。

---

① 宣三年：当为"宣二年"。
② 共付三十元五十万矣：原文如此，当有误。
③ 陈寅恪书：该札说："湖大改组，公何所归？能退休否？弟现仍授课作文，但苦多病，恐无相见之日，如何如何！"（见《积微居友朋书札》）
④ 文斗（1903—1959）：字拱之，湖南宁乡人。时任湖南大学电机系主任、工学院院长。后任华中工学院（今华中科技大学）长沙分部主任、华中工学院副教务长。
⑤ 伍仲（1911—1975）：江西吉安人。时任湖南大学外文系教授。

"畏用六极","畏"读为"威"。到龙处,请依大衣改上服尺码。饭后小寝。谭生来。何利生来。答访陈天和①。检周公摄政称王材料,拟跋澅司土逨毁也。晚八时寝。(天头:与峻。)

十二月十二日　壬辰十月二十六日　金　晴

晨跋澅司土簋,谓是周公诛武庚时器。"王来伐商邑"之"王"乃周公摄政称王。以《康诰》"王若曰"及《明堂位》《书·嘉禾篇》佚文为证。饭后小寝。写《五行志窥管》。五时出,到棉花厂。晚八时寝。〇无锡公营丝厂王林来书,索古文字讲义。王曾从陈邦福②研究甲骨文,曾读余《周易古义》及《积微居字说》。(天头:洪二日纽约书,王林书,马雍复。)

十二月十三日　壬辰十月二十七日　土　晴

晨写《五行志窥管》,此志太无理致,读之令人不耐;而冗长已甚,苦不能卒业也。今日尽中之下卷,遂竟日。饭后小寝。五时出,访王疏安,小坐。访易修吟,问到会手续。雷敢③寓小坐。晚八时寝。(天头:复洪,与舜芝,与李鹤鸣④。)

十二月十四日　壬辰十月二十八日　日　晴

晨嘱纯女渡湘到方叔章家取证件。写《窥管·五行志》。饭后小寝。方则之来言,《三代吉金文存》已缄京购取矣。豫备明日入城。晚八时寝。(天头:方叔章书。)

---

① 陈天和(1911—1989):江苏镇江人。抗日牺牲的飞行员陈怀民(原名陈天民)烈士的哥哥,时任教于湖南大学机械系。其父"陈老人"见于本书1953年9月13日日记。
② 陈邦福:即陈墨移(1893—1977),江苏丹徒人。为陈直(邦直)的长兄,两人都是近代研究甲骨、钟鼎、碑刻的专家。
③ 雷敢(约1904—1990):字伯涵,湖南浏阳人。曾任湖南大学、湖南师范大学历史系教授。
④ 李鹤鸣:即李达,时为湖南大学校长。

十二月十五日　壬辰十月二十九日　月　晴

晨六时起床,六时半早点,七时林兆倧① 来告,有校车到自卑亭。趁车入市,到湖大办事处少憩。到省政府礼堂出席湖南省各界人民代表会议第二届第一次会。金明② 致开会辞,程潜作一年来施政报告。午奇峰阁进粉条,到交际处晤峻侄,并到其住室小寝③。二时,出席小组讨论会。五时散。万盛园④ 晚饭。晚八时寝。宿湖大办事处。

十二月十六日　壬辰十月三十日　火　晴

晨早点后步访陈书农,少坐,到会场。唐生智、谭馀保、袁任远⑤、夏如爱⑥、程星龄⑦ 报告。午饭后到交际处,小组讨论。晚再到省府观演剧。十时归旅次寝,剧场尚未散也。

十二月十七日　壬辰十一月朔日　水　晴

今日上午为小组讨论,请假缺席。步到北门外访李肖聃,候其病。过庆儿处小坐。访徐绍周,候其病;面色黄槁,令人可怕。返旅次,小寝,不成寐。午饭后大会代表之代表发言。晚八时寝。

十二月十八日　壬辰十一月初二日　木　晴

晨九时到会场,通过条例三种。省府提出省府及协商会委员

① 林兆倧:时为湖南大学化学系教授。可参李蟠《岳麓山下的名教授》(载《麓山学人轶事》)一文。

② 金明(1913—1998):江苏常州人。时任湖南省省委书记。

③ 到其住室小寝:因杨伯峻先生当时任湖南省政治协商会议秘书处处长、中共湖南省委统战部办公室主任,故在交际处或有临时住室。

④ 万盛园:长沙较大的饭店,兼卖蒸饺和包子。在蔡锷北路,距离上学宫街杨家约一百米。家父言,曾祖母特别喜欢吃万盛园的蒸饺,家父也因此大饱口福。

⑤ 袁任远(1898—1986),湖南慈利人。时任湖南省人民政府副主席。

⑥ 夏如爱(1915—1985):江苏淮阴人。时任湖南省人民政府副主席。

⑦ 程星龄(1900—1987):湖南醴陵人。程潜的族弟,1949年协助程潜起义。曾任湖南省政协主席。家父曾为大姑祖母杨德娴入文史馆事找他帮忙。见《杨树达先生之后的杨家》。

名单。十一时散。偕峻侄步行到蔡锷路,曹籽老邀到沙利文^①午饭。到峻侄室小寝。二时出席小组讨论,闻若干代表对省府委员名单有问题,决定改土曜日选举,会议延期一日,五时会散。晚商锡永、顾铁符来。九时寝。(天头:廖海廷书。)

十二月十九日　壬辰十一月初三日　金　晴

选举延期,因少数组略有意见之故。余所属第一组并无意见,故今晨请假返山。得新华书,不知《金文说》何处出版,殊为可怪。午小寝。饭后作信送邮。取款。仍渡湘入市。新沙池入浴。晚偕文斗到教育厅,朱凡^②请座谈曾昭权自杀也。十时归寝。(天头:新华京店书,复新华,与编局。)

十二月二十日　壬辰十一月初四日　土　晴

晨用点后到会。选举省政府主席程潜以下凡五十人。饭后寓次小寝,再到会选举省协商委员八十人。晚八时寝。○叔章见告,徐绍周昨夜逝世。绍周一代清才,诗词皆美,多识古物。彼死遂无人能继其业矣,惜哉!

十二月二十一日　壬辰十一月初五日　日　晴

晨起同同人大雅楼用点,九时入会场,有赴朝慰问萧抗^③报告。十时休息。因连日枯坐,极感疲乏,休会在即,无重要事,遂出会场访曹籽翁、方叔章,皆不遇。两君年长于我,与会到底不懈,我所不及也。到老屋,闻骧儿由京归湘,往会场寻余。少顷,骧及舜芝来。饭后携骧渡湘。晚与骧久谈。九时寝。○鸣珂^④欲返京,苦无资,因以所用时表让与余,以伍十万元付之。(天头:编

---

① 沙利文:当时长沙有名的糕点店,前店后厂,位于蔡锷中路。
② 朱凡:原名朱宗仁(1909—1987),江苏涟水人。时为湖南省文教厅长,1953年曾任湖南大学代校长。
③ 萧抗:青年团湖南省委赴朝慰问团代表成员。
④ 鸣珂:即周鸣珂,遇夫先生的外甥,周大椿(季良)的儿子。

局书,刘诗孙[1]书,张国薰[2]书。）

十二月二十二日　壬辰十一月初六日　月　晴　冬至

晨授金文。与骧杂谈。十一时携骧及珂游爱晚亭。饭后小寝。谭绪缵、彭耀文来。四时骧行,送之到牌楼口。渠此行系赴粤接收西村水泥厂,便道来省,今夜趁车南行也。晚七时半寝。（天头:娴书,强孙[3]书。）

十二月二十三日　壬辰十一月初七日　火　晴

晨作信送邮。到书库看新购各书。有《簠斋金石文考释》及《松翁近稿》等。饭后小寝。写《地里志窥管》。彭生送新印讲义来。到原一处少坐。晚八时寝。○骧儿随苏联水泥专家到汉口看华新水泥厂,厂中机器为美国最新式。专家一面指摘其缺点,其优点为苏联所未及者仍坦然承认,并索取机件携归本国云。人家好处自当利用之,此真可谓实事求是矣。○孔太夫人今日生忌。逝世以来,倏忽十七年。追念音容,不胜悽恻。（天头:复王林,复廖海廷,复刘诗孙,与曹子老。）

十二月二十四日　壬辰十一月初八日　水　晴

晨授金文（第十二时）《分甲盘》讫。阅近到《光明日报》。饭后小寝。写《汉书窥管·地里表》讫。晚八时寝。

十二月二十五日　壬辰十一月初九日　木　晴

晨写《沟洫》《艺文》二志《窥管》,遂竟日。饭后小寝。晚七时寝。

---

① 刘诗孙:即刘文兴。曾任燕京大学、中央大学教授。《积微翁回忆录》1952年3月13日:"阅刘诗孙所寄《音韵学讲义》,读若依违钱、段之间。因以《读若探源》《造字通借》《彝铭本字》三本寄之。"
② 张国薰:江西萍乡人。张国焘的堂弟。曾在萍乡任中学语文老师。
③ 强孙:袁久坚、杨德娴长女袁志强,现居大连。

十二月二十六日　壬辰十一月初十日　金　阴

晨点后工作,忽头顶右方如有物从内刺之者,如此者四五次。往医所试血压为百七十六度,又高涨矣。取药归。取向日说《尚书》《左传》《庄子》《吕览》《释名》《盐铁论》《后汉书》各种并之为《积微居读书记》。饭后坐寐。写《艺文志窥管》,此卷心得颇多。晚八时寝。

十二月二十七日　壬辰十一月十一日　土　晴

晨服药,安,头顶不复刺矣。查季豫《提要辨证》,改正《新语》一条《窥管》。写《窥管》,遂竟日。饭后坐寐。四时到书库还书。晚八时寝。(天头:编局书,沈曼如①书,唁徐世兄②。)

十二月二十八日　壬辰十一月十二日　日　晴

今日徐绍周之丧开吊,以血压高不往。赙三万元,托疏安代致。写《艺文志窥管》竟日。王原一来。晚八时寝。

十二月二十九日　壬辰十一月十三日　月　晴

晨授金文第十三时,授《祁白毁》。《艺文志窥管》写讫,补卷大致讫事矣。饭后坐寐。阅《提要辨证》。王疏安来,谈昨日吊徐情况。晚八时寝。○送稿及衣款与龙文蔚。拟吊绍周挽词云:"湖外几诗人?天隐云亡公又逝;新邦珍法物,子高一去目无灵。"

十二月三十日　壬辰十一月十四日　火　晴

晨作信送邮。工会交火险费。饭后坐寐。录《汉书》讲义,增加材料于《窥管》。彭生送明日花鼓戏票来。晚危克安来。七时寝。○今日食蒸梨一枚,祛火有效。(天头:与娴,与余让之,与陈寅恪。)

---

① 沈曼如:曾祖母的一位亲戚。
② 徐世兄:大约是指徐绍周之子徐黻本,他和他的妹妹徐睿本后来在南京中国药科大学任教授。

十二月三十一日　壬辰十一月望日　水　晴

晨豫备课业。授金文（第十四时）。《𠂤白𣪠》授讫。龚杰问"王若曰"为代言，是否即归裘之中侄代言。此意极好，前人及余皆未及也。写《窥管》，增料。饭后坐寐。一时半礼堂看花鼓戏，颇有趣。晚七时寝。○今年余《金文说》出书，《淮南证闻》科学院允出版，《汉书窥管》增补大体讫事，此著作可喜事也；添孙逢年①一人，骧儿七年未见，南归聚处一日，此家庭喜事也。

————————

① 逢年：即杨逢年，杨文玄的儿子，现居沈阳。他出生之日，恰逢其父母杨文玄、张福结婚一周年。

一九五三年

一月

元旦　壬辰十一月既望日　木　晴

晨阅报。史系诸生来。黄纲杰来,前大嫂①之侄也,以肄师专在此。拟赴团拜,文玄夫妇,舜芝媳来,遂不赴。饭后偕家人及纯夫妇游爱晚亭,枫林桥畔撮影,大小十二人。送文玄登车,归。坐寐。晚八时寝。○来贺者:谭戒甫、雷伯涵、何竹淇、王原一、姚薇元、覃正光②。闻知评薪时定六级之教授,中南核降四人(谢厚藩③、李苾、杨开劲、锺仁正)。湖大评薪时未能实事求是,故遭核降,宜也!(天头:骧粤汉车上书。)

一月二日　壬辰十一月十七日　金　阴　风

晨出门答贺覃正光、姚薇元、何竹淇、雷敢、谭戒甫。贺王疏安七十生日,归。添《窥管》材料。午如约到疏安寓午饭。归。

---

① 前大嫂:即杨伯峻、杨厚之生母。
② 覃正光:曾任湖南大学党委副书记、书记。
③ 谢厚藩(1887—1953):湖南新田人。时为湖南大学教授。

坐寐。何申甫来,别去两年矣①。久谈,晚饭后去。八时寝。

一月三日　壬辰十一月十八日　土　阴　雪子

晨题申甫诗册,录旧句五首(送熊入蜀、候车、呈韩先生、贺刘结昏、蝇拍②)。饭后坐寐。欧医来,血压百七十度,降五度矣。添《窥管》材料。周秉钧来。晚八时寝。(天头:与新华京分店[王府井],与徐笑安③。)

一月四日　壬辰十一月十九日　日　雪

晨添《窥管》材料讫,开始标点。庆儿归,豫祝毅寿。饭后坐寐。汪诒孙来。晚八时寝。(天头:文玄书。)

一月五日　壬辰十一月二十日　月　晴

晨授金文《毛班毁》(第十五时)。标点《窥管》,遂竟日。改《窥管》一条。饭后坐寐。五时出,送信。与尹景瑚谈。晚八时寝。○寅恪书告《金文说》寄到,当请人代读。然此书为近来出版第一部佳作,虽不读亦可断言也。寅恪于余阿好如此,可愧也!又言援安于余殆视为丰沛耆旧、南阳近亲,意殊厚,而渠亦生于通泰街周达武故宅,惜援安不之知耳。(天头:娴书,陈寅恪书④,王显书,与骧[相片],与舜芝[相片],与文玄[相片]。)

---

① 何申甫来,别去两年矣:何先生原在雅礼中学教书,两年前到湖北图书馆工作,旋调华中高等师范学校(今华中师大)中文系任教,不久后调回湖南大学,紧接着院系调整,到湖南师院中文系任教。

② 送熊入蜀、候车、呈韩先生、贺刘结昏、蝇拍:以上五诗均见《积微居诗文钞》。第一首题为《赠熊嘉麟女士》。第三首题为《黄伯轩告余韩树园师近状,赋寄一首,兼追念任公师》。韩先生与梁任公都是遇夫先生在湖南时务学堂的老师。第四首题为《贺刘子植与钱女士结婚东京》。刘子植,即刘节,为陈寅恪弟子。

③ 徐笑安:即徐笑庵,也即徐晓溪。生于19世纪末,湖南某矿务局职员。

④ 陈寅恪书:陈寅恪先生1月2日来札原文为:"顷奉手示,而大著适于前二日收到,以事忙病多,未能即复,致劳远念,歉甚! 季玉先生处重复之本可不必寄来矣。大著多古文奇字,俟请人代读;然此书为近年出版物中第一部佳作,虽不读亦可断言也……"(《积微居友朋书札》)

一月六日　壬辰十一月二十一日　火　晴

标点《窥管》竟日,仅得十馀纸。此事之耗日如此!饭后坐寐。晚八时寝。(天头:慰劳志愿军书,舜芝书。)

一月七日　壬辰十一月二十二日　水　晴

晨授金文《毛班簋》(十六时)。峻侄来传统战部之意,征求长文史研究馆同意。余云,但挂名,不支薪,一切由方叔章负责,可以同意。饭后侄去。欲寐不成。细阅《毛班簋》,悟"不㛑㐭皇公"数句之义。盖"皇公"即下文之"昭考"。"文王王姒圣孙"谓毛叔郑之子。"毓文王王姒圣孙"谓文王王姒圣孙所生,然则皇公为毛叔郑之孙,班为其曾孙也。器乃班为其父作,故特纪父之行事也。于思泊释"圣孙"为成王,则"毓"字义不相应。《顾命》有"毛公",以时代考之,或即郑之子欤!如此说之,全文大致通解矣。阅云窗丛刻《簠斋金文考释》《简牍检署考》。晚八时寝。〇《簠斋》云,盂鼎容八石,大者容十二石。大者即残盂鼎。如此,郭沫若所题"大""小"适得其反。(天头:廖海廷书。)

一月八日　壬辰十一月二十三日　木　晴

标点《窥管》竟日。饭后小寝。方则之来还书。晚八时寝。(天头:豫书,与叔章。)

一月九日　壬辰十一月二十四日　金　晴

晨阅罗振玉《松翁近稿》。此公方面之多,突过他人,是其所长。午小寝。饭后标点《汉书窥管》。张子淑[1]、周仁济[2]来,陪游爱晚亭,下山款客进麦条。沈五太来。晚陪沈谈。八时寝。

---

[1]张子淑:杨家清香留老屋的邻居,遇夫先生青年时期的朋友。
[2]周仁济(1918—1993):字淳斋,湖南长沙人。诗人,诗词活动家。曾任湖南第一师范副教授、长沙诗人协会会长。

一月十日　壬辰十一月二十五日　土　晴

　　晨阅罗氏《丙寅稿》《丁戊稿》。饭后小寝。标点《窥管》第一卷讫。全书分十卷，每补注十卷为一卷也。出，理发。晚八时寝。○《樊利家买地券》云："桓东千比是佰北田五亩。"罗释为"桓阡之东比氏陌之北"，谓古"是""氏"通用。余按，"东比是佰北"当连读，"比"谓地界之接连。知者，《房桃枝买地券》云"东西南比旧冢北比"，《樊汉昌朱书买地铅券》表面第二行有"步南比"三字，"南比"亦谓南接某处地也。《樊利》《房桃枝》二券见《集古遗文》卷十六，《朱书券》未见。《汉书·诸侯表》云："诸侯比境，周匝三垂。"颜注："比，谓相接次也。"（天头：与豫相片，与舜芝、五、七相片，与文玄相片。）

一月十一日　壬辰十一月二十六日　日　晴

　　晨邀廖访危克安，贺迁居。标点《窥管》，讫第二卷。余于八表校勘颇少也，遂竟日。饭后小寝。晚八时寝。

一月十二日　壬辰十一月二十七日　月　晴

　　晨授金文（十七时）。标点《窥管》，遂竟日。饭后小寝。棉花厂买物。王疏安来。晚八时寝。○李达复书云，到武大不成问题；问文史馆事愿就否。（天头：嘉书，李鹤鸣复。）

一月十三日　壬辰十一月二十八日　火　雨

　　晨标点《窥管》第三卷前半讫（后半未写来）。续标第六卷。饭后小寝。龙文蔚来。三时到静一斋出席学习会。五时散。晚七时寝。○省府送会议文件八件来，中有文史馆政务院决定、中南军委会指示及省府拟请聘任馆长、副馆长提案及办法等。余此时虽不欲脱离学校，然年事渐高，留此为退休之所耳。其机构旨在养耆老，并无研究之实，则人人皆知之事也。（天头：与编局［空］，与李达，与峻。）

一月十四日　壬辰十一月二十九日　水　雨

晨豫备功课,授金文《毛班毁》(十八时)。标点《窥管》卷六。饭后小寝,不成寐,以午餐进大蒜故。省府聘书来,作信布置之。此事当事以余颇从事学业,故有此举。余以此意甚善,不欲负之,故允居其名。本无事可做,事务则由方副馆长叔章任之,余亦不致大碍学业,可谓公私两便耳。王原一来。晚七时寝。(天头:省府聘书,肖聘书,复肖,与叔章。)

一月十五日　壬辰十二月朔日　木　雨

晨习《汉书·贾山邹阳传》,得说数条。作信。饭后小寝。晚七时半寝。(天头:娴寿毅品,王乔安书,与嘉[相片]。)

一月十六日　壬辰十二月初二日　金　阴

晨写十一月《回忆录》。文教学院派人来,言省政府有电话,下午开会,请出席。饭后趁车、轮入市,先访叔章。叔章云有通知,明日开会。三时,同叔到省府,知电话果误传也。与程星龄、张孟旭①、袁任远谈话。星龄设法为余索得中南演剧团剧票一枚。访陈书农,留晚饭。七时到文化宫观剧《刘海砍樵》《打花鼓》《醉打山门》三出。十时,到陈宅寝。(天头:骧儿书,峻侄书,马嗣良书,叔章书。)

一月十七日　壬辰十二月初三日　土　阴　夜雪

晨同书农访商锡永,商言《蔡子匜》非"旅"字,余误释。谈刻顷,回陈寓早饭。十时,到省府会谈。会者六人:张孟旭、胡真②

---

① 张孟旭:原名张志良(1909—1985),河北安平人。时任湖南省政府秘书长,本年9月任省政府副主席。

② 胡真(1921—2011):江苏无锡人。时任湖南省文化局副局长。改革开放后,他是七伯祖父杨德豫的领导。

（文化事务局）、邓爱如（统战部）、陈浴新[①]（文委会）、叔章及余。议决年六十以上文物委员皆转入文史馆，凡百人；年不合格或虽合格而与文史无涉者改为军政会谘议等。新聘馆员二十六人（张提廿三人，余提龙文蔚一人，叔章提二人），尚馀缺额二十馀人待补。馆址即在省府备屋一间，简陋殊甚。此本闲冗机构，故政府不重视也。幸余自来即不以此事为意，否则将失望也。办事叔章，推馆员杨蕴三[②]、方恪斋[③]驻会，但经理发薪，无他事也。午散，汽车送余至湘滨，一时返山。饭后小寝。读《汉书·邹阳传》讫。检《十二家吉金录》，"旅"字不明朗，然商释"佗"字亦非。晚七时寝。（天头：复王乔安。）

一月十八日　壬辰十二月初四日　日　阴

　　晨作信。阅报多份。饭后小寝。访王原一。原来寓阅名单。读《枚乘传》。晚八时寝。○新华告寄《金文说》八册来。说迟寄之因为科学院失连系，荒唐之至！名单无刘通叔[④]，书告叔章。（天头：复马嗣良，与商锡永、钱吉甫，与峻侄，与叔章，新华店书。）

一月十九日　壬辰十二月初五日　月　阴

　　晨豫备课业，九时授金文《遹段》（十九时）。工会交饯李达公宴费五千元。读《路温舒传》，写《窥管》。午小寝。彭生、龙叟来。晚八时寝。（天头：与张孟旭。）

---

①陈浴新（1890—1974）：湖南安化人。1949年参与程潜、陈明仁起义，时任湖南省政府委员。

②杨蕴三（1884—1975）：字蕴山，湖南长沙人。时为湖南文史研究馆馆员。

③方恪斋（1894—1971）：湖南长沙人。早年留学日本。曾任县长、湖南省政府秘书等职。

④刘通叔：即刘瑞潞（1891—1963），湖南浏阳人。《积微翁回忆录》1954年6月23日："王疏安来，见告入市后所闻各事。曾见刘通叔，告刘以余佩服其诗篇；刘云近见遇翁绝句甚好，但略生耳。盖见余答萧、邓三绝句也。疏安言通叔于唯识研究颇深，亦能古文，为今日不可多得之士。其书翰之美，则余所见所知也。"

一月二十日　壬辰十二月初六日　火　大寒

　　晨读《窦田传》，写《窥管》，遂竟日。饭后小寝。戒甫来。晚八时寝。（天头：文玄书［相片］，雷子厚、任九朋①书。）

一月二十一日　壬辰十二月初七日　水　阴

　　晨豫备课业，九时授《静簋》《师獣簋》（二十时）。访李鹤鸣，送其行。谈及毛主席曾示渠余致毛两书，毛精神之完固周密，为吃一惊！访王疏安，不遇。饭后坐瘇。读《灌韩传》，写《窥管》。晚八时寝。（天头：与陈浴新、介石，复雷、任，叔章复，王乔安、王石安书。）

一月二十二日　壬辰十二月初八日　木　阴

　　前请科学院赠毛主席《金文说》，屡思上书表求教之意，又因其日理万几不果。昨闻李达言，因决作缄。今日起草，谈共和问题②。次谈文字改革事，谓余不谓然；昔曾痛骂钱、黎③，今所见犹昔日也。再访李鹤鸣，问毛示信详状。答访谭戒甫，小坐。以名单递与王疏安。饭后小寝。一时半到礼堂出席李达送别大会，有文娱；五时半一舍食堂公宴。晚八时寝。（天头：复王石安，与周少卿。）

一月二十三日　壬辰十二月初九日　金　阴

　　晨作信。谭绪缵送药来，预防脑膜炎也。马宗霍来借钱。王石安、明珂甥来，留午饭。饭后小寝。与珂杂谈。看《景十三王

---

①任九朋：即任九鹏（1885—1953），抗战时曾任长沙崇德中学校长。遇夫先生的多年老友。

②republic之译为"共和国"，源出《史记》，《史记》记载周厉王因国人暴动被驱逐后，周公、召公共同摄政，是为"共和"。遇夫先生认为，共和指诸侯共伯和，他摄周政达十馀年。既如此，republic之译为"共和国"，也不甚妥当。共伯和，即伯龢父。参见1949年4月16日日记。

③昔曾痛骂钱、黎：钱、黎，即钱玄同、黎锦熙。1922年，黎锦熙曾向国语统一准备会提出废止汉字、采用表音文字的提案，钱态度不明朗，遭到遇夫先生的反对。于是，钱提出一个折中方案，即《减省现行汉字笔画案》，即推行简体字案，黎锦熙、陆基、杨树达联署。这些简体字，大多为1955年推行的第一次汉字简化方案所接受。

传》，写《窥管》。晚八时寝。○送《金文说》（曹、李、马、谭、雷、王、铁、峻①）。（天头：新华书包，与文玄，与王季范②，与新华，与曹猛安，李肖聃。）

一月二十四日　壬辰十二月初十日　土　阴

晨读《景十三王传》讫，写《窥管》，遂竟日。午小寝。晚七时寝。马宗霍来谢赠书，云虽略读，已觉其美，又极言骆某③之谬妄。（天头：复王乔安，张子淑书。）

一月二十五日　壬辰十二月十一日　日　雨

晨六时起床，作与马④信，言杨荣国学识低劣，万不可任师范学院长。读《李广传》，写《窥管》，遂竟日。"大黄"注谓黄间，沈引阮氏书"赤黑间"，余更以《后汉》"晋弩紫间"证之。饭后小寝。龙文蔚来。阅《古籀馀论》。晚八时寝。○叔章书言肖聃病，甚以为念。（天头：与马夷初，方叔章书。）

一月二十六日　壬辰十二月十二日　月　雪

晨豫备功课，九时授《师𩰖篋》讫（二十一时）。阅《李陵苏武传》，写《窥管》。饭后坐寐。四时到一院问雨衣事。与同馆人打克夫球。晚七时寝。○籽老得余《金文说》，系小诗见谢，云读《识字篇》⑤，免于文盲矣，殊有风趣。阅孙氏《馀论》，《纪侯钟》"𡊦"释"虐"，颇确。"𣬛"疑"散财"本字。（天头：与李淑一⑥，与叔章，曹子老书。）

---

① 曹、李、马、谭、雷、王、铁、峻：即曹典球、李肖聃、马宗霍、谭戒甫、雷敢、王疏安、周铁铮、杨伯峻。
② 王季范：即王邦模（1885—1972），湖南湘乡人。毛泽东表兄，遇夫先生的老友。
③ 骆某：骆鸿凯（1892—1955），字绍宾，湖南长沙人。时任湖南大学中文系教授。
④ 马：即马叙伦，时任高教部长。
⑤《识字篇》：即《积微居金文说》卷首之《新识字之由来》。
⑥ 李淑一：李肖聃长女，时任福湘女子中学（后更名长沙市第十中学）语文教师。遇夫先生写信给她，大约是问李肖聃先生病情。

一月二十七日　壬辰十二月十三日　火　晴

晨标点《窥管》第三卷（新改定者即十志），增《艺文志》二则。饭后小寝。廖叟送写稿来。沈五太由城来。三时社院学习会，看斯大林书三章。五时归。晚八时寝。○峻寄徐璋[1]聘书来，交薇元转侯厚吉[2]。（天头：峻侄书。）

一月二十八日　壬辰十二月十四日　水　晴

晨作信。一院取讲义。九时授徐三器，主说其用韵之精（二十二时）。饭后小寝。标点第十卷《窥管》（九一至一百），订正俞樾《陈遵传》误说。晚八时寝。○与陶孟和，问《甲文说》迟不审查决定之故。（天头：与陶孟和，与王显、余逊，与方恪斋、杨蕴三、李淑一书。）

一月二十九日　壬辰十二月十五日　木　晴

晨标点《窥管》，遂竟日，得二十馀纸。饭后小寝。阅《痴盦藏金》。晚八时寝。○王原一来。（天头：与编局。）

一月三十日　壬辰十二月十六日　金　雨

今晨月蚀，六时起床观之，乃知昨晚忽雨，不得见。作信。标点第十卷《窥管》。饭后小寝。阅《痴庵藏金》。著者一伧夫，说多可笑。器铭有佳者，图六十。陈侯戈乃陈侯因，字作花纹，故人不识，然从口从大，则甚显也。王原一来。晚洗足。七时半寝。（天头：再与陶孟和，复张国薰，与骧片。）

一月三十一日　壬辰十二月十七日　土　晴

晨草《陈侯戈跋》，释㊟为"因"，谓即因资。跋父丁罍，释⊗㽅为子罱。标点《窥管》第十卷讫。饭后小寝。出访疏安、方则

---

[1] 徐璋：时为湖南文史研究馆馆员，本年6月去世。

[2] 侯厚吉（1910—1991）：湖南长沙人。1931年毕业于清华大学经济系。时任教于湖南大学，是年院系调整调入中南财经学院。

之。晚王原一来。八时寝。（天头：叔章书，疏安书。）

二月

二月一日　壬辰十二月十八日　日　阴　雨

　　晨趁车、轮渡湘入市，洋车访叔章，谈文史馆事。遇曹子老，留午饭。到老屋少坐。到湘雅候肖聃病，语言不属，恐难见好。闻易修吟亦在同室，便候之。五时返山，豫备贴《窥管》第九卷。晚八时寝。

二月二日　壬辰十二月十九日　月　阴

　　晨草《子享父甲鼎跋》，毁去昨跋父丁罍，取其铭入此文中。向郁阶①来。饭后小寝。贴《窥管》九卷，留存份标点九卷。王疏安来。谭助教来。晚八时寝。○史系诸生来问疑义，即考试也。（天头：王显书。）

二月三日　壬辰十二月二十日　火　阴

　　晨标点《窥管》第九卷。向郁阶来。饭后小寝。《张禹传》"露蓍"可证史懋壶"路笲"义。巫，甲文作✙，知笲确是"笲"字。晚七时寝。

二月四日　壬辰十二月二十一日　水　阴　立春

　　晨八时到二院试金文课。跋史懋壶，说"路笲"为"露蓍"。饭后小寝。标点《窥管》第九卷。王疏安、雷伯涵、龙文蔚来。晚八时寝。（天头：与任建纯片。）

二月五日　壬辰十二月二十二日　木　雨

　　晨标点《杨雄传窥管》，遂竟日。据京寄讲义增入数条。王疏

──────────

① 向郁阶：即向德棣（1890—1979），湖南澧县人。曾任湖南大学法律系教授。

安来,见付肖聘札。云人已转好,借款可不需。正苦拮据,得之如获大赦也。饭后小寝。王原一来,力言余长文史馆不能无为,说亦有理,当细思之。晚到胜利斋[1]出席系会。九时归,寝。(天头:余让之书,肖聘书。)

二月六日　壬辰十二月二十三日　金　晴

晨整理《儒林传窥管》,标点之,遂竟日。饭后小寝。晚八时寝。

二月七日　壬辰十二月二十四日　土　晴

晨趁轮渡湘入市,步至文史馆,晤方、杨两干事。遇任九鹏、李大梁[2]、周维真等。今日发薪,馆员来者纷纷。访陈书农、曹籽老,皆小坐。访叔章,谈馆事,留午饭。到老屋,张子渊[3]家小坐。四时返山。标《窥管》。晚七时寝。

二月八日　壬辰十二月二十五日　日　晴

晨阅金文试卷。作信与罗心田,介绍王显。谭绪缵、何利生来。饭后小寝。订《窥管》第八卷。晚八时寝。(天头:与罗心田,洪书,刘诗孙书,王乔安书。)

二月九日　壬辰十二月二十六日　月　雨

晨送试卷到注册科,银行取款,医室验血压,百五十八度。看汪诒孙病。姚薇元室小坐。标《窥管》第八卷,竟日。晚八时寝。(天头:三妹书,曹子老书。)

二月十日　壬辰十二月二十七日　火　晴

晨标《窥管》第八卷,竟日,遂尽此卷。周少卿来索债,可恨之至!饭后小寝。王疏安来,示李淑一书,知肖聘已大好矣。晚

---

① 胜利斋:湖南大学六斋(静一斋、胜利斋、友谊斋、学习斋、和平斋、松林斋)之一。
② 李大梁(1879—1968):湖南郴州人。毛泽东在湖南一师时的老师。
③ 张子渊:张子淑的兄弟。

八时寝。○陶书告《甲文说》审查人自去年三月交审后迄未交还，现已催其速审；如不审则请其退还，别请他人审。陶云，最奇怪者，院方始终未曾催问，此种官僚作风值得深切检讨云云。附告治高血压方。编局书告《淮南证闻》稿寄来，请标点，余前书告渠可标点也。（天头：与庆，陶孟和书，编局书，与易修吟。）

二月十一日　壬辰十二月二十八日　水　晴

晨方则之来谈买龙书事，因访汪治孙，代史系作缄与图书馆。黏贴《窥管》第六卷新材料。饭后小寝。标第六卷。谭戒甫来，馈年糕，答赠《金文说》。晚王原一来。八时寝。（天头：与叔章，复籽老，王显书。）

二月十二日　壬辰十二月廿九日　木　晴

晨标《窥管》。饭后小寝。三时出，送信。取娴汇款。晚王原一来，告龙书决买，余可读《吉金文存》矣。八时寝。（天头：复陶孟和，复王显，娴、久坚书。）

二月十三日　壬辰除日　金　阴

晨五时起床。标《窥管》。七时出，理发。饭后小寝。标点第六卷讫，只新增材料要加耳。晚八时寝。○编局书寄重审《小学述林》意见，于余书较有了解矣。（天头：舜芝书，萧理衡[1]书，徐笑庵书，编局书。）

二月十四日　癸巳元旦日　土　阴

晨起欲看日食，以天阴不见。骧儿来山，由滇飞南宁，趁湘桂车到此也。庆儿亦归。峻侄、汝冲、德庄皆来山。闻叔章昨日逝世，为之怆然。叔通达事理，待友恳诚，朋辈中罕见也。饭后小寝。今日贺客络绎，苦于酬接。晚饭后送骧、庆至湘滨。八时寝。

---

① 萧理衡：即萧仲祁（1873—1967），字礼衡，湖南湘乡人。晚清举人，时为湖南文史研究馆馆员。

二月十五日　癸巳正月初二日　日　雨

晨作信。九时趁轮渡湘入市,步到方宅叔章灵前行礼。七日与叔久谈,不到一旬,幽明遽隔,盍胜怆痛!籽老、峻侄先在,略谈。到老屋,今日孔太夫人忌日也。大嫂具肴数事致祭(余送二万元备祭品)。饭后雇车到轮渡,三时返山。标点《证闻》。晚七时寝。○拟挽叔章云:"定慧早双修,晚来诗境增深稳;晤言才七日,方资臂助痛分歧。"(天头:王显书,《淮南证闻》稿,复萧理衡,与伯峻转萧缄。)

二月十六日　癸巳正月初三日　月　雨

晨作信答诸友来贺者:王疏安父子、谭戒甫、黄希源[1]、侯厚吉、汪诒孙、姚薇元、何竹淇、彭沛民、谭鹤松。饭后小寝。出,到桃源村二杨、梁、林各处。标《淮南证闻》。阅《捃古金文》。晚八时寝。(天头:与肖聃,鸣珂书,周名震[2]书。)

二月十七日　癸巳正月初四日　火　雪

晨标《证闻》。朱剑农[3]来。王原一来。午小寝。阅《捃古金文》,拱井父辛爵当释"兴";Ｙ当释"皿"(器形辛父爵);Ｙ且癸爵当释"止"。晚七时寝。○语言所书,告罗辛田病假,已致书王显请谈话,甚慰!(天头:语言所书,嘉书。)

二月十八日　癸巳正月初五日　水　阴　夜雪

今日叔章开吊,以雪不行。草《兴父辛》《皿辛父》二爵跋。阅薄一波五三年豫算报告。国家蒸蒸日上,可于此觇之。国防费不过十分之二,注重建设也。廖海廷来,人颇爽垲,留午饭。以倦寝,不成寐。《小学述林》稿寄到,检阅。去说《春秋》者三篇,据

①黄希源(1915—?):江西人。时任湖南大学经济系教授。
②周名震:即周明正。黄埔军校六期生,从其入校通讯地址看,大约是遇夫先生亲戚。
③朱剑农(1910—1986):安徽旌德人。时任湖南大学财经学院院长。

审查人意见也。邱有吾、方鸾翔来。晚八时寝。

二月十九日　癸巳正月初六日　木　阴　雪　雨水

　　晨出访董爽秋[1]，问鸬鹚吐生事。董云恐不确，当再查。答贺陈天和。访汤漆[2]，告以血压方。答朱剑农，不值。饭后小寝。作信，并《述林》送邮局。标《证闻》。晚八时寝。（天头：与编局，寄《述林》。）

二月二十日　癸巳正月初七日　金　晴

　　晨九时到文昌阁出席教学改革坐谈会，午散。饭后小寝。闻王原一中风，往省之。标点《证闻》。闻董爽秋、龙文蔚来。晚八时寝。

二月二十一日　癸巳正月初八日　土　晴

　　晨皮名举、向郁阶、方则之、陈书农、廖海廷、王石安来。饭后小寝，不成寐。标《证闻》。闻谢弘毅、龙文蔚来。出，答访方则之、方鸾翔、皮名举，皆不值。邱有吾处小坐。晚七时半寝。（天头：范丙星书。）

二月二十二日　癸巳正月初九日　日　阴

　　晨出，答访向郁阶、谢弘毅，访汪诒孙。标《证闻》。饭后小寝，不成寐。舜芝媳、甲孙来。晚八时寝。○锺佩箴[3]来。（天头：易贞玉[4]书，文玄书，豫书。）

二月二十三日　癸巳正月初十日　月　阴

　　晨五时半起床，标《证闻》，七时讫全卷。周秉钧来。九时，龙谷瑞来，同趁轮渡入城，步到文史馆，坐一时许，方、杨两君未到。

---

① 董爽秋：原名桂阳（1896—1980），安徽贵池人。时任湖南大学生物系教授。
② 汤漆：即汤荣。时任教于湖南大学机械工程系。
③ 锺佩箴：即锺昌言，湖南平江人。遇夫先生时务学堂同学，锺叔河先生的父亲。
④ 易贞玉：毕业于湖南第一女子师范（稻田女师），遇夫先生早年的学生。《积微翁回忆录》1941 年 8 月 26 日："车过安江，稻田同学易贞玉女士及其子来谒。"

答贺陈书农。龙邀到小桃源进水饺、春卷。徐长兴买烤鸭。公共车到北门外麻元岭问房租,取何家一月二万三千。访肖聃,小坐。答贺宗霍,便访陈右钧[①]、柳厔庵[②],不值。轮渡返山。以倦,小寝。晚八时寝。(天头:寄《证闻》,方恪斋、杨蕴三书。)

二月二十四日　　癸巳正月十一日　火　雨

晨作信。草《〈小学述林〉第二次审查意见商榷书》寄编局。谭助教来问考古队事。饭后小寝。候王原一病,服中药已转好矣。阅《捃古金文》。晚八时寝。(天头:复范丙星,复易贞玉,与舜芝,与德庄,与编局,何申甫书。)

二月二十五日　　癸巳正月十二日　水　雨

晨标点《汉书窥管》第七卷。谭助教送湘剧券来。饭后小寝。五时出,答访唐寅陔、周秉钧、杨华一。晚七时半寝。

二月二十六日　　癸巳正月十三日　木　阴　晴

晨草《盠爵盠鼎跋》《止且癸爵跋》,释足迹形为“止”。九时大礼堂观湘剧,坐时许,出场。廖海廷来,留午饭。小寝,不成寐。方恪斋、杨蕴三来,署名二牍(一,通知馆员填履历;一,笑、剑补员转统战部);以三千元交两君刻名章。中央公文告:馆费由财部核发,文管会、文保会并入文馆。(天头:周名震片。)

二月二十七日　　癸巳正月十四日　金　晴

晨作信与田、楚,问京文史馆有无规程及工作计划书。标点《汉书窥管》第七卷。饭后小寝。跋舟亥父丁卣,释𠀐为“亥”;跋子木壬父癸爵,定“木”为名,以“整甲”“和甲”证之,可谓妙解。晚八时寝。(天头:与田个石[③]、楚中元,复何申甫、周名震,王乔安

---

① 陈右钧:藏书家。1949 年前曾任职湖南高等法院,家住长沙兴汉门。
② 柳厔庵:诗人。
③ 田个石:即田名瑜(1890—1981),湖南凤凰人。田星六的族侄,义子。南社社员。时任中央文史研究馆馆员。

书。）

二月二十八日　癸巳上元节　土　晴

　　晨跋孙刀丁且己毁,谓"刀"为孙丁正名;跋燹姬彝,释𣄼为"毁"之省;跋△左父辛彝,释𢀛为"左",以《说文》"差"字或作差为证。葛德淦[1]来。饭后小寝。标《窥管》第七卷讫。方信、王疏安、黄右昌来。晚唐寅陔来。八时寝。（天头:与张孟旭,复王乔安。）

三月

三月一日　癸巳正月十六日　日　晴

　　晨出访彭助教问事。补《窥管》第七卷材料。饭后小寝。标点《窥管》第四卷。五时出,答访葛德淦;疏安处小坐;候孔老者病。晚八时寝。

三月二日　癸巳正月十七日　月　雨

　　本学期今日始业。九时授甲文(第一时)。标《窥管》第四卷。午小寝。王太霞来问药方。晚八时寝。（天头:方恪斋书。）

三月三日　癸巳正月十八日　火　雨

　　晨撰金跋二首:《白火父壶盖》《父癸彝再跋》。标《窥管》。廖海廷来。九时出门,轮渡入市,步到解放路,趁车到沙河街舜芝寓,甲孙今日进十岁也。进包、饺。饭后汽车到道门口买水鸭,雇人车到湘滨,五时返山。甚倦,晚八时寝。

---

[1] 葛德淦(1914—1966):安徽肥西人。1943年毕业于湖南大学,留校任教。时任湖南大学马列主义研究室主任。遇夫先生去世后,葛家和杨家直到现在仍有联系。

三月四日　癸巳正月十九日　水　雨

晨标《窥管》。刘启益[①]来。饭后小寝。阅《捃古金文》。晚八时寝。○刘言二里半[②]发掘,得汉、六朝墓各一,得古物十馀石。（天头:易贞玉书,五老介锺书,与任建纯,复方恪斋。）

三月五日　癸巳正月二十日　木　晴

晨九时授甲文(第二时)。一院取月薪。标《窥管》,遂竟日;四卷讫,续标第五卷。出,答骆少宾;交工会款与谭助教。晚八时寝。○报载斯大林患脑充血,病状严重,令人惊愕。

三月六日　癸巳正月二十一日　金　晴　惊蛰

晨标《窥管》,遂竟日;五卷讫,全书中卷标完,补材料。饭后小寝。六时出散步,王疏安处小坐。晚八时寝。○广播告斯大林昨日逝世,世界导师,遽终天祚,良可痛悼!（天头:庆书。）

三月七日　癸巳正月二十二日　土　晴

晨复阅《窥管》第一卷。锺佩箴来,谋文馆也。饭后小寝。周少卿来;余颇生气,付二十万元,去。王疏安来,告肖聃再入医院后略转好。晚八时寝。

三月八日　癸巳正月二十三日　日　晴

晨起,头眩晕不支,以昨临睡服橘,消化太空也。坐睡椅大半日,入睡二次。午饭后又入睡。任建纯来,言王显入科院有希望;而王不以书告,殊无理。求时屡缄,有成意则置之,变化太显然也[③]。阅《衡斋金石识小录》。王原一夫人来问病。晚七时半寝。

[①]刘启益(1926—2012):湖北黄冈人。时在汉口中南文化部(后改为文物局)文物处工作。

[②]二里半:长沙河西地名,湖南师大校门在此。

[③]变化太显然也:家父言,这只是偶然的疏忽罢了;王显对于他的老师,一向都是恭敬有加的。例如,1980年代初,王显为参加《杨树达文集》事到长沙开会,了解到大姑祖母生活较为困难,曾帮助解决生活问题。为整理《积微居友朋书札》,家父1985年到京查找《积微居日记》,开始也住在王先生家。

（天头：伯峻书，科院《高昌专集》。）

三月九日　癸巳正月二十四日　月　晴

以精神尚未恢复，校课缺席。跋分膻量器，读𢍰为"容"；又跋临袁侯虎符，即《史》《汉表》之"临辕侯戚鳃"；《索隐》："临辕，地志阙。"覆校《窥管·文纪》"铜虎符"条，班删《史》"国相"二字，以今日郡守符屡见而国相不一见，知班削之精也。饭后小寝。覆校《窥管》。谭助教来。四时半出席斯大林追悼会。晚龙文蔚为收佃钱来。八时寝。○马林科夫继任苏联部长会议主席。

（天头：田星六书，娴书，嘉书。）

三月十日　癸巳正月二十五日　火　阴　风　雨

晨作信。覆校《窥管》。王石安来，为作介绒。饭后小寝。晚八时寝。（天头：复易贞玉片，与程颂公，与张孟旭，与方、杨，与庄佺。）

三月十一日　癸巳正月二十六日　水　晴

晨覆校《窥管》，悟得《郊祀志》"汾阴直"一条之义，增改之。王氏校书，失之太机械，而余较能心知其意也。马宗霍来。饭后小寝。四时到图书馆还书借书。散步。王疏安来，云闻肖聃病似无希望。晚危克安来。八时寝。○阅小册《睡眠与失眠》。

三月十二日　癸巳正月二十七日　木　阴　雨

晨作信。豫备功课，九时授甲文（第三时）。草《汉南郡太守虎符跋》，毁去前作《临袁侯符跋》，将材料并入此文也。饭后小寝。彭焌文来谈文馆事。覆校《窥管》第四卷。姚薇元来。晚八时寝。○连夜将醒时觉有物通过心房，而苦窄狭不能通，因此作噩梦，醒觉心跳，有顷始平。不知何症也。

三月十三日　癸巳正月二十八日　金　雨

晨豫备功课，九时授甲文（四时），补缺课也。医院诊病，血压百八十度,又涨矣!校《窥管》。饭后小寝。作信,催编局。信乍发,信来,告《淮南子》商务纸版未寻得,须另排;属拟广告稿;《述林》审阅中;《甲说》催促中。张书云馆员迟会商。田书告京馆①无学习。晚八时寝。〇沈②送羊、鸭二枚。(天头:与编局,编局书,张孟旭书,田个石复,峻侄书。)

三月十四日　癸巳正月二十九日　土　雨

晨撰《淮南证闻提要》,略谓校《淮南》者莫精于高邮,然王氏以来已百馀年,思想已变,学术大进,故王说大须修正。如"人主者……以天下之力争",王校改"争"为"动",顾受时代思想之束缚。文法学大明,王氏文法观念已不够用。从来校书家识小不识大,而《证闻》谓《老子》言道,《庄子》言真。首篇《原道》述《老》,第二篇《俶真》述《庄》;据《地形篇》,"神州"知是邹衍大九州。此类皆学术史上要事,非琐屑校勘所能范围也。饭后小寝。刘启益来问古音。覆校《窥管》五卷讫。晚八时寝。(天头:与编局挂,曹典溥书,龙伯坚书。)

三月十五日　癸巳二月朔日　日　晴

晨阅龙萸溪《武溪回忆录》。覆校《窥管》尽日,第六卷讫。纯女、庆儿归。饭后小寝。五时出散步,偕毅疏安家小坐。晚八时寝。夜中得急告,易修吟八时逝世;明八时半紧急会议。湖大已近尾声③,又不幸如此,可叹也!程复四人公缄,贴王石安月米一石;约谈事,任何下午皆可。(天头:程颂公复,田星六书。)

三月十六日　癸巳二月初二日　月　晴

晨五时半起,校《窥管》,遂竟日。七卷讫。八时半御书楼易

---

① 京馆:即中央文史研究馆。
② 沈:大约是沈五太太。
③ 湖大已近尾声:是年院系调整,湖南大学撤裁,在原址建中南土木建筑学院。

丧会议,涂西畴^①嘱余说话,余主葬易岳麓,殡殓从丰。李已去,易又死,党不欲专擅,故推人发议,是其谦让也。彭助教来。饭后小寝。五时银行取款。草《毛伯班毁再跋》。晚八时寝。（天头：复田星六,与王石安,与方、杨,商务出版部书。）

三月十七日　癸巳二月初三日　火　晴

晨六时起,电灯下校《窥管》,尽八卷。九时半趁校车到溁市迎易校长柩。本欲步送,同人阻之,与刘光华^②、林兆倧坐小车随丧行,午抵校。饭后欲寝,不成寐。一时大操坪出席追悼会,程潜、金明、徐懋庸、程星龄、尚子锦^③、文斗、王学膺皆说话,散后忠孝堂公祭。以倦故,未送殡,归。校《窥管》第九卷。原一处坐。晚八时寝。

三月十八日　癸巳二月初四日　水　雨

晨到医室诊,温度三十七度三分,血压百八十如故,袁医拟凉药。龙文蔚来。本约之同入城,因病辍,请龙告方、杨。饭后小寝。覆校《窥管》,九卷讫。晚八时寝。小不安,无噩梦,夜发汗,外感退。（天头：骧车上片,王显书,易贞玉书,与方、杨。）

三月十九日　癸巳二月初五日　木　雨

晨覆校《窥管》,遂竟日。第十卷校讫。寄去编局。饭后小寝。彭助教来。晚七时半寝。十时醒后,直至四时不成寐。一因药物未调,二因日中工作太紧。不得已服龟板胶,五时始入睡。此事大可戒也。○校课缺席,傍晚诸生来问疾。（天头：寄《窥管》。）

三月二十日　癸巳二月初六日　金　雨　春分

晨人惫极,枯坐不事事,遂竟日。余病在胃,有伏热,服生石

---

① 涂西畴（1913—2007）：湖南辰溪人。时任湖南大学教务长。
② 刘光华（1892—？）：湖南攸县人。时任湖南大学财经系教授,是年院系调整调入中南财经学院。
③ 尚子锦（1911—1996）：河北深县人。时任长沙市委副书记、市长。

羔,颇合。饭后小寝。袁医来,拟凉剂。原一扶病来视,皮名举亦来。拟补试题。晚七时半寝,寐安。(天头:与骧、豫,王石安书。)

三月二十一日　癸巳二月初七日　土　雨

晨作信。彭助教来。易光国来问金文,今日补考也。刘启益来问音韵,以《说文声母表》一册赠之。王平默来告,徐懋庸来湘,定余调武大。饭后小寝。补改《汉书》一条。姚薇元、雷敢来。晚七时半寝。以未服定神药,有噩梦。(天头:复易贞玉,与编局[告寄《窥管》]。)

三月二十二日　癸巳二月初八日　日　晴

晨作信。到医院,欲量血压,医生不在,未果。王石波[1]来,言昔年在民大听余文字学讲后,印象至今尚在。后在民大任文字学课,即遵循余方法讲授,解决许多问题云。饭后小寝。写十二月回忆录。舜芝媳闻余病,来山问疾。晚八时寝。服定神药,无梦。(天头:与文玄,复商务。)

三月二十三日　癸巳二月初九日　月　晴

晨授甲骨文(四时)。医室量血压,百八十,未减。饭后小寝。录《释名补证》七条。李淑一、杨文俊[2]来,知肖聘病好,已出院。写一月回忆录,未讫。晚七时半寝。未服药,有梦。○王疏安、龙文蔚来。原一处小坐。

三月二十四日　癸巳二月初十日　火　晴

晨写一月回忆录,未讫。九时偕龙谷瑞趁轮渡入市,步到文史馆,坐少顷,方、杨二君来。访张孟旭,张言文物会归史馆事,因湘省早已解决,不必再研究。此说甚好,余极不欲多揽事也。借

---

[1]王石波(1919—2011):字左军,湖南望城人。时在湖南大学中文系任教。曾在《文史拾遗》2003年2期发表《忆遇夫师》。
[2]杨文俊:女,李淑一的友人、同事。

张车访程颂公,促其发表能多负责之副馆长。颂答当商之。余问颂公健如此,用何法保身。颂言往日亦未注意,近两年以杜星五[1]指示有所为。因告余摩肋保耳法。返史馆,邀方、杨到一条龙进肉饺;同恪斋访星五,滔滔不绝,示余摩肋保耳之详。过郑遇安寓,请诊。再返史馆,遇胡云厓[2]、雷子厚、李思安[3]、李大粱等。五时同谷瑞返山。狄昂人[4]、王疏安来。晚七时半寝。○练杜示保身法。编局书告,《甲文说》只选十篇[5],浑蛋,浑蛋!（天头:编局书二,语言所书,马嗣良书。）

三月二十五日　癸巳二月十一日　水　晴

晨作信。草与编局信,说《甲文说》事。沈四太太[6]来。饭后

① 杜星五:即杜心五(1869—1953),名慎愧,湖南慈利人。武术家、农学家。时任湖南文史研究馆馆员。
② 胡云厓:即胡善志(1883—1958),别号云岩,湖南常德人。胡善恒二兄。毕生从事采矿冶金和教育事业。1953年7月被聘为湖南文史研究馆馆员。
③ 李思安(1892—1969):湖南长沙人。新民学会女会员,1919年湖南驱张运动时曾与遇夫先生同往北京请愿。时任湖南文史研究馆馆员。
④ 狄昂人(1887—1965):湖南长沙人。辛亥革命后至1920年,遇夫先生与狄昂人都任教于长沙各中等学校,成为朋友。抗战期间,狄昂人任教于国立商学院,后该院并入湖大,二人遂为同事。
⑤《甲文说》只选十篇:《耐林庼甲文说·自序》对此有所说明:"此编收集余说甲骨文字凡六篇,本《积微居甲文说》中之文字也。初,余于一九五二年三月取《积微居甲文说》送中国科学院请审查出版,不知何故,审查人搁置一年不报。余无已,通书陶孟和先生询之,遂由院请一人审查。久之得复,从原稿七十篇中选定十篇,谓可刊行。余意卷中颇多会心之作,可存者绝不止十篇。例如《竹书纪年所见殷王名疏证》一文,乃余前后费时数年,辛勤采获,在甲文中证验明确,毫无可疑者,亦竟在摒弃之列;以是余颇愤愤,心不能平。继思审查人不知谁氏,度亦治学之人,宜不至故与余立异,特学力未到,不能认识耳。因此余不复与之辩论,而以书达科学院院长郭鼎堂先生,请其审定。旋得复,为余选定文字五十馀篇,即近日科学院出版之《积微居甲文说》是也。此六篇为郭先生汰去十馀篇之少半,余意以为可存者。以荆山之和,一再刖足,经郭先生审定,屈已大伸,不欲复有言也。顷者上海群联出版社向余征稿,余因取此六篇名之曰'耐林庼甲文说'付之。"此事又见本月28日日记。
⑥ 沈四太太:曾祖母的四舅妈,沈明纯的夫人。按,沈明纯和他儿子抗战期间被日本飞机炸死。我祖父辈所称"四舅外公""四舅外婆""五舅外公""五舅外婆"是沈家的,"七舅外公""七舅外婆""八舅外公""八舅外婆"是向家的。沈四太太即我祖父的四舅外婆。

小寝。写一月回忆录讫。五时出散步。晚原一处小坐。七时半寝。○两夜睡前皆服中药,无梦,伏火盖已消矣。(天头:复语言所及王显,王显书。)

三月二十六日　癸巳二月十二日　木　阴

晨豫备课业,九时授甲文(五时)。写二月回忆录。饭后小寝。写补《窥管·卫绾传》"不𫐜何绾"一条,依惠栋"𫐜"为"敦"误之说也。刘生学沛[1] 来取科学院函件去,欲撰新闻投《人民湖大》也。刘言《光明日报》记《金文说》出版事者为五二年十二月十七日。晚七时半寝。

三月二十七日　癸巳二月十三日　金　雨

今晨本定补授甲文,刘中亭来,以风大,请辍讲。作缄与苏联教育学专家普希金,告以中国文字构造之美,举"诗""神""断""聪"四字为例。问渠三点:此种文字学是否有助于爱国主义教育?此其一。有些大学轻视语文,是否合理?此其二。如认我说为正确,是否应集体研究,加以扩充及系统化,将其传播?此其三。缄请师大校长转交。饭后小寝。读《汉书·卫霍传》。刘学沛来。晚八时寝。(天头:杨得云[2] 书,《甲文说》稿,与陈援安、傅仲嘉[3],与普希金,复出版组。)

三月二十八日　癸巳二月十四日　土　晴

晨校《甲文说》,取前删诸篇从册中撤去,又新删数篇。饭后小寝。何利生来。到医院就诊,血压百六十六度,大减矣!可喜!访利生,还书。看汪诒孙病。晚八时寝。○连日为《甲文说》事

---

① 刘学沛(1935—):湖南祁东人。时为湖南大学历史系学生,院系调整后转入武汉大学历史系。
② 杨得云:即杨德云(1917—1992),名伯子,湖南湘阴人。书法篆刻家,诗人,文物鉴定专家。
③ 傅仲嘉:即傅种孙(1898—1962),江西高安人。时任北京师范大学副校长。

颇懊丧,以余胜义颇多,而浅薄者不能认识,不知以后应如何办也。夜中思此,决定再精简后直寄郭沫若,请其审查决定。编局书告,《小学述林》在复审。(天头:编局书,复龙伯坚。)

三月二十九日　癸巳二月望日　日　晴

晨整理《甲文说》。十时,文玄、舜芝偕徐君、王女士来,舜芝为徐、王作合也。区政府送光荣军属牌来。饭后瞿仙槎①来。小寝。沈四太去。出散步。晚八时寝。○答公文两件,转张孟旭(邵阳专区,周震鳞书)。(天头:方恪斋书,周震鳞②书:介绍郑业衡,邵阳公文:介赵宜熙③,复恪斋。)

三月三十日　癸巳二月十六日　月　晴

晨整理《甲文说》。九时授甲文(六时)。到银行登记公债票。仍整理标点《甲文》。饭后小寝。写教学计划。五时出,送计划交彭助教。晚七时半寝。

三月三十一日　癸巳二月十七日　火　晴

晨卫生所量血压,百六十五度。访王疏安,少坐。银行取公债本息。草与毛公书。饭后小寝。程欣人④、李景传来。习《汉书》。出散步。晚八时寝。

四月

四月一日　癸巳二月十八日　水　晴

晨录与毛公书。书言治文字学三十馀年,小有心得。单字如

---

① 瞿仙槎:即瞿汉。学者。抗战前与遇夫先生一道在北平编纂《续修四库全书总目提要》。
② 周震鳞(1875—1964):字道腴,湖南宁乡人。他是曾祖母张家袚在周南女子师范学校的老师。
③ 赵宜熙:即赵宣(1870—1953),湖南邵阳人。1945年曾任邵阳县参议员,为中共地下党员提供了不少帮助。
④ 程欣人(1926—1988):湖北浠水人。考古学家。

神、祷、反、聪、诗、经、縊,通则如"形声字声旁有通借""同义字构
造多相类""会意字加形旁必犯复"等。私谓此种文字学于爱国
主义教育有益,而今日提倡汉字拉丁化者为毁灭遗产,可以引导
国家民族之分裂。惜一人能力有限,研究多年,成绩尚小;欲得一
集体研究,使其扩大与系统化,庶他日成为学科;使学子易解,加
强爱国精神云云。饭后小寝。习《汉书·卫霍传》讫。校《甲文
说》。五时出散步。晚进石羔、云神二味。十时将梦而醒。寐安。
(天头:与毛公,与杨得云,复马嗣良。)

四月二日　癸巳二月十九日　木　晴

　　晨豫备功课,授甲文(七时)。阅《六书正讹》,此六七百年前
文字改革家也。谓"厃"从人在厂上,乃"危险"之"危";改"聰"
作"聰",皆甚好。前余谓"聰"不应改,过于保守矣。饭后小寝。
校《甲文说》。王原一来。晚静坐少顷。八时寝。

四月三日　癸巳二月二十日　金　晴

　　晨廖海廷来,言师酉殷"王元年正月初吉丁亥",用历法推算
余说共和元年之说是(丁亥日初八),郭说厉王元年,不合。一院
取月薪。阅《汉书·董仲舒传》,补《樊郦传窥管》一条:班为郦寄
之卖友辩诬,而荀悦不知班意妄改。王念孙从荀,《补注》依违两
可,皆可笑也。饭后小寝。校《甲文说》,改《释酉篇》,谓酉、酋同
字而声类不同,篆文麚、狼甲文作麞、犰,是其比;然字虽非酉而与
酉仍音近;酉从米而音近,酉故当为糗字也。王疏安介陈拔梧来,
年八十三,尚健,欲入文馆。原一来。晚八时寝。○编局出版组
告《淮南》四月中可送校样,五月上旬可出书。可喜!(天头:编
局出版组书。)

四月四日　癸巳二月二十一日　土　晴

　　晨作信,戒王显之疏于世故。校《甲文说》。饭后小寝。阅

《六书正讹》。晚八时寝。（天头：与王显及出版组，庆书，王显书，易贞玉书，商务编审部书。）

四月五日　癸巳二月二十二日　日　晴　清明

晨校《甲文说》，标点讫。改《释登篇》，谓𣇣、𡆥为一字，商承祚别释𡆥为"鼻"者，非也。庆儿偕夏君来，饭后去。小寝。李弥六夫妇来。晚八时寝。〇再到龙处，量干部服尺寸。

四月六日　癸巳二月二十三日　月　雨

晨豫备课业，九时授甲文（八时）。阅《汉书·董传》，补《窥管》十条。午小寝。改《甲文·释羔篇》，去释𦏪为"咼"之说。到原一寓。袁医生验血压，百七十六度，以未服药，又涨也。晚八时寝。以昼间再寐，夜中醒四五小时。（天头：与陈寅恪。）

四月七日　癸巳二月二十四日　火　雨

晨校《甲文说》，添《释羔篇》材料；改《释辣风》，以《山海经》"来风曰韦"为证，较前稿为精矣。饭后小寝。五时散步。晚八时寝。〇龙文蔚来。草《〈小学述林〉再商榷书》。续服平血压方。（天头：与编局[《〈述林〉二次商榷书》]，娴一日书。）

四月八日　癸巳二月二十五日　水　雨

晨改编《甲文说》，分为二卷。上卷说文字，下卷考史实。上卷分"识字""说义""通读""说形"四类；下卷分"人名""国名""水名""祭祀""杂考"五类；约文七十篇。遂竟日。饭后小寝。彭生来。晚八时寝。（天头：黎尔毅书，杨得云书。）

四月九日　癸巳二月二十六日　木　雨

晨豫备功课，九时授甲文（九时）。整理《甲文说》，写目录。饭后小寝。习《汉书·董传》讫。"希世用事"，"希"训"观相"，乃读"希"为"睎"。五时偕毅游爱晚亭。晚八时寝。

四月十日　癸巳二月二十七日　金　晴

以欲得𠂤字例,翻阅《卜辞通纂》一通,遂竟日,无所得。饭后小寝。四时出,到一院取款,访雷敢,小坐;参观浴室。龙文蔚来,云副馆长人选无消息。晚八时寝。○沈莉君[①]来。(天头:於祝氏[②]书。)

四月十一日　癸巳二月二十八日　土　雨

晨阅《殷契粹编》。作信。饭后小寝。记《卜辞琐记索引》。晚八时寝。○廖海廷书告厉王元年正月无丁亥,共和元年有之。(天头:与史学会片,与考古所及陈梦家,与娴,廖海廷书,陈光崇[③]书,龙康侯[④]书。)

四月十二日　癸巳二月二十九日　日　阴

晨阅《殷契粹编》,遂竟日。饭后小寝。草《释祉篇后记》,极言罗振玉释延之误。"延雨"不可通,又读为"延"。延、延音虽近,然古人于久雨言"淫雨",不言"延雨",若"延风""延雪""延㝉",盖不可通矣。四时与毅携新孙[⑤]游爱晚亭,遇谭鹤松,谈时事。晚八时寝。服石羔,无噩梦。(天头:复廖海廷。)

四月十三日　癸巳二月三十日　月　雨

晨豫备课业,九时授甲文(十时)。阅《殷契粹编》,草《释𡴘篇》。郭读其字为"般",是;而释其形为从"殳"则误。《管子·小问》有"洀"字,尹注释为"盘"字,正从水。饭后小寝。草《释旨

---

①沈莉君:曾祖母的表妹,曾祖母五舅沈明粹和沈五太太的四女儿,也即最小的女儿,小名"大大子"。我祖父辈叫她"大姨子",年龄只比我祖父大几岁。

②於祝氏:大约就是下文四月十八日日记的"於十太太"。

③陈光崇(1918—2009):字祖同,湖南安化人。《积微翁回忆录》1951年2月6日:"陈光崇助教来,告以吴带吴刚说。陈云此并时人所不能逮也。"

④龙康侯(1912—1994):湖南攸县人。时任湖南大学教授。

⑤新孙:袁久坚、杨德娴次女袁志新,现居北京。

方》,谓"旨"即"黎",以《西伯戡黎》"黎"或作"耆"为证。五时到一院访谭生,不遇。晚七时半寝。○编局片告《小学述林》付排,可喜!（天头：编局片,与陈书农。）

四月十四日　癸巳三月初一日　火　雨

　　晨作信。阅《粹编》。清写《释屮篇》。饭后小寝。晚七时寝。○疏安来。（天头：与出版组,与黎尔毅,骧书,廖瀚汀书。）

四月十五日　癸巳三月初二日　水　雨

　　晨阅《铁云藏龟拾遗》,殊无胜义;阅《商史论丛二集》。饭后小寝。龙老来。清写《释旨方》,删改《释皀篇》,以匋读甗,王襄、郭沫若、于省吾皆已言之,不必再说也。到一院取汇款——中华局版税四万二千元,久无此事矣。晚七时半寝。○草《淮南证闻后叙》,说许君下诂不必可信。

四月十六日　癸巳三月初三日　木　雨

　　晨作信。豫备课业,九时授甲文(十一时)。午小寝。饭后整校《甲文说》。覃正光来。李仁浦[1]来。阅《戬寿堂考释》。王原一处小坐。晚七时半寝。○编局书告,《汉书窥管》收到,审查中,又属撰《〈小学述林〉内容提要》。清写《证闻后叙》。（天头：与李达,编局编审室书、出版组书,王泽生[2]书,大嫂书。）

四月十七日　癸巳三月初四日　金　雨

　　晨看《戬寿考释》,平心静气,使人之意也消,他人无此也。写《证闻后叙》。饭后小寝。草《小学述林提要》送邮。访疏安、戒甫,皆不值。得王显书,告曾到编局,《淮南》照《金文说》样排,令人愤愤!晚八时寝。○雷伯涵来。（天头：王显书,中华版税单,与出版组。）

---

[1] 李仁浦：时为湖南大学历史系学生。著有《中国古代纺织史稿》《中国灯烛》等。

[2] 王泽生：即王时泽(1885—1962),湖南长沙人。王时润(启湘)弟,时为湖南文史研究馆馆员。

四月十八日　癸巳三月初五日　土　晴

晨作信与编局,为《淮南证闻》字号事——因王显来书云版式与《金文说》同,《金文说》字号太小也。与毅到龙宅小坐。饭后小寝。再覆校《甲文说》。四时出访王疏安,不值。晚七时半寝。以食慈姑,夜久不成寐;进肝油丸一枚,始入寐。○龙叟为余到於十太太处,於云百九十元三十五年十一月确曾收到,渠希望利息,不能应也。血压一八五。(天头:与编局。)

四月十九日　癸巳三月初六日　日　晴

晨因失眠,静坐半时许。偕毅、纯游爱晚亭。饭后小寝。阅郭沫若《甲骨文字研究》改删本。《释耤》可信。静坐半时。晚七时半寝。

四月二十日　癸巳三月初七日　月　晴

晨豫备课业,九时授甲文(十二时)。到邮局送信。饭后小寝。覆校《甲文说》,去《释艮篇》,以例句牲名可疑也。萄读"副",可信,王襄、郭、于皆已言之。方鸾翔送江信来。偕毅到谭戒甫寓小坐。洗足。晚八时寝。○过育儿园晤言瑾。(天头:与肖聃,江吟涛书,考古所复。)

四月二十一日　癸巳三月初八日　火　雨

晨校《甲文说》,遂竟日。饭后小寝。四时合作社进麦条。访唐永銮[①],问山西长治县有无变更,知其如故。龙叟来,以圣围文付之,印讲义也。言瑾来。晚八时寝。○嘉儿改任零陵县党委。(天头:娴书,嘉书。)

四月二十二日　癸巳三月初九日　水　晴

晨作信。阅郭沫若《甲骨文字研究》。饭后小寝。校《甲文

---

①唐永銮(1919—2006):湖南东安人。时任湖南大学地理系副教授。

说》，发现先妣之祭从沃甲夒妣庚以后有子为王则祭，否则不祭；但沃甲以前则不然。偕毅出散步，遇王疏安。访孔叟。晚八时寝。（天头：与张孟旭，复王显，复王时泽，与杨得云。）

四月二十三日　癸巳三月初十日　木　晴

晨豫备课业，九时授甲文（十三时）。到印刷局问字模大小号数。孔叟来。饭后小寝。草《再说沃甲夒妣庚》。偕毅到爱亭少坐，遇疏安、狄昂人。王、狄来小坐。晚八时寝。○服龟胶，无梦，睡好。○高敏[1]来问甲骨疑义。（天头：编局书，舜芝书，《淮南》校样一二卷初次。）

四月二十四日　癸巳三月十一日　金　晴

晨作信与陶，谈印书字号大小事。以甲文应印目录送龙叟，到一院出版科。到卫生科取绍介信，验血压，百七十六度（百○四），略减矣。饭后小寝。校《淮南证闻》校样十一叶。图书馆借书。楚中元来，明日入京。高敏三人来。晚八时寝。（天头：与陶孟和，豫儿书。）

四月二十五日　癸巳三月十二日　土　晴

晨七时半出门，趁轮渡入市，到湘雅晤杨得云，已为余挂号。王肇勋医师诊余，谓年老血管硬化，非病态，仍发药数日。龙叟追及余，同乘车到省府，晤恪斋，访张孟旭，谈方、杨津贴及馆员借书事。小桃源进锅贴。过张名彦[2]、狄昂人、张子淑三处。到老屋。四时返山。晚八时寝。○陈（右钧）、邓（瑾珊）[3]、陈（介石）、黎（尔

①　高敏（1926—2014）：湖南桃江人。时为湖南大学历史系学生，院系调整后转入武汉大学历史系。
②　张名彦：1936年曾与陈泽云、李锐、曹国枢、魏泽同、彭秉朴、廖意林、章国岩等秘密成立了"湖南民族解放先锋队"。
③　邓瑾珊：即邓振声（1882—1957），湖南岳阳人。辛亥光复后任巴陵临时事务所副所长，能诗词。

毅）、柳（敏泉）[1]、姚（大慈）[2]来,不值。近日中、朝与美帝交换战俘,联合国会通过（结束朝鲜战争、谴责台湾侵缅）提案,和平有望,大可喜事也。（天头：曹籽老书。）

四月二十六日　癸巳三月十三日　日　晴

晨校《淮南证闻》校样,遂竟日。饭后小寝。阅高敏甲文笔记。阅寄到《中国考古学报》五期李亚农[3]文字,错误可笑。编局来书,言院中一切刊物皆用老五号字；李《撷佚续编》及《高昌专集》印在前,故不同；现在经济状况尚只能用老五号印书云云。果如此,余固不必坚执也。又言院中书不惟无特用小号字,即余书之意且极珍视；余书力求设法付印,即《汉书窥管》亦已在计划出版中云。信乎,否乎？ 俟之可矣。（天头：编局书。）

四月二十七日　癸巳三月十四日　月　晴

晨预备课业,九时授甲文（十四时,第九周）。作信。饭后小寝。草《甲文说自序》。三时半大礼堂听张健（高教部司长）报告,五时半归。晚八时寝。（天头：与编局［寄《淮》初校一、二卷］,复舜芝。）

四月二十八日　癸巳三月望日　火　晴　夜雨

晨马宗霍来,极称《金文说》之美。在湘人士中,能知此者殆无他人也。郭人俊[4]夫妇来,欲入文史馆,留午饭。饭后小寝。清写《甲文说自序》。原一来谈。晚八时寝。（天头：肖聃书。）

四月二十九日　癸巳三月既望日　水　晴

晨阅《考古学报》陈梦家文字。饭后小寝。阅翁大年《金石

---

① 柳敏泉（1884—1958）：湖南湘阴人。湖南大学教授,后任湖南文史研究馆馆员。
② 姚大慈（1888—1966）：湖南平江人。南社诗人。
③ 李亚农：即李旦丘（1906—1962）,四川江津人。时任中国科学院华东办事处主任。
④ 郭人俊：即郭君伟（1884—1963）,后为湖南文史研究馆馆员。

文跋尾·无佳说》。阅《科学通报》及《考古学报》《安阳发掘报告》。五时出散步。晚八时寝。（天头：娴书。）

四月三十日　癸巳三月十七日　木　晴　雨

晨阅一九五〇年《安阳发掘报告》。九时授甲文（九周，十五时）。饭后小寝。草复编局书。晚八时寝。〇日来午后四时进麦片一盏，晚饭后觉口中津液甚甘，殆有恢复之象矣。

五月

五月一日　癸巳三月十八日　金　阴　劳动节

晨清写复编译局书，遂竟日；此书驳《〈甲文说〉审查意见》也。十一时偕毅到爱晚亭小憩。饭后小寝。爱亭今日有园游会，三时再游亭，有清唱、斗棋、跳舞。五时半归。八时寝。湘雅药讫，遂有恶梦。（天头：郭人俊书。）

五月二日　癸巳三月十九日　土　晴

晨到卫生科取绍介书，请龙谷瑞到湘雅取药。录甲文文字，检《殷历谱》，肜龠卜以王名次日，董已言之，《甲文说》中彻去《释肜龠》一篇。午小寝。饭后草《殷先公先王与其妣日名不同说》。晚八时寝。〇骧书告，又赴广州，将留一月；此为第三次矣。黎佣康[①]来。（天头：复曹公，与王肇勋、杨得云，骧书，庆书。）

五月三日　癸巳三月二十日　日　晴　雨

晨阅《尔雅郝注刊误》，纠摘郝氏，中肯异常。本是郝"疏"而题"注"，罗振玉之疏也。作信与程、张，介郭人俊。答访覃正光，不遇。饭后小寝。整理《甲文说》。姚薇元来。晚八时寝。

---

① 黎佣康（1882—1970）：湖南宁乡人。刘少奇老师。

○曾志远、志宁来。（天头：陈书农复，复郭人俊，与程主席及张孟旭。）

五月四日　癸巳三月二十一日　月　雨

晨豫备课业，九时讨论甲文（十周，十六时），即将考试也。阅《雪堂丛刻》中《王引之行状》，《名字解诂》成书时年二十五，可谓早成矣！饭后小寝。校阅《甲文说》。拟致郭书。晚八时寝。○商书告收到《金文说》。（天头：复庆，商承祚书，寄《甲文说》与郭沫若，与洪。）

五月五日　癸巳三月二十二日　火　晴

晨清写与郭书，请其审查《甲文说》。阅王绍兰《读书杂记》，《盐铁论》"垩忧壁饰"，王校"忧"为㠾，是也，而云涂壁作饰，则非是。余谓"壁"当作"璧"，此谓以璧为饰。《汉书·外戚传》所谓"壁带往往为黄金釭"之类，谓金涂，即今日之镀金，甚确。饭后小寝。出送信。访王疏安，小坐。晚八时寝。（天头：与郭沫若，复编局［《甲文》事］，黎倜康书，复骧。）

五月六日　癸巳三月二十三日　水　晴　立夏

晨阅《雪堂丛刻》、吴山夫《十忆诗》及《钮匪石文钞》。钮文内有定晋盘伪器文字，徐树钧所不知也。余昔撰《宝鸭斋题跋提要》曾及之。饭后小寝。校《积微居金文馀说》，颇有增益。此五一年十一月末交去《金文说》稿后所撰金文跋，今日复校，多已遗忘。然胜义不少，如释"窨"为"官"，至精博也。六时出散步。晚八时寝。○写三月回忆录。

五月七日　癸巳三月二十四日　木　晴

晨作信。王疏安、彭沛民来。出送信，取甲文讲义，校讲义。饭后小寝。四时文昌阁听教务处报告。访戴守信，请开湘雅药方。晚八时寝。（天头：与陈梦家，与张孟旭，廖海廷书。）

五月八日　癸巳三月二十五日　金　晴

　　晨拟试题。周学舜来还款。八时半期中考试(十周,十七时)。校《金文馀说》。饭后小寝。○彭沛民来。(天头:与于思泊,锺佩箴书,陶孟和复。)

五月九日　癸巳三月二十六日　土　晴

　　晨八时偕毅入市。到文史馆与恪斋略谈。访张孟旭,云副馆长正在商讨中,驻馆馆员津贴可酌给。张问余生活情形如何?余言余生活充足,请不必谈。盖张或疑余为方、杨争津贴为暗示余欲争夫马费,故余坚决拒之也。有一事最可喜,为馆员额增加至二百五十名。余问中南区是否普加,张答不然,此减少鄂、桂、赣名额增入湘省,乃金明赴汉一行争得之结果也。张又云,已令统战部开列名单,不日会议酌补数十人云。自余任馆事后,辄以求者多而额太少为苦,得此差可挽救矣。访曹籽老,少坐。到老屋看峻侄病,知以过劳患咯血,肺部已照片,不良。侄言副长多数属意籽老。余谓,如聘二人,可荐田星六。饭后小寝,不成寐。四时,大嫂邀游天心公园,规模大改矣。六时返山。入浴。晚雷伯涵来问书。九时寝。○馆员新发表六人:丁谦(长沙白芙堂后人)、傅安经[1](武冈,留日)、章秉渊(湘乡)、陈嘉猷[2](军人,程同学)、瞿崇文[3](瞿方梅[4]同族,永顺)、方齐家(临湘)。(天头:嘉书。)

五月十日　癸巳三月二十七日　日　晴　夜雨

　　晨校《金文馀说》。李淑一来,云肖聃转好。陈书农来,留午

[1]傅安经(1879—1956):湖南武冈人。湖南文史研究馆馆员。
[2]陈嘉猷(1886—1958):江苏吴县(今苏州吴中区)人。南社社员。
[3]瞿崇文(1884—1973):字古香,湖南永顺人。同盟会员。曾在湘从事慈善事业。
[4]瞿方梅(1872—1921):字羹若,湖南保靖人。是宋教仁、覃振的老师。

饭。饭后小寝。王原一来。晚八时寝。(天头:复锺,骧七日书。)

五月十一日　癸巳三月二十八日　月　雨

晨豫备课业,八时半授甲文(十一周,十七时)。校《金文馀说》。饭后小寝。看试验卷。访王疏安,小坐。晚八时寝。〇编局书告,《小学述林》寄往上海排印。(天头:编局书,与谢华[1][送《金文说》]。)

五月十二日　癸巳三月二十九日　火　晴

晨阅《光明日报》,载科学院访苏团长钱三强谈访苏所感,至为扼要。出门访文斗,问注射小便效果,云当无大效。文患失眠症甚剧。卫生科验血压,百七十五度(百一十)。访汪诒孙,病已大好。阅李亚农文字。饭后小寝。草读李文文字。五时马路散步。晚原一寓与马宗霍久谈。宗霍谈苏州倪某请其宗人马华山代著诗集事,可谓闻所未闻矣。八时寝。(天头:史学会复。)

五月十三日　癸巳四月朔日　水　晴

晨续草读李文文字。饭后小寝。出访马宗霍,不遇。清写读李文,未讫。校《金文馀说》。访疏安,云见籽老,已知当局借重事,甚以为喜。晚八时寝。连日进远志枣仁蒸猪心,夜有艳梦,无噩梦。

五月十四日　癸巳四月初二日　木　晴

晨卫生所取药方,访何利生,小坐。访彭沛民,不遇。饭后小寝。校《金文馀说》。清写读李文文字,未讫。晚八时寝。王、狄来,不遇。(天头:与张孟旭[介陈],与曹籽老,与杨蕴三,寄《甲文说》陈梦家。)

---

[1] 谢华(1894—1987):原名兹山,湖南衡南人。谢晋俚。时任中共湖南省委统战部部长。

五月十五日　癸巳四月初三日　金　阴　雨

晨八时半授甲文（十一周，十八时。昨日已预备）。归，杨蕴三已来。余因方恪斋态度无理，昨缄约杨来山也。方则之来。偕蕴三游爱晚亭，蕴亦极言方之蛮横不合。蕴留午饭。客去小寝。校《金文馀说》。晚九时寝。

五月十六日　癸巳四月初四日　土　晴

晨作信。饭后小寝。汪诒孙来。龙谷瑞来。校《金文馀说》，讫。《南郡守虎符跋》增补记一则，据翁大年《兵符考略残稿》及罗振玉《符牌前后二录》材料有所增益也。五时出散步。晚八时寝。失眠四小时，以食猪心过多不消化故。（天头：与娴［挂］，复编局，陈梦家书。）

五月十七日　癸巳四月初五日　日　晴

晨出散步四十分钟，行深呼吸，出微汗。早点后卧床休息。廖海廷来，出示《汉太和以来气朔考》稿本；谓宁乡呼"老兄"为"老乡"，声虽异古，韵则古也。饭后小寝。言瑾、施应坤来。阅《兵符考略》及罗氏《符牌前后二录》。五时游爱晚亭。八时寝，寐安。（天头：黎丘[1]、王季范书［介何建轩］，杨蕴三书，八儿书。）

五月十八日　癸巳四月初六日　月　晴

晨出散策。预备课业，八时半授甲文一时（十二周，十九时）。颇感疲乏，以前夜失眠故。作信。饭后小寝。一院与尹景瑚谈话。阅瞿中溶《虎符考》。五时游爱晚亭。晚八时半寝。（天头：复陈梦家，熊申元书。）

---

[1] 黎丘：黎锦熙谑称。

五月十九日　癸巳四月初七日　火　晴

　　晨以感疲乏,不出游。作信。写四月回忆录,未讫。午小寝。访原一,问止失眠运动脚部方法。晚运动脚部,八时半寝,睡酣,运动效也。○前以壬癸《甲文说》寄于思泊,今日得复云:尊著拜读一过,高识胜义,流露行间,海内研契专家无此精诣。《殷契杂释》之谬误只可付之一笑,岂足道哉!李达复书言,平地住宅当设法照顾;已呈部,请设文史研究所,经批准后当请任所中教授云。(天头:再与陈梦家,复熊,于思泊复,李鹤鸣复。)

五月二十日　癸巳四月初八日　水　晴

　　晨出散策。写四月回忆录。饭后小寝。草《师獣敦再跋》,据廖海廷共和元年正月有丁亥、厉王元年无之也。跋临袁侯虎符,以合之封泥有“临袁邑丞”,订《史》《汉》作“临辕”之误。阅《焦山鼎铭考》,讫。晚八时寝。(天头:与舅氏。)

五月二十一日　癸巳四月初九日　木　晴

　　晨散步。阅《封泥考略》。午小寝。饭后阅《续封泥考略》。拟《小学述林序》,用驳唐兰文字为之。五时出散步。晚八时寝。夜中久不寐,以初食芸豆过多(未煮熟)故。(天头:文字改革委员会书。)

五月二十二日　癸巳四月初十日　金　雨

　　因失眠,课缺席,卧床休息,合眼①两次。饭后翻阅罗振玉《汉晋石刻墨影》,孟琁字孝琚,盖得义于《诗》之“佩玉琼琚”。《说文》“琼”或作“琁”也。五时出,到卫生科取药。原一处小坐。晚八时寝,睡酣——凡失眠之次夜,睡必酣(日间进广橘一枚)。○洪告已得船票,因香港通过问题阻行。(天头:洪十三日

_____

①合眼:长沙话“短暂睡着”的意思。

航,郭人俊书,编局编审室书。)

五月二十三日　癸巳四月十一日　土　晴

晨阅《雪堂丛刻·颐志斋文钞》。饭后小寝。阅丁晏《忆旧诗》。廖六如^①来。晚八时寝。

五月二十四日　癸巳四月十二日　日　晴

晨阅罗振玉《五十日梦痕录》,内有《刘铁云小传》一篇可采(廿三叶下),顾独漏载刘著《老残游记》,不知耶? 抑轻视小说耶? 赵于密伯藏似系武陵人,误作武林 ——赵慎轸之后人也。庆儿归。饭后小寝。四时偕毅及庆、纯游爱晚亭,遇廖海廷,廖偕余来问古音疑义,贻余王湘绮手札一通、沈咏孙山水画箑一。晚八时寝。(王致廖荪老札,见《湘绮楼笺启》卷七之拾玖叶下)(天头:与马叙伦。)

五月二十五日　癸巳四月十三日　月　阴

晨散策。备课,授甲文一时(十三周,二十时)。以倦,小寝。作信。饭后再寝。吴之冀^②来。龚曼甫来。晚七时半寝。○连三日进广橘,夜寐极酣。(天头:与张勃川^③,复嘉,与峻侄。)

五月二十六日　癸巳四月十四日　火　雨

晨阅王静安《明堂庙寝通考》,颇有理致。饭后小寝。录《小学述林序》。晚八时寝。不寐四五小时,以进猪肝过燥故。

五月二十七日　癸巳四月望日　水　晴

晨阅《食品营养一集》。饭后小寝。阅《湘绮楼笺启》一卷。四时到爱晚亭小坐。晚八时寝,安。(天头:王显书,编局书。)

---

① 廖六如:时为湖南大学英语教师。
② 吴之冀:不知生卒年和籍贯,他在南京市立一中读书时写过一篇很出名的《都市之夜》。
③ 张勃川:山东冠县人。时任教育部综合大学司司长。

五月二十八日　癸巳四月十六日　木　晴

晨王启湘、泽生来，偕游爱亭，留午饭。饭后小寝。校《淮南证闻》十二叶。晚八时寝，安。入浴。（天头：峻书，《淮南》二批校样，与骧，骧广州书。）

五月二十九日　癸巳四月十七日　金　晴

晨备课。出散步。八时半授甲文（十三周，廿一时）。饭后小寝。王原一来。校《淮南证闻》十六叶。入浴。出访王疏安，小坐。晚八时半寝，十一时半醒，进广橘一枚，颇安。〇出，唁谢义伟丧父。

五月三十日　癸巳四月十八日　土　雨

晨校《淮南证闻》，遂竟日。饭后小寝。晚八时寝。夜醒四五时，以进荔枝四枚故。（天头：黄新彦[1]书，娴书。）

五月三十一日　癸巳四月十九日　雨　晴

以失眠，卧床休息。今日六十九初度。龚曼甫来。骧儿由粤返京，昨晚下车归祝。舜芝、文玄夫妇、庆儿、舅氏、大嫂、王疏安、龙谷瑞夫妇来，合作食堂午饭，凡二席。饭后小寝。雷伯涵、谭绪缵来。晚八时寝，睡好。〇摄全家福像于爱晚亭：三男，一女，二儿妇，一子婿，内外孙五人，凡十四人。（天头：编局书。）

六月

六月一日　癸巳四月二十日　月　晴

晨出散策。备课，八时半授甲文（十三周，廿二时）。校《淮南证闻》八叶。饭后小寝。作信送邮。阅《斯大林事业展览会》。

---

① 黄新彦（1879—1959）：湖南长沙人。长期从事报社记者、机关文书工作。

取讲义。徐戊舟[1]、王疏安来，不值。往疏安、原一处小坐。晚八时寝，睡安。（天头：与编局［寄《淮》二批］，复江吟涛。）

六月二日　癸巳四月二十一日　火　晴

晨散策。八时趁轮入市，步到蔡锷路，趁车到湘雅晤杨得云，托其为毅挂号。到史馆晤张孟旭，知前增加馆员名额，以他省提意见，减少五十人，共为二百人（仍增五十人）。余问曹籽老任副长事，张答无之——又起变化矣。方、杨津贴事难办，拟改用少壮干部二人。到馆与恪斋小谈，雇车访杜星五，示余治胃治眼二法。访杨蕴三，留午饭。小寝，不成寐。访黄心砚，小坐。军库路趁车到老屋。六时返山。入浴。八时半寝，安。

六月三日　癸巳四月二十二日　水　晴

晨阅石醉六[2]自述，名"六十年的我"。卷中记徐仁铸介石及蔡锷入时务学堂，又言谭嗣同为学堂学监，语皆不实。蔡以陈右铭中丞之考试，与余兄弟同入堂，时在光绪二十三年丁酉冬间，徐尚未来湘也。谭为时务学堂创办人之一，何至为学监耶？王疏安来。廖海廷、叶尚农[3]、任九鹏来，邀三君合作社午饭；以灶炉方治，不能用也。小寝。四时偕毅游爱亭。晚八时寝，安。（天头：骧武昌书，嘉书，王显书，《淮南》三批校样。）

六月四日　癸巳四月二十三日　木　雨

晨校《淮南》十四叶。午小寝。饭后阅《瞿氏丛刊·苏常日记》，较好。王原一、龙文蔚来。晚八时寝，安。○始试饭后蹲地法。（天头：傅延年书，刘实君书，与编局，与娴相片。）

---

① 徐戊舟：即徐显立（1888—1970），字明甫，号戊舟，为徐树钧第五子，杨家人通常谓之徐五爹。收藏群书，治文字训诂之学。时为湖南文史研究馆馆员。

② 石醉六：即石陶钧（1880—1948），湖南邵阳人。早年入湖南时务学堂，与蔡锷及遇夫先生为同学，后成为蔡锷儿女亲家。

③ 叶尚农：遇夫先生的老师叶德辉之子。

六月五日　癸巳四月二十四日　金　晴

晨出散策。备课,授甲文(十三周,廿三时)。校《淮南》十六叶。午谭戒甫来,邀往合作社午饭。熊知白、戒甫来。坐寝,不成寐。入浴。阅瞿鸿禨《使豫闽日记》,乏味之至!晚八时寝。○李偶君夫人来。

六月六日　癸巳四月二十五日　土　晴

晨出散策。校《淮南》十二叶,初校全讫。午小寝。饭后坐寐。阅陈渠珍《艽野尘梦》,殊可喜。五时游爱亭。雷伯涵见告,李剑农欲退休,希望得六成薪如湖大,余闻之感动。晚八时寝,安。(天头:与文玄相片,与杨蕴三,寄《淮》三批,协商会饭柬。)

六月七日　癸巳四月二十六日　日　晴

晨出散策。《艽野尘梦》阅讫。饭后小寝。二时趁轮渡入市,访熊知白,小坐;车到蔡锷路,趁汽车到湘雅路,步到杜家山协商委员会,赴程、金、唐三君之约。五时入席,颂公说话,颇长。有徐君来余坐,嘱余致答。余逊谢。往请曹籽老、萧礼老,亦不肯说,遂置之。细思之,殊不合理。余虽无权代表诸老人(旁皆七十以上人),独不可自述所感乎?六时半借程星龄车至轮渡,七时返山。八时寝。

六月八日　癸巳四月二十七日　月　晴

晨出散策。甲文课昨已豫备,授甲文(十四周,廿四时)。饭后小寝。看顾颉刚《浪口村随笔》。李锦荃[1]、戴亚东[2]来。王疏安、狄昂人来。晚八时寝。

六月九日　癸巳四月二十八日　火　雨

晨阅《浪口随笔》,遂竟日。午小寝。饭后王原一来。晚八

[1]李锦荃(1906—?):湖南安仁人。空军军人。
[2]戴亚东:时为湖南省文物管理委员会文物清理工作队成员。

时寝。○今日报载遣返战俘协议签字,和平可以实现,至可喜也。（天头:与马夷初,与张勃川。）

六月十日　癸巳四月二十九日　水　雨

晨作信。看《浪口随笔》。饭后小寝。写五月回忆录,未讫。阅《雪堂丛刻·高士传》。晚八时寝。○毅到湘雅检查,无病。（天头:复傅延年,复黎锦熙、王季范,复刘实君,与易励坚,与骧照片。）

六月十一日　癸巳五月初一日　木　晴

晨出散策。阅《浪口随笔》。饭后小寝。五时出,到爱亭小坐。晚八时寝。

六月十二日　癸巳五月初二日　金　晴

晨出散策。备课,授甲文(十四周,廿五时)。王疏安来。饭后小寝。得郭书,寄还《甲文说》,不以释口、椎、酱、溲、渔及掘矿诸文为然,主删汰,所说不尽可信。但既请之审定,姑汰去次要者若干首,至《释 》《掘矿》,则仍拟存之,不能从也。渠嘱定稿后再寄去,当嘱编局出版云。张孟旭书附新拟馆员十一人名单,嘱注意见。郭人俊以余提名,在内。晚八时寝。（天头:郭沫若五卅书[《甲文说》],庆书,张孟旭书,与程颂公,与金明,与张孟旭。）

六月十三日　癸巳五月初三日　土　阴　雨

晨出散策。八时偕毅渡湘入市,步到省府访张孟旭,不遇。文馆小坐。彭家井林医师寓打金针。访郭人俊,留午饭。兴汉门趁车到宝南街,步至轮渡,三时返山。小寝。闻徐懋恂归湘,来游山,欲邀余谈话,以余入市未果。晚八时寝。久不成寐,左胫麻一刻,盖打针之效也。○黎倜康音韵书还去。（天头:编译局二书。）

六月十四日　癸巳五月初四日　日　晴

晨出散策。早点后访罗仲言夫人[①]，谈陶先瑜[②]事。访方则之，云徐特老特注意语法修辞。归，作复编局信，未讫。饭后小寝。出，答访向郁楷，与其夫人少谈；访汪诒孙，同汪游爱亭，久坐，五时半归。晚八时寝。〇聂铁珊[③]来。（天头：豫书。）

六月十五日　癸巳端阳节　月　晴

晨出散策。备课，授甲文（十五周，廿六时）。午小寝。饭后到书库还书。阅《浪口随笔》。作复编局信。出，答贺龙谷瑞。晚八时寝。〇宗霍来。

六月十六日　癸巳五月初六日　火　晴

晨散策。作信。饭后小寝。廖海廷来。晚八时半寝。（天头：与徐特老。）

六月十七日　癸巳五月初七日　水　晴

晨出散策。作信。方则之来。入浴。饭后小寝。阅《浪口随笔》，讫。阅《食品营养》，讫。晚王疏安、原一来。八时半寝。（天头：与编局，与娴，与豫。）

六月十八日　癸巳五月初七日　水　晴

晨出散策。写《〈甲文说〉审查意见》之意见。饭后小寝。入浴。阅《吉金文存》第三册。作复郭沫若书。晚八时寝，热极。（天头：程潜复书。）

六月十九日　癸巳五月初九日　金　晴

晨散策，便访王疏安，见告昨晤徐特老，亟称余《修辞学》之

---

①罗仲言夫人：即罗章龙夫人张可南（？—1976），陕西城固人。1942年与罗章龙结婚。
②陶先瑜（1914—？）：鲁实先夫人。时鲁实先去台，陶与子女生活困难。
③聂铁珊：湖南湘潭人。1949年湖南大学中文系毕业。

美，渴欲相见，一二日内仍必来山一行云。甲骨教材授讫，以诸生之请，授《说文声母表》（十五周，廿七时）。草与郭书。饭后小寝。入浴。阅莫伯骥《群书释文》。晚列席馆会。访王原一，谈文馆事。八时寝。（天头：方恪斋书。）

六月二十日　癸巳五月初十日　土　晴

晨散策。早点后，覃正光来告，徐老已来山，爱亭休息，邀往谈。谈刻许，同到礼堂，徐说话。作信。饭后小寝。阅《群书跋文》。入浴。三时访王疏安，同王入市赴程、唐陪徐之宴。趁徐车至湘滨，雇洋车返山，已九时矣。十时寝。○程颂公出示所藏古器四件：一大师虘敦，有铭百许字；一罍二器，为善夫吉甫作；一壶，有盖。（天头：廖海廷书，与陈梦家。）

六月二十一日　癸巳五月十一日　日　晴

晨散策。王原一来谈。入浴。阅《群书跋文》。饭后小寝。何申甫来，久谈，留晚饭。八时寝。（天头：协委会书。）

六月二十二日　癸巳五月十二日　月　晴　雨

晨散策。授《说文声母表》（十六周，廿八时）。阅《群书跋文》。饭后小寝。晚八时寝。○最后一次整理《甲文说》，寄去。（天头：寄《甲文说》，复方恪斋。）

六月二十三日　癸巳五月十三日　火　雨

晨散策。清写与郭书，告以《甲文说》汰去十二篇（囗、椎、𡩡、𩲸、溲、㴵、酱、紃、舌河、兹气、多介 ——此郭书所及者，又自汰去《释改》一首），渠见商而仍存不汰者五篇（𢆶、矿、母束、王妣日名不同、沃甲配匕庚）。其实余说皆有根据，并非苟作。郭认识能力固远过陈梦家，而学问荒疏；余所见，渠亦不尽知也。《采矿》一篇尤误解余意。其怀疑《王妣日名不同》及《沃甲配妣庚》二篇尤为强说无理，故只得与之辩论。汰去十二篇者，以欲院中出版,不得不勉徇其说耳。饭后小寝。送信到社系办公室。晤汪诒孙,谈留校事。阅《群书征文》。晚七时寝。〇方书告,馆员新聘十二人:郭君伟、廖昌赓[1]、萧海吾、杨秩彝、王祖岐、徐显立、杨节卿、宋之昭[2]、张翼云[3]、锺昌言、刘定仪[4]、李百阳。随告郭人俊。十二人中,余单独提名一人(郭),与人合提者一人(徐)。(天头:与郭沫若,方恪斋书,与郭人俊。)

六月二十四日　癸巳五月十四日　水　晴

晨散策。阅报二份。方则之来。严学宭由武昌来,邀至合作社午饭。饭后小寝。阅《群书跋文》。五时胜利斋访严。八时寝。(天头:与郭人俊、徐季含[5]:转聘书。)

六月二十五日　癸巳五月十五日　木　阴　晴

晨散策。阅报。作信。到书库还书,借小说、笔记三种来。饭后小寝。阅柴萼《梵天庐丛录》一本。访严,小坐。晚八时寝。(天头:与陈梦家,与文艺印厂。)

六月二十六日　癸巳五月十六日　金　晴

晨散策。严学宭来。授《说文声母表》(十六周,廿九时)。阅《梵天丛录》一册。翻《吉金文存·鼎》一本。晚八时寝。(天头:郭人俊书,覃正光书。)

---

[1]廖昌赓(1880—1957):字幻君,湖南平江人。平江第一批留日学生,曾任中国驻日公使馆文化参赞等职。

[2]宋之昭:覃振(理鸣)夫人。覃振(1885—1947),湖南桃源人。同盟会领袖。他与遇夫先生在日本留学时为同学,两人均葬于长沙名胜岳麓山,墓地相距约二十米。

[3]张翼云(1870—1957):字根青,晚号匏系翁,湖南长沙人。黄兴在长沙明德学堂任教时的朋友。

[4]刘定仪(1890—1985):别名叔鹏,湖南常德人。与蒋翊武、林伯渠友善。

[5]徐季含:即徐阆立(1891—1968)。徐树钧第七子,杨伯峻夫人徐提的父亲。杨家通常谓之徐七爹。著名老中医。

六月二十七日　癸巳五月十七日　土　雨

　　晨七时半到麓山门，偕王疏安入市，大雨，衣履皆湿。登岸，上交际处来迎之汽车到处，列席徐懋恂召集语言问题座谈会。余二人外，有曹籽老、陈书农、周仁济等。徐老不以吕叔湘语法著作为然，欲发起研究也。坐谈间，徐不以范文澜历史称"姬昌""姬发"为是，谓文、武与幽、厉无别；又现在捧太平军过高；语极平实。又言毛公对曾国藩谓其本领极大，有十几省之势力，而不为清廷所忌，亦平心之论也。留处午饭。雇车到轮渡，四时返山。小寝。阅《梵天录》，语多无识。晚学窅、原一来。八时半寝。〇方书告馆员徐璋病故。（天头：方恪斋书，王乔安书。）

六月二十八日　癸巳五月十八日　日　晴

　　晨散策。阅报。写五月回忆录，讫。谭戒甫约午饭，赴之——宴学窅也。归，小寝。阅《梵天录》。五时游爱晚亭。晚八时寝。

六月二十九日　癸巳五月十九日　月　晴

　　晨散策。同学来告，复习未完，请不必到教室。看《梵天丛录》。饭后小寝。录《金文馀说目录》，凡得文七十四篇。检"买地券"材料。入浴。晚八时寝。（天头：与编局出版组［催《淮》《小》］，新彦、恪斋书，复新、恪。）

六月三十日　癸巳五月二十日　火　晴

　　晨散策。阅报。早点后访汪怡孙。汪云已将我留校意反映于覃正光，并告朱、覃不日赴汉开会，可向其陈述。归，作信与朱。草《汉樊利家买地券跋》。饭后小寝。阅《古籀馀论》《梵天丛录》。晚八时寝。〇甲文牵生匕庚匕丙，一为先公妣第一人，一为先王妣第一人也。（天头：与朱凡，文艺印局书，方恪斋书，复方，与张孟旭、刘笋友 [①]。)

七月

七月一日　癸巳五月二十一日　水　晴

晨散策。阅《梵天丛录》竟日。饭后小寝。入浴。晚八时寝。

七月二日　癸巳五月二十二日　木　晴

晨散策。作信。看《越绝书》,尽七卷。饭后小寝。入浴。阅《梵天丛录》。晚八时半寝。(天头:与坚、娴。)

七月三日　癸巳五月二十三日　金　晴

晨散策。八时半到教室答诸生疑问。看《越绝》。饭后小寝。阅《梵天丛录》。入浴。晚戴桂蕊 [②] 来。八时半寝。

七月四日　癸巳五月二十四日　土　晴

晨出散策。写六月回忆录。饭后小寝。阅《越绝》讫,复习之,尽二卷。阅《梵天丛录》。到邮局汇款。入浴。晚八时寝。(天头:与沈五太,与张训老[贰十万元]。)

七月五日　癸巳五月二十五日　日　晴

晨王疏安来。致徐书及诗一首。阅《梵天录》。饭后小寝。入浴。晚八时寝。〇前书与陈梦家致歉意,来书极客气,请收回抱歉之说。又谓审查者是别一人,渠书举十篇与审查相同者,乃表示步骤一致而然。真令人扑朔迷离矣。高、周二生来问疑。(天头:徐戊舟谢札,陈梦家书,《淮南》二次校样。)

---

① 刘笋友:即刘藆蔚,湖南衡阳人。诗人。
② 戴桂蕊(1910—1970):湖南湘乡人。机电专家。时任湖南大学工学院院长。

七月六日　癸巳五月二十六日　月　晴

晨写试题，忽呕吐，腹泄三次；不能监试，嘱铁铮持试题送廖六如。到卫生科服药后泄止，而进食后必吐，狼狈之至！夜中饮水后亦呕吐。此次病乃四日进一坏桃所致也。

七月七日　癸巳五月二十七日　火　晴

晨谭绪缵、彭耀文来问疾。薛寅伯、王乔安、石安来，因余病，小坐即去。王疏安来问疾。今日呕吐止。唐寅陔来诊脉，拟方和胃降气导滞。余又别进山查炭，觉积滞渐消。阅《梵天录》。何利生来问疾。晚八时寝。

七月八日　癸巳五月二十八日　水　晴

晨阅《梵天录》竟日。二十八卷（二十七叶下）载湖南黄熙于鸡卵壳上刻唐太宗《小山赋》一篇，八分书；又（三十二叶）载明季琴师湖南人阎文寇善鼓琴，能为种种声音，无不切肖。晚遇张苍水，为鼓两浙居民避难扰攘声。张为之泣下，赠以诗。此乡里艺术天才，因记之。二十七卷末"新名词"条云，日本译名有出于吾书者，长沙杨某考之最详。余浑不记为何时有此事也。梁希杰[1]、方则之、王原一来。晚八时寝。○闻杜星五逝去，殊可惜！此君武术甲天下，而人极儒雅，东京帝大习农科，亦留学生中之杰出也。

七月九日　癸巳五月二十九日　木　晴

晨散策。王疏安来。以倦，小寝。饭后补书五日以后日记。阅《梵天丛录》。入浴。晚八时寝。○曾云鹗[2]来。

七月十日　癸巳五月三十日　金　晴

晨散策。校《淮南》二次校样，尽三十叶。饭后入浴。小寝。

---

[1]梁希杰（1905—2003）：湖南涟源人。时任湖南大学地理系教授，同年院系调整调入河南开封师范学院地理系。
[2]曾云鹗（1915—2018）：湖南武冈人。时任湖南大学化学系副教授。

阅《梵天录》。汪诒孙来谈。晚八时寝。(天头：豫书，与方、杨[转杜赙]。)

七月十一日　癸巳六月初一日　土　晴

晨六时到爱晚亭，史系师生撮影。毕业者五人(李仁浦、李修蘅、文笃义、易光国、樊国屏)。校《淮南》三十纸。饭后小寝。入浴。看《梵天录》。晚八时寝。(天头：与艺文书局，方恪斋书，沪文馆书。)

七月十二日　癸巳六月初二日　日　晴

晨散策。王疏安来。校《淮南》二校，尽三十五叶。庆儿归，午饭后去。饭后入浴。阅《梵天录》。晚八时寝，热极。(天头：杜谢赙札。)

七月十三日　癸巳六月初三日　月　晴

晨散策。阅甲文试卷。答访曾云鹗。饭后小寝。何竹淇来，云汪诒孙告渠史系同人汪、姚配武大，何配中山，馀留湘。何问中山情形。然则余确留湘矣。入浴。校《淮南》二十纸。阅《梵天录》。晚九时半寝。(天头：与方恪斋及张孟旭。)

七月十四日　癸巳六月初四日　火　晴

晨六时半趁轮渡入市，欲购物不得，旋返山。王石安来致乔安之意，约余饭，请示期日。又嬲。作书与程潜，求加补助。刘子中[1]由京学习归，来谈，代致辛冲勤[2]赠杏脯。饭后小寝。校《淮南》二十叶。入浴。晚八时半寝。(天头：峻书，复峻，与程颂公。)

---

[1]刘子中：化学家。后调中科院化学所。
[2]辛冲勤：即辛仲勤，湖南临澧人。辛树帜的儿子，马克思主义研究专家。《积微翁回忆录》1951年7月8日："辛生仲勤来，出示颉刚与树帜书，称杨先生为今世希有之学者；用甲金文说《汉书》，必多心得。乞代道地求讲义云云。当令仲勤录稿付之。"

七月十五日　癸巳六月初五日　水　晴

晨散策。马宗霍来还书。黄辅馨来。彭沛民来。校《淮南》二校讫，寄编局。阅《阿细民歌》。饭后小寝。阅《梵天丛录》讫，说左宗棠赠潘祖荫之鼎为马鼎，无识可笑。阅《池北偶谈》三卷。入浴。晚八时寝。（天头：与编局[《淮南》二校]，与文玄。）

七月十六日　癸巳六月初六日　木　晴

晨散策。理发。到书库助之定集部朝代，疏安亦在。阅谢章铤笔记，平平无异处。饭后小寝。入浴。晚七时寝。（天头：易贞玉书。）

七月十七日　癸巳六月初七日　金　晴

晨散策。八时趁车渡湘入市，到老屋与峻侄略谈。访张子淑。午到奇珍阁赴王乔安午饭之约。饭后返山。入浴。小寝。阅《赌棋笔记》。周学舜、高敏来，颇以余不往武大为恨事。晚八时寝。○纯告明日赴下摄司电厂服务。（天头：纯女书，张训老书。）

七月十八日　癸巳六月初八日　土　晴

晨散策。早点后答访刘子中，小坐。访谭戒甫，略谈。访王疏安，不值。过书库，定文集朝代讫，不知者尚多也。阅《赌棋笔记》。饭后小寝。入浴。晚八时寝。○郭书仍不以《释丮》《采矿》《生日名》《沃甲配姙庚》诸文为是，成见太深也。（天头：郭沫若复书。）

七月十九日　癸巳六月初九日　日　晴　雨

晨散策。闻礼堂有戏剧，往小坐，旋归。廖海廷来，留午饭。小寝。入浴。阅《池北偶谈》，云吴人著作多祖其乡人。王原一来。孙俍工[1]学习归，来谈。晚八时寝。（天头：娴书。）

---

[1] 孙俍工：原名孙光策（1894—1962），湖南隆回人。时任湖南大学中文系，同年院系调整调入湖南师范学院中文系。他和二姑祖父周铁铮关系不错。

七月二十日　癸巳六月初十日　月　阴

晨散策。九时到爱晚亭听覃正光报告院系调整事。偕姚薇元到其家小坐。访黄右昌,略谈。访汪诒孙、何竹淇、彭沛民,皆不遇。饭后小寝。入浴。《甲文说》汰去五篇,寄科学院,并告郭沫若,谓往复讨论,徒稽延出版时日,故依其说汰去。又,渠有祖丁五配之说,与《殷粹契编》之说相反,问其有无新材料为证。晚八时寝。○阅《吉谢列夫讲演集》,讫。日前峻侄言,徐特老向高级干部作报告,称余著《修辞学》有合于辩证法,又谓回湘目的在访书访友 ——谈话内容与标题不合,听者颇感倦云。(天头:与郭沫若:寄《甲文说》。)

七月二十一日　癸巳六月十一日　火　阴　雨

晨散策。谭戒甫、锺佩箴、龙谷瑞、董每戡①、周秉钧、彭沛民、王疏安来。饭后小寝。阅《吉谢列夫讲演集》。入浴。答访孙俍工,不遇。晚到一院食堂出席毕业生欢送会。十时归,寝。(天头:商务书,张福书,与陈浴新、陈介石。)

七月二十二日　癸巳六月十二日　水　阴

晨散策。杨贻毅来,请提名馆员。阅《吉谢列夫讲演集》。饭后小寝。入浴。阅《池北偶谈》。又阅《提要辨证》一篇。晚七时半寝。○洪儿书告,已得船票,十六旧金山登轮,八月八日抵香港。两年望归,今始得此,深以为慰!随告舜芝。(天头:纯书,洪书,与舜芝,与程主席[徐],与张孟旭[杨]。)

七月二十三日　癸巳六月十三日　木　晴

晨散策。阅《池北偶谈》。饭后小寝。入浴。龙谷瑞来。阅《提要辨证》。涂西畴来,见告在汉口开会时,李鹤鸣主余到武大,

①董每戡(1907—1980):浙江永嘉人。戏剧家、戏曲史研究专家。时任湖南大学中文系教授,同年院系调整调入中山大学中文系。

后决定从余意留师院云。晚八时寝。○到社院阅览室看太平天国史料。（天头：王石安书。）

七月二十四日　癸巳六月十四日　金　晴

晨散策。早点后渡湘入市，到文史馆小坐，晤张孟旭；同蕴三、书农到新华书店。余欲购太平天国，则无有，遂返山。饭后小寝。阅《池北偶谈》《提要辨证》。三时，到社会系书室阅天国。入浴。晚八时寝。（天头：陈徵祥书，杨贻毅书。）

七月二十五日　癸巳六月十五日　土　晴

晨散策。阅《池北偶谈》。饭后小寝。作信。入浴。阅《科学通报》《提要辨证》。晚八时寝。○我国历史，凡革命带宗教色彩者，无不失败。张角之五斗米，林清之白莲，洪秀全之天主，义和团，皆是也。清道光年，当鸦片及英法联军之后，国人仇洋之念正深，而秀全尚以天主为号召，可谓不知时务；惟民众不动以祸福，则不之信，盖亦不得已耳。（天头：复陈、杨，与豫，嘉书，编出版组书。）

七月二十六日　癸巳六月十六日　日　晴

晨散策。访雷伯涵，借范文澜《近代史》上册，阅其《太平天国》一章。叙事议论夹杂不明，拙于文也。标李鸿章为大买办，亦嫌失实。范君天资不高，而今日推为首屈一指，史学界真无人也！舜芝媳来。饭后坐寐。阅《池北偶谈》《提要辨证》。入浴。晚八时月食，余目昏，未见也。九时寝。

七月二十七日　癸巳六月十七日　月　晴

晨散策。童光瓒国熹[1]来。阅《提要辨证》。作信。饭后小寝。入浴。马宗霍来。蔡伏三[2]归自武昌，来。晚八时寝。（天头：与李达，复嘉。）

---

[1] 童光瓒国熹：童光瓒，即童国熹，湖南长沙人。曾任国民政府最高法院法官。
[2] 蔡伏三：时任湖南大学历史系副教授，讲授世界史。

七月二十八日　癸巳六月十八日　火　晴

　　晨散策。作信。报载朝鲜停战协定昨日签字,此大可喜事。惟美帝一部分人及走狗李承晚仍不甘心,有无变化尚不可知耳。阅《提要辨证》。饭后小寝。阅《池北偶谈》,讫。廿三卷(六上)"鏊"字"擀"字条云,鏊,鱼到切(ㄠㄠ),字书曰"饼鏊",今山东俚语尚然。富郑公言:"太宗既下并州,欲乘胜收复蓟门,咨于众,参知政事赵昌言对曰:'自此取幽州如热鏊翻饼耳!'殿前都指挥使呼延赞曰:'此鏊难翻。'"达按,今糕饼业作饼处曰"鏊坊",向不知当作何字,今乃知之。"鏊"训"饼鏊",见《广韵》去声三十七号。又七下"虚实"条云,今墟市之称,义取"朝实暮虚"也。宛丘有羲神实。罗苹《路史注》:"实者,对虚之名。天文旗中,四星为天市,其中,星多则实,虚则耗。神农所在,人民常实,非若虚訾,朝实而暮虚也。地以'实'称,亦奇。"晚原一处谈。八时寝。○"擀"字下云,《北梦琐言》:"王蜀时,有赵雄武能造大饼,每三斗面擀一枚,大如数间屋,因号'赵大饼'。'擀'字亦俚语。"达按,今语云"擀面","干"上声。(天头:复纯,复陈梦家,纯书,黎尔毂书,向子昆书。)

七月二十九日　癸巳六月十九日　火　晴

　　晨偕毅携新孙游爱亭,少坐。早点后作信。龙谷瑞来。阅《提要辨证》,云古人书非手著,纠定刘向习鲁或韩诗之非,说皆美。饭后小寝。入浴。晚八时半寝。(天头:复向,统战部书,方恪斋书,复统、方,与张孟旭[介童],与郭人俊,与新华。)

七月三十日　癸巳六月二十日　木　晴

　　晨散策。阅《小学蒐佚》,尽二册半。饭后小寝。《人民湖大》编辑来,问朝鲜停战感想。余谓,以战事论,中朝胜而美帝败;然我虽居胜势,以始终求和平故,逐美到三八线以北,绝不前进。近来战事，彼来我御而已。虽我胜彼败，协定与向来战后合约不同，彼胜者对败者有条件，而今则不然。此皆和平主旨、国际主义精神之表现也。资本主义与社会主义相形优劣显然可见。数十年后世界全变社会主义，可断言也。晚八时寝。（天头：与唐佩兰及洪，与王显。）

七月三十一日　癸巳六月二十一日　金　晴

晨七时，偕龙谷瑞入市访郭人俊。到麻元岭收佃租。车到司门口，买麦皮、鱼肝丸。过清溪阁，进面条。步至轮渡，一时许返山。小寝。陈则光由广州归，来访，馈饼干一匣。阅《小学蒐佚》。入浴。晚八时半寝。（天头：锺佩箴书，易贞玉书，《淮》三校样。）

八月

八月一日　癸巳六月二十二日　土　晴

晨散策。校《淮南证闻》，得五十纸。饭后小寝。入浴。晚王原一来谈。九时寝。（天头：与香港唐佩兰及与洪。）

八月二日　癸巳六月二十三日　日　晴

晨出散策，便过王疏安，少坐。校《淮南》，得四十叶。饭后小寝。入浴。阅《提要辨证》。晚八时寝。〇疏安来。（天头：童国禧书。）

八月三日　癸巳六月二十四日　月　晴

晨散策。龙谷瑞、何竹淇来。校《淮南》尽日，得六十纸，寄编局。饭后小寝。入浴。阅《提要辨证》。晚八时寝。（天头：与洪片，寄《淮南》三校。）

八月四日　癸巳六月二十五日　火　晴

晨散策。阅《提要辨证》竟日。易抱圭来。饭后小寝。入浴。刘子中来。晚过董每戡，与谈。九时寝。（天头：胡彦玮书，统战部书。）

八月五日　癸巳六月二十六日　水　晴

晨散策。阅《提要辨证》。马宗霍来。蔡伏三来。到一院取薪资。饭后小寝。入浴。晚八时寝。（天头：与编局，与艺文局，与易贞玉。）

八月六日　癸巳六月二十七日　木　晴　夜雨

晨散策。取王静安《齐鲁封泥集存序》，补《汉书窥管》，得四纸。饭后小寝。入浴。看《提要辨证》，讫。晚八时寝。失眠，三时进蛋白液，始入寐；以食辣子过多，又工作稍多故。（天头：黎尔毅书。）

八月七日　癸巳六月二十八日　金　阴

晨散策。检书籍还书库书。饭后小寝。搜各种封泥，订《汉·地志》误字。晚八时寝。○校《述林》十叶。（天头：复黎、胡，与张菊老①，与沈五太，方恪斋书，复方。）

八月八日　癸巳六月二十九日　土　晴　立秋

晨偕毅入市购物。午到老屋。饭后小寝。六时返山。晚八时寝。（天头：《小学述林》一卷初校样，洪横滨书。）

八月九日　癸巳六月三十日　日　晴

晨散策。校《述林》十叶。姚薇元、彭耀文来。饭后小寝。入浴。检封泥材料记于《汉书》。晚八时寝。（天头：瓤黄石书，与舜芝。）

---

①张菊老：即张元济（1867—1959），号菊生，浙江海盐人。中央研究院首届院士。1949年后任上海文史研究馆馆长。

八月十日　癸巳七月朔日　月　晴

　　晨散策。校《小学述林》十叶。饭后小寝。入浴。检封泥材料。阅《无邪答问》一册。晚周秉钧、王石波来。九时寝。

八月十一日　癸巳七月初二日　火　晴

　　晨散策。校《小学述林》十叶，第一卷讫，寄还去。饭后小寝。入浴。搜封泥材料。校《汉书·功臣表》，得五事。阅《无邪答问》。晚九时寝。○读马林科夫在最高苏维埃五次会议开幕演说，伟大精切之至！暑中精神散漫，只阅杂书，立秋后工作始渐上轨道。（天头：陈梦家书，与艺文：寄《述林》一校。）

八月十二日　癸巳七月初三日　水　晴

　　晨散策。作信。马季坚、杨贻毂来。饭后小寝。入浴。阅《无邪答问》。方则之来。晚八时寝。（天头：与骧，与编出，洪广州片，方恪斋书，与舜芝。）

八月十三日　癸巳七月初四日　木　晴

　　晨散策。理发。补《汉书窥管》，用《无邪答问》及封泥也。饭后小寝。入浴。阅朱氏《答问》，讫。此书余二十岁前即喜读之，论学问平正通达，其力纠公羊家改制之说，为康有为而发也。惟认日食为天变，左袒伪古文《尚书》，是其失也。晚八时寝。（天头：复方，易贞玉书。）

八月十四日　癸巳七月初五日　金　晴

　　晨散策。搜封泥补《地理志窥管》，遂竟日，得四纸。饭后小寝。入浴。晚八时寝。○"严道……有木官"，王氏校"木"当为"橘"，云《蜀都赋》注可证，不引原文，颇以为疑。及检《文选注》，则云"严道出橘……有橘官"，盖王疑"出橘"二字不类《志》文，故避而不出。王氏一字不苟如此。（天头：与庆，杨贻毂书，张超寰书，编局书［《淮序》］，复编。）

八月十五日　癸巳七月初六日　土　晴　暂雨

晨散策。补《汉书窥管》封泥材料略讫。饭后小寝。阅张尔岐《蒿庵闲话》。洪儿归自美洲，与舜芝、甲孙偕来山。庆儿亦归。晚纳凉庭院。雷伯涵来。左开泉 [1] 夫妇、王原一来杂谈。十时寝。○编译局书，告《淮南》九月下旬可出版。《小学述林》暂令艺文于第四季出版。《汉书窥管》呈陶孟和校阅中。（天头：出版组书，与统战部［荐张］。）

八月十六日　癸巳七月初七日　日　晴

晨散策。刘子中来。王疏安来。携洪到派出所登户口。到卫生所，洪治嗽。答访左、王。饭后小寝。入浴。补《窥管》一条。晚与洪杂谈。九时寝。（天头：与艺文书局。）

八月十七日　癸巳七月初八日　月　晴

晨散策。早点后携洪访王疏安。疏安导余等访谭寿清 [2]，洪欲知国内银行情形也。饭后小寝。入浴。《蒿庵闲话》阅讫，录其说《陈遵传》一条。今日凡补《窥管》四则，其三则据《提要辨证》也。晚八时寝。

八月十八日　癸巳七月初九日　火　阴

晨散策。谭寿清来。饭后小寝。补《汉书窥管》一则。何利生来。晚偕洪夫妇到礼堂观京剧，九时归。礼堂执事人无礼，王学膺 [3] 来道歉。十时寝。（天头：与商务［挂］。）

八月十九日　癸巳七月初十日　水　阴

晨散策。检《廿五史补编》，欲取之补《窥管》。文玄夫妇来。

①左开泉（1910—1973）：湖北潜江人。时任湖南大学土木系教授，住湖大桃园村宿舍。是年院系调整调入中南土木建筑学院。
②谭寿清（1914—1998）：湖南津市人。时任湖南大学经济系教授，是年院系调整调入中南财经学院。
③王学膺（1909—1977）：王疏庵之子，当时是湖南大学负责人之一。

饭后小寝。四时偕洪、文夫妇入市，到老屋邀舅氏及大嫂等，七时到德园晚饭，文玄为主人。车到老屋，宿焉。十时寝。（天头：杨蕴三书，复杨。）

八月二十日　癸巳七月十一日　木　晴

晨六时起床，七时偕毅游天心公园，少坐。答访陈朗秋，少谈。出，访易抱圭，不值。返老屋。今日大嫂宴洪儿。饭后小寝。五时偕毅、洪返山。阅报。晚王原一来。八时寝。（天头：范丙星书，文物会书。）

八月二十一日　癸巳七月十二日　金　晴　雨

晨散步。到书馆借书，补《窥管》。入浴。饭后小寝。阅姚振宗《艺文志条理》，补《窥管》。晚八时半寝。（天头：编局书：《汉》审书，纯书。）

八月二十二日　癸巳七月十三日　土　晴

晨散策。洪儿入城，不日北行，送之至牌楼口。阅姚振宗《艺文志条理》，补《窥管》数条，遂竟日。五时出散步。访原一。晚八时寝。○编局书，请译《淮南》及《小学述林》英、俄名。（天头：编审组书，出版组书。）

八月二十三日　癸巳七月十四日　日　晴

晨散策。访彭沛民、曾纪绶[1]，请其译书名。廖海廷、左开泉、李淑一及其子柳晓昂来。饭后小寝。阅《艺文志校理》，补《窥管》。王原一、谭戒甫来。晚八时寝。（天头：与郭沫若，编局书，易贞玉书。）

八月二十四日　癸巳七月望日　月　晴

晨散策。早点后访曾纪绶，取俄译名。访汪诒孙，谈戒甫事。

---

[1] 曾纪绶：时任湖南大学外文系教授，是年院系调整调入中南财经学院。

马宗霍来。读《艺志条理》，补《窥管》，遂竟日。饭后小寝。入浴。孙秉莹[1]来。晚周秉钧来。八时寝。（天头：复编局［译名、序］，复范，复易，与豫。）

八月二十五日　癸巳七月十六日　火　晴

晨散策，便访谭戒甫，告以汪意。读《艺文志条理》，补《窥管》，遂竟日。饭后小寝。入浴。晚王原一来。八时寝。

八月二十六日　癸巳七月十七日　水　晴

晨散策。王疏安、汪怡孙来。看《读书脞录》，遂竟日。饭后小寝。入浴。方则之来。晚八时寝。○莉君入城送信，闻洪明日离湘。（天头：嘉书，方恪斋书，与楚中元。）

八月二十七日　癸巳七月十八日　木　晴

晨散策。童国禧来。阅《读书脞录》。洪儿来山取汇款，定今晚去上海。饭后小寝。入浴。晚八时寝。（天头：编局书，复方。）

八月二十八日　癸巳七月十九日　金　晴

晨散策。记《艺志窥管》一条（及孔氏），订《补注》误说。饭后小寝。校《小学述林》十叶。出游，过至善村。晚八时寝。（天头：艺文书，《小述》二卷校样。）

八月二十九日　癸巳七月二十日　土　晴

晨四时半起床，校《小学述林》十叶。以当入城，未散策。七时趁车入市，到省府访张孟旭，不值。到文史馆，知新到干部为吴立卿女士，稻田[2]同学也。与方、杨略谈，偕蕴三看肖聃，已神志不

---

[1]孙秉莹（1917—1995）：河南郑州人。时任教于湖南大学历史系，是年院系调整调入湖南师范学院。他有《深切的怀念》一文纪念遇夫先生（《杨树达诞辰百周年纪念集》）。

[2]稻田：即湖南第一女子师范；因坐落于古稻田，又称"稻田师范"。遇夫先生辛亥后至1920年间曾任教于此。

清,时作呻吟之声,为之惨沮。邀郭人俊偕游烈士公园,饮茶,食新莲。出园,进米粉。三时返山。入浴。校《述林》二卷讫。晚八时寝。○彭祖智夫妇来。

八月三十日　癸巳七月二十一日　日　晴

晨散策。早点后出访王疏安,告以肖聃病状。彭沛民来。庆儿来山。刘实君来,见示宋刻王与之《周礼订义》一册(七十九、八十卷),乃天禄琳琅旧藏,册首有"五福五代堂古稀天子宝""八征耄念之宝""太上皇帝之宝"朱文三大方印。首叶有"天禄继鉴"小朱文方印及"乾隆御览之宝"朱文椭圆印。外有"众异臧书"朱文方印。知曾为汉奸梁鸿志所有。实君云,本为一邵姓所有,得之沈阳,此次乃土改时得之乡间。仅存四册,外有宋刻之《临川集》一部,已不可踪迹矣。饭后客去,小寝。阅《艺志条理》,补《窥管》。晚八时寝。○《读书脞录》阅讫,此书昔年孙蜀丞见赠,有邵次公、吴检斋[1]批语。(天头:与艺文[《小述》二卷初]。)

八月三十一日　癸巳七月二十二日　月　晴

晨散策。阅《艺志条理》,补《窥管》。饭后小寝。作信送邮。到书库翻阅《萝摩亭札记》。晚八时寝。(天头:刘实君书,与李达:介刘。)

九月

九月一日　癸巳七月二十三日　火　晴

晨散策。雷伯涵送讲义来。王疏安来。阅《艺志条理》,补

---

[1] 孙蜀丞、邵次公、吴检斋:即孙人和、邵瑞彭、吴承仕,三人皆为遇夫先生1920—1930年代北京思辨社旧友。

《窥管》,遂竟日。饭后小寝。葛德淦、龙谷瑞来。晚八时寝。○
入浴。(天头:复刘。)

九月二日　癸巳七月二十四日　水　晴　雨

　　晨散策。取补《窥管·表》《地志》入清本。饭后小寝。阅
《艺志条理》,补《窥管》。杨蕴三来,知肖聃于三十日逝世。年来
徐(绍周)、方(叔章)徂谢,今又继以肖聃,同辈知友尽矣,可胜浩
叹! 晚八时寝。(天头:易贞玉书,洪到沪片,与张孟旭。)

九月三日　癸巳七月二十五日　木　雨

　　晨散策。到图书馆钞书一段:《艺志》,用王国维"史籀"说
也。阅《艺志条理》,补《窥管》。饭后小寝。入浴。五时,送
李信与疏安。晚七时寝。(天头:与张孟旭:介易,李淑一告
父丧。)

九月四日　癸巳七月二十六日　金　阴

　　晨散策。偕毅答访彭祖智夫妇。在皮名举、李祜处小坐。
归,阅《艺志条理》,补《窥管》。饭后小寝。作信。晚八时寝。○
郭沫若寄郭若愚①《殷契拾掇二编》来,卷中有且丁配妣戊、祖乙
配妣庚。郭意在订正余说也。《甲文说》云交编译局处理,于是余
书出版者有四种矣。(天头:郭沫若书,刘梦雪书,商务股务、编审
二书,唁李,复刘,复商务,与洪。)

九月五日　癸巳七月二十七日　土　阴

　　晨散策。到一院取薪储款。阅《艺志条理》,补《窥管》。饭后小
寝。晚七时寝。○《管子·内业》"理承毛泄"当为"理蒸毛泄"。

九月六日　癸巳七月二十八日　日　阴　小雨

　　晨作信。出,散策。早点后偕毅携新孙趁车入市,步到黄兴

①郭若愚(1921—2012):上海人。光华大学毕业,文博专家。胡厚宣先生1954年6月
　22日写给遇夫先生的信中说:"所云郭某,乃上海文化局一职员,其人勤于拓墨。"

路购物；大华楼进蒸饺、脑卷；趁车到局后街访本善族侄，留午饭；饭后小寝；二时游烈士公园，茶坐饮茶，五时出园；六时返山。彭祖智、易淡如来。晚八时寝。（天头：与嘉。）

九月七日　癸巳七月二十九日　月　雨

晨散策。周秉钧来。作信。午以倦，小寝。饭后阅《艺志条理》，补《窥管》。晚王原一来谈。八时半寝。（天头：杨蕴三书，豫书，李达书，与商务股务。）

九月八日　癸巳八月初一日　火　雨　白露

晨散策。阅《艺志条理》，补《窥管》，遂竟日。午小寝。五时汪怡孙来，云组织希望余写一文字谈院系调整事，诺之。晚八时寝。（天头：与刘虚，与庆。）

九月九日　癸巳八月初二日　水　雨

晨散策。草谈院系调整文字。李淑一来，留午饭。小寝。草复郭沫若书，以郭若愚书所谓且丁乃武丁，非且丁也。晚龙谷瑞来。彭耀文来。九时寝。○到书库查书。视王疏安疾。

九月十日　癸巳八月初三日　木　雨

晨散策。龙谷瑞、谭锡缵、罗仲言来。午宴彭祖智、谭戒甫两夫妇于合作社。归，小寝。阅《艺志条理》，补《窥管》。晚八时寝。○《淮南证闻》出版，科院寄十册来，墨色浅淡。科院办事人之疏忽如此！访汪怡孙，交文稿。姚薇元处小坐。访方、王。入浴。（天头：《淮证》十册，刘虚书，与编局，与田个石，与李达。）

九月十一日　癸巳八月初四日　金　雨

晨散策。作复郭书，告以郭若愚书之误认。饭后小寝。整理《窥管·艺文志》补稿。五时到邮局寄还郭书。晚七时半寝。（天头：复郭沫若，与方、杨，方恪斋书，洪一书一片，与彭葛怀片。）

九月十二日　癸巳八月初五日　土　晴

晨散策。以《艺志窥管》补稿入清本。饭后小寝。阅《条理》,补《窥管》。五时出,到雷敢处小坐。晚八时寝。(天头:与徐中舒,陶先瑜书,与编局,《述林》三卷初样,楚中元书。)

九月十三日　癸巳八月初六日　日　晴

晨散策。王原一、王疏安来。校《小学述林》第三卷初次样张,遂竟日,得十二面。饭后小寝。舜芝来山,示洪与渠书——提出分居之说,只得慰之。陈老人(天和尊人)[1]来。晚七时寝。

九月十四日　癸巳八月初七日　月　晴

晨散策。校《述林》第三卷讫。饭后小寝。送邮件。访张秀勤、何竹淇。以倦,不事事。晚七时半寝。○告顾,"王姜"犹云"周姜",以"王人"为证。(天头:与洪及顾颉刚[2][汇五十万,一次]。)

九月十五日　癸巳八月初八日　火　晴

晨散策。作信。彭燕郊[3]来,商院调文字。午胡有猷[4]来。饭后小寝。阅《艺志条理》,补《窥管》。何竹淇来。晚七时寝。(天头:与孙蜀丞,与艺文局,嘉书。)

九月十六日　癸巳八月初九日　水　晴

晨散策。龙谷瑞、谭文炳[5]来。郑传中由上海来访。饭后小

---

[1]陈老人:抗日烈士、飞行员陈怀民的父亲。
[2]与洪及顾颉刚:写信给杨德洪和顾颉刚。
[3]彭燕郊(1920—2008):原名陈德矩,福建莆田人。"七月派"代表诗人。时任湖南大学中文系副教授。
[4]胡有猷(1914—1987):湖南益阳人。胡林翼的曾孙。有子胡渐逵,女胡遂。
[5]谭文炳(1903—？):湖南衡山人。1953年院系调整后由湖南大学调湖南师范学院物理系任教授,直到退休。

寝。阅《金文馀说》，校误字。阅《艺志条理》，补《窥管》。出，访孙秉莹，不值。晚八时寝。（天头：与编局，与徐特老。）

九月十七日　癸巳八月初十日　木　晴

晨散策。李淑一来，留早点。王疏安来。谭戒甫来，约明日午饭；与谈文字学。校《金文馀说》。饭后小寝。阅《艺志条理》，补《窥管》。周秉钧来，言戒甫对余文字学极表赞佩。出，理发。答访梁希杰，不值。陈老人处小坐。晚八时寝。○答访谭文炳。（天头：骧书，商务编部书。）

九月十八日　癸巳八月十一日　金　晴

晨散策。校《金文馀说》竟日，遂讫业。删汰合并，得文七十一篇。午到合作社应戒甫约饭。五时出，看至善村新筑。晚七时寝。（天头：田个石复，刘虚书，复刘。）

九月十九日　癸巳八月十二日　土　阴

晨散策。记《金文馀说》各篇要点。饭后小寝。草《馀说·自序》，未讫。晚王正本、左开泉来。庆儿归。八时寝。○刘子中来。（天头：彭葛怀书，复彭寄书，省府书，与方、杨、吴。）

九月二十日　癸巳八月十三日　日　雨

晨散策。草《馀说·自序》，连合"鬲、瓹、鬳""匕、妣、𤯔""各、䢚、徦""宫、𡧍、窖""㸒、㸬、𡝩、令""甬、銿、鐘"六例，说文字之发展，及形声字之起源，颇为精湛。饭后小寝。汪诒孙、姚薇元来。晚八时寝。（天头：商务书，洪书。）

九月二十一日　癸巳八月十四日　月　阴

晨散策。清写《馀说·自序》，未讫。马宗霍来。饭后小寝。五时出，送信。晚刘湘生来。八时寝。○编局书告，《淮南》稿费千四百馀万元。（天头：与骧，与洪，编局书。）

九月二十二日　癸巳中秋节　火　晴

晨散策。访汪。清写《金文馀说·自序》,讫。马宗霍、王原一、龙谷瑞来。饭后小寝。六时出散步。晚八时寝。(天头:科汇单,庆书。)

九月二十三日　癸巳八月十六日　水　晴　秋分

晨散策。早点后银行取稿费。胜利斋小组学习会,午散。饭后小寝。订《甲文馀说》为一册,诸文皆可存。郭沫若谓,当汰去出版。既由彼掌握,无法抗之,余当别印行之。五时出,访马宗霍、刘湘生,皆不遇。彭祖智室小坐。周秉钧来。晚七时寝。○郭来书,示㞢、㞢用于一版之例。"匕戊""匕庚"坚持郭若愚之说。云董某[1]妄人,其说未可尽信。记《卜辞通纂》曾言读董《断代研究例》拍案叫绝,今乃斥为妄人,鼎堂真妙人哉! 吴立卿书告,九月补馆员三人,为舒国华[2](溆浦)、吴良愧[3](慈利)、吴鸣岗[4](长沙)。(天头:郭沫若书,吴立卿书,与商务股务股[寄股票]。)

九月二十四日　癸巳八月十七日　木　晴

晨散策。何利生、汪怡孙,高敏、周学舜二生来。饭后小寝。文昌阁出席文教、社会二院坐谈会,四时半未终会,归,以倦故。出访龙谷瑞,视其妻病。晚七时半寝。夜寐多梦,不安。(天头:李淑一书,易贞玉书。)

九月二十五日　癸巳八月十八日　金　晴

晨以倦,未散策。覆阅《馀说·自序》,订入册中,寄科学院。峻侄来辞,后日入京。导峻访向志明,同游爱晚亭。饭后小寝。

[1]董某:即董作宾。
[2]舒国华(1886—1959):湖南溆浦人。1920年代曾任湖南省立第二女子师范校长。
[3]吴良愧(1881—1965):湖南慈利人。与林伯渠、杜心五友善。
[4]吴鸣岗(1889—1969):湖南长沙人。早期共产党员,1927年前后任教湖南第三师范时,曾任妇女运动讲习所所长。

二时半再到亭，列席史系诸生话别会，五时归。晚七时半寝。（天头：与编局［寄《馀说》］。）

九月二十六日　癸巳八月十九日　土　晴

晨散策。检《说文》，除鬲、甗、鬵外，得兒、貌、貊、互、簹、簠、舀、搯、抗、皖三例，合前例，得九例矣。饭后小寝。校《述林》十八叶。晚五时大操坪会餐。彭夫妇来。八时寝。（天头：复易贞玉，《述林》四卷初样。）

九月二十七日　癸巳八月二十日　日　晴

晨散策。校《述林》十八叶。何竹淇来。饭后小寝。补《金馀·自序》材料，送廖处抄写。写调整后所感。晚八时寝。○廖书极赞《金文说》之美，而不以"盘庚说"为然。（天头：编局书，廖海廷书，洪书，方恪斋书。）

九月二十八日　癸巳八月二十一日　月　晴

晨散策。校《述林》四卷十九叶讫。饭后小寝。作信。彭夫妇来约明日午饭。谭绪缵来，云史系送别宴亦定于明午。晚七时半寝。（天头：与洪，与出版局，与艺文［《述》四初］。）

九月二十九日　癸巳八月二十二日　火　晴

晨散策。王疏安来。银行取款。午汪诒孙、姚薇元来，同赴合作社公饯汪、姚、何三君。归小寝。阅《艺志条理》，补《窥管》一条。王平默来。晚八时寝。○于思泊书言：《淮南证闻》旁征博引，辨证精核，兄与王、俞鼎足而三，当在王之次，俞之上。海内知己非省吾莫属云。（天头：于思泊书，张外舅书，与娴［二十万］。）

九月三十日　癸巳八月二十三日　水　晴

晨散策。八时自皋亭趁校车至轮渡，乘迎车到交际处出席坐谈会，留午饭。饭后小寝。步到省府晤张孟旭，谈副馆长事。到文史馆与吴立卿少谈。访陈书农，小坐。返山，知新孙病甚，当入湘雅。到麓山门站交十五万元与毅。晚八时寝。（天头：洪书。）

十月

十月一日　癸巳八月二十四日　木　晴

　　晨散策。国庆无仪式。姚薇元来辞行。舜芝、文玄夫妇来山，饭后去。小寝。出访汪怡孙、姚薇元、侯厚吉，送行。姚处小坐。罗仲言来辞行。出，答罗送行，不遇。晚李吟秋[1]夫妇来，清华旧制毕业，从昆明云大来任土建专校教授，曾读余《周易古义》，河北籍。彭师勤[2]夫妇来辞行。八时半寝。〇胡妈归，知新孙热退，大慰。

十月二日　癸巳八月二十五日　金　晴

　　晨，以昨夜客久谈，疲倦，起迟。出门将送去武大诸君之行，则车已发矣，遂散策。粘贴来札为《鳞鸿集》——前名"缟紵集"，今易名。饭后小寝。阅《艺志条理》，补《窥管》。陈书农来。徐戊舟、危克安来。六时出散策。晚七时寝。〇编局书告《甲文说》将付铅印。孙书言，著书稿多被人窃去，波及陶鸿庆之《诸子札记》。今可有成者：《左氏义例》《春秋朔闰中节表》《文选卮言》三种而已。今方读《通鉴补证》《困学纪闻》以遣日。又言《淮南证闻》精绝处，虽王石臞不能过。此过誉也。（天头：孙蜀丞书，编局二书。）

---

[1]李吟秋（1900—1983）：原名李绪西，河北迁安人。铁道工程专家，是年8月院系调整，由云南大学调入中南土木建筑学院任铁道运输系教授。
[2]彭师勤（1901—1979）：湖南茶陵人。是年院系调整由湖南大学调任中南财经学院经济贸易系教授。

十月三日　癸巳八月二十六日　土　雨

晨散策。阅《艺志条理》,补《窥管》。午小寝。校《卜辞琐记》。廖海廷、王原一、疏安、彭祖智来。送文稿与廖。晚七时寝。(天头:与程、金及张孟旭,复编局,复于思泊,嘉二日书,与文史馆。)

十月四日　癸巳八月二十七日　日　雨

晨散策。校《卜辞琐记》。尹景瑚来。饭后小寝。阅《艺志条理》。王疏安来,以所撰《李肖聃墓志》见商。晚彭沛民来辞。八时寝。(天头:毅二日书,纯三日片,《述林》五卷初。)

十月五日　癸巳八月二十八日　月　雨

晨散策,便送彭沛民行。补《卜辞琐记》。校《小学述林》五卷初样,遂竟日。饭后小寝。遣沈莉君赴联合医院。胡妈归。晚八时寝。○吴立卿告馆员新补三人:杨景辉[1]、刘况[2]、李宇青[3]。(天头:毅书,郭人俊、吴立卿书,复毅。)

十月六日　癸巳八月二十九日　火　雨

晨散策。作信。校《小学述林》竟日。饭后小寝。晚八时寝。(天头:复张外舅,与洪。)

十月七日　癸巳八月三十日　水　晴

晨散策。校《小学述林》,补加旁字材料。师专生介南昌大学同学四人来。饭后小寝。师专女生二人来,告开晚会,辞不去。晚八时寝。○"加形旁犯重复"可析为三类:一同字,二同义,三义类。(天头:艺文书,毅书。)

---

[1] 杨景辉(1886—1966):湖南长沙人。1930年代曾在湖南全面推广优良水稻品种。1953年后任湖南文史研究馆馆员。

[2] 刘况(1884—1961):湖南湘阴人。1953年任职于湖南工业试验所,1954年改任湖南文史研究馆馆员。

[3] 李宇青:当即1954年2月7日日记中的"馆员九十三老人李芋青"。

十月八日　癸巳九月初一日　木　晴　寒露

晨散策。增补加旁字材料竟日。饭后小寝。王疏安来。彭耀文来。雷伯涵来，谈功课事。晚王原一、周秉钧来。八时寝。○候龙病。（天头：与豫，复毅，与陈援安，寄九衣[1]，再与毅，寄《述林》五卷校样。）

十月九日　癸巳九月初二日　金　晴

晨散策，便访孙秉莹谈功课、房屋事。渡湘入市看新孙病，少坐。车到小桃源进蒸饺。购皮鞋一双，求卫生裤大者不得，遂返山。小寝。晚七时寝。（天头：毅书，易贞玉书，洪书。）

十月十日　癸巳九月初三日　土　晴

晨散策。覆阅《卜辞琐记》，投《考古学报》。彭葛怀由桂林归，来访。饭后小寝。在商务出版各书，商务已不再印行，因取《国文法》《词诠》《文通刊误》《汉婚丧考》《句读释例》五种寄科学院请审查。熊雨生[2]由南昌来访，别七年矣。到桃源村。晚七时寝。（天头：编局书，与考古所，与编局［寄书五种］，与洪。）

十月十一日　癸巳九月初四日　日　晴

晨散策。作信。访王疏安，不遇。江之泳处小坐。看余炽昌[3]。饭后小寝。阅《艺志条理》，补《窥管》。出，答访熊雨生。晚七时半寝。（天头：毅十日书，与籽老及程、唐，与艺文局。）

十月十二日　癸巳九月初五日　月　晴　雨

晨散策。阅《艺志条理》，补《窥管》。饭后小寝。三时出，答

---

①寄九衣：给杨德嘉（九儿）寄衣服。
②熊雨生：即熊正理（1893—1983），江西南昌人。曾常与遇夫先生在五溪诗社唱和。是年院系调整由湖南大学物理系调任湖南师范学院。
③余炽昌（1899—1977）：浙江绍兴人。是年院系调整由武汉大学工学院调任中南土木建筑学院。

访尹景瑚,少谈。答访向玉阶,以赴广州不遇。贺彭祖智迁居,与易澹如少谈,同到彭沛民故居一看,以余可能迁此也。新孙三十日入联合医院,今日归,已肥硕如故矣,殊可喜。晚八时寝。○孙秉莹来,告迁房事。王疏安、张秀勤来。出版署书告《修辞学》版权发还,可另出版。徐书征文字改革意见。(天头:徐特老书,骧汉口书,商务书,出版署书,编局片,舜芝书,久坚书,《小述》六卷初,复商务,与来薰。)

十月十三日　癸巳九月初六日　火　雨

　　晨散策。校《小学述林》第六卷,得二十纸。饭后小寝。晚八时寝。○《说文》"愷"训"起",与从"心"不合,疑当训"好"。《孟子》"畜君",假为"愷"。(天头:与洪,复舜芝,徐寄还《修辞学》,与坚、娴[汇款]。)

十月十四日　癸巳九月初七日　水　雨

　　晨以倦,未出。校《述林》六卷竟日,凡校三十四纸,讫,付去。饭后小寝。晚七时半寝。○刻木戳"校样纸要白,墨要黑"八字用之。(天头:洪书,寄《述林》六卷初校样。)

十月十五日　癸巳九月初八日　木　阴

　　晨散策。校《修辞学》,增补材料,遂竟日。饭后小寝。晚七时半寝。(天头:复洪,与出版署。)

十月十六日　癸巳重阳日　金　阴

　　晨散策。校《修辞学》竟日。饭后小寝。四时出,到出版科问讲义事;访王疏安,小坐。晚八时寝。○张书告,程、金同意余建议,聘曹籽老文史副馆长,此事可喜。《修辞》加道韫(《咏絮》)。(天头:张孟旭书,洪书,贺曹翁。)

十月十七日　癸巳九月初十日　土　阴

　　晨散策。校《修辞学》竟日。饭后小寝。二时出,理发。五时王原一来谈。晚七时寝。(天头：曹翁复。)

十月十八日　癸巳九月十一日　日　晴

晨散策。昔年读《左传疏》,有涉修辞者,曾记于眉端;今日检出,录入《修辞学》,多妙义也。彭耀文来。余炽昌来,言唐景崇[1]是其母舅,所著《唐书》未及完成。余兄荣昌[2]曾为刻十馀册;事在民廿四、五年,当函觅赠余云。饭后小寝。校《修辞》。方则之来。龙叟来。晚八时寝。〇舜芝来,为作书与军医院[3]。(天头：艺文书,来薰复,舜芝书。)

十月十九日　癸巳九月十二日　月　雨

晨散策。阅黄生《义府》,颇有胜义。饭后小寝。校《修辞学》。晚八时寝。(天头：姚薇元书,与洪。)

十月二十日　癸巳九月十三日　火　晴

晨散策。八时渡湘入市,贺曹籽老,谈馆事。到文史馆小坐,遇陈书农,邀往午饭,遂返山。庆儿归。补《修辞学》。晚七时寝。〇徐书谓淮伯鼎为伪器,恐不然。(天头：徐中舒书,谭戒甫书,纯书。)

十月二十一日　癸巳九月十四日　水　阴

晨散策。校补《修辞学》,遂竟日。饭后小寝。阅《义府》。晚八时寝。〇"吴鄙人云则不辞",初入《增益》,今思之,改入《连及》,遂妥帖。(天头：复纯,复姚、谭。)

十月二十二日　癸巳九月十五日　木　晴

晨散策。八时文昌阁听师范教育会议报告。补《修辞学》。

[1]唐景崇(1844—1914):字春卿,广西灌阳人。晚清官员。与胞兄景崧、胞弟景對先后中进士,入翰林。
[2]余荣昌(1882—1949):字载门,浙江绍兴人。法官、法学家。北洋政府大理院院长。他是中国民法学的开拓者。
[3]为作书与军医院:为王舜芝写信给军医院。王任163军医院护士长。

饭后小寝。到邮局。约熊、李明日午饭。晚八时寝。○雷敢来。
（天头：陈光崇书，寄《修辞学》。）

十月二十三日　癸巳九月十六日　金　晴

晨散策。作信。杨贻榖、锺佩箴来。午宴客于合作社（熊雨生、李吟秋、龙文蔚三夫妇，沈五太，张迪祥）。饭后小寝。校《述林》第七卷。晚七时寝。○草《甲文说》提要。（天头：艺文局书，洪十九书，与编局，与曹翁。）

十月二十四日　癸巳九月十七日　土　晴　霜降

晨散策。校《述林》第七卷讫。饭后小寝。四时到书库借书。邮局汇款。翻阅《礼记要义》。晚彭祖智夫妇来。八时寝。（与洪［汇款，第二次］，复艺文，寄《述》七初。）

十月二十五日　癸巳九月十八日　日　阴　雨

晨散策。习《左传疏》一卷（三十六卷）。庆儿昨晚来山，同游爱晚亭。饭后小寝。据《左传疏》录古词例学材料。晚七时半寝。

十月二十六日　癸巳九月十九日　月　雨

晨散策。作信告师院，暂不授课。录词例材料。读《左疏》半卷。饭后小寝。阅《艺志条理》，补《窥管》。魏猛克①、刘绥松②来。刘，清华同学也，任教武大。晚七时半寝。（天头：与师院，与曹翁，编局片，曹翁书，汪治孙书。）

十月二十七日　癸巳九月二十日　火　晴

晨散策。阅《艺志条理》，补《窥管》。王疏安来。饭后小寝。

---

① 魏猛克（1911—1984）：湖南长沙人。原为湖南大学中文系教授，院系调整后任湖南师院中文系教授。
② 刘绥松（1912—1969）：原名寿嵩，笔名宋漱流，湖北洪湖人。刘绥松1935年入清华大学中文系，是遇夫先生的学生。时任武汉大学中文系副教授。

习《左传疏》。刘同学来,劝余去武大。王原一来。晚八时寝。
(天头:庆书。)

十月二十八日　癸巳九月二十一日　水　晴

　　晨散策。阅《艺志条理》,补《窥管》。答访刘绶松,不遇。答
访魏猛克,遇绶松。到一院,今日师范学院成立,程颂公、萧敏颂[1]
来院,余陪谈一刻。院招待午饭。归,小寝。读《左疏》半卷。出
访王疏安、方则之,略谈。晚彭耀文来。七时半寝。(天头:洪廿
五书,商务股务书,舜芝书,曹翁书,复汪,复陈光崇,与舜芝,何竹
淇书。)

十月二十九日　癸巳九月二十二日　木　雨

　　晨散策。皮名举来。孙秉莹、雷敢来谈功课事。阅《艺志条
理》,补《窥管》。饭后小寝。习《左传疏》三十七卷讫。晚八时
寝。〇六儿书告,在京见峻侄,云京中人决定邀余入京工作,任
研究指导,培养新进云云。惜不知其详也。(天头:舜芝书,文玄
书。)

十月三十日　癸巳九月二十三日　金　雨

　　晨散策。阅《艺志条理》,补《窥管》。饭后小寝。习《左传
疏》。龙叟、葛德淦、蔡伏三来。晚七时半寝。(天头:与文玄,与
峻侄,与孙秉莹,罗中言书。)

十月三十一日　癸巳九月二十四日　土　雨

　　晨散策。阅《艺志条理》,补《窥管》。饭后小寝。孙秉莹来。
皮名举来。孙对余助教师研究甲文事表示感谢,并言,先生不必
以不授课而支薪介意,积学者贡献研究,同一有裨于文化,不应与
寻常人一例;如研究上有何需要,学校当尽力支援;寒假后容可派

---

[1]萧敏颂(1914—1957):湖南湘潭人。抗战期间曾任湖南大学副教授。与遇夫先生同
　为湖南民盟成员。

一助教相助云云。余云，甚感学校此种厚意，以后当努力从事研究，答此盛意；助教如有困难，甚望派一写手，买书事亦望校方相助云。马宗霍来。葛德淦来。习《左传疏》。阅管燮初《甲骨语法研究》。晚七时半寝。（天头：与庄侄，孙复。）

十一月

十一月一日　癸巳九月二十五日　日　雨

晨散策。阅《艺志条理》，补《窥管》。史系助教田博文[1]来。涂西畴来，言苏联教授不一定上课，请勿介意。遇老在此，足为多士楷模，其作用不必在上课。其言甚大，余不能当也。饭后小寝。习《左传疏》。晚七时半寝。○纯女归，闻清香老屋已有人承受[2]，价三千六百万元云。余家保守此屋四十年也。（天头：毅与训老。）

十一月二日　癸巳九月二十六日　月　阴

晨散策。阅《艺志条理》，补《窥管》。饭后小寝。习《左传疏》。四时出游，遇雷敢，同访皮名举、谭绪缵，不遇。晚八时寝。○文玄复书云，《历史研究》事由毛主席发起，郭沫若提名。余名已被提出。峻侄闻之张勃川云。（天头：与舅氏，与洪，文玄书，编局书。）

十一月三日　癸巳九月二十七日　火　阴

晨散策。作信。阅《艺志条理》讫，取补说粘入《窥管》。饭后小寝。孙秉莹来。习《左传疏》。方则之、陈愻涛[3]来。到邮局。

---

[1] 田博文：湖南大学、湖南师院历史系古代史教研室教师。
[2] 清香老屋已有人承受：家父二十几年前曾往此处走访，此时老屋拥有者为劳九芝堂后人劳医师。因其已出国，未能见面。
[3] 陈愻涛：长沙明德中学语文教师，遇夫先生多年老友。

晚八时寝。（天头：复罗中言，复何利生，与骧，出版署书，豫书，与洪片。）

十一月四日　癸巳九月二十八日　水　晴　阴

晨散策。补《"不我能慉"解》，谓"慉"从"心"，当训"好"，与"恶"字同。《孟子》《吕览》之"畜"乃假为"慉"。许训"慉"为"起"，与从"心"意无涉。并前补《"造舟为梁"解》寄艺文。粘补说入《窥管》。彭耀文来。饭后小寝。习《左氏疏》。晏子谓"屦贱踊贵"，又云"山木如市，不加于山；鱼盐蜃蛤，不加于海"，知其居必近市者，为知物价也。齐有鱼盐之富，故其政治家如管、如晏，皆注意经济如此。而"山木如市"四语，又可知陈氏治齐，对于物资流通政策之实施有效矣。谭文炳、刘垂萱[1]来。晚八时寝。（天头：与艺文，舜芝书，纯书，庄书，与庆款。）

十一月五日　癸巳九月二十九日　木　雨

晨散策。补粘《汉书窥管》材料。习《晏子》。饭后小寝。习《左氏疏》。晚七时半寝。（天头：与大太太，与舜芝。）

十一月六日　癸巳九月三十日　金　雨

晨散策。粘《艺文志》补说于《窥管》，讫。饭后小寝。田、彭二助教来，谈讲金文事。习《左传疏》。晚七时半寝。○访雷敢，同雷访孙秉莹，为刘垂萱事也。峻侄书言，中央恐学术传统中断，故邀请历史语言学者入京从事研究。事由郭沫若主持。据峻所知，见邀者除余外，尚有陈寅恪、顾颉刚云。为学术计，此事至可喜，不关个人也。（天头：伯峻书。）

十一月七日　癸巳十月初一日　土　雨

晨散策。阅《汉书辨疑》，所校毛本《汉书》误字，据此以校景

[1] 刘垂萱：1927年毕业于北京师范大学史地系，时任教于湖南师范学院。

祐本也。饭后小寝。习《左传疏》。作信。晚八时寝。（天头：与坚、娴，与豫。）

十一月八日　癸巳十月初二日　日　雨　立冬

晨散策。校景祐本《汉书》。饭后小寝。习《左传疏》。唐寅陔来诊毅嗽，唐云毅病颇重。魏东明夫妇①、戴鸣钟②来。魏即杨戊生，清华国文系同学，今为中南土建学院副院长。晚八时寝。○洪就上海百货公司会计职，计九月初到沪，已二月矣。（天头：洪书。）

十一月九日　癸巳十月初三日　月　雨

晨散策。习《左氏传疏》，遂竟日。饭后小寝。罗琪、简伯涵来。龙谷瑞为余购物来。晚八时寝。○送舜芝十二万元运洪行李。《光明日报》载陆咏沂③《长沙出土楚镜研究》，谓"工"字为古"矩"字，与余说同。因取《释工篇》寄之，并告以公伐徐钟为伪器。（天头：姚薇元书，庆书，与舜芝，与陆懋德。）

十一月十日　癸巳十月初四日　火　阴　雨

晨散策。作信。校景祐本《汉书》。彭耀文来。饭后小寝。习《左传疏》，录词例。雷伯涵、田博文、孙秉莹、王原一来。晚八时寝。（天头：与庆，与编局，与洪，沪新华书，再与洪。）

十一月十一日　癸巳十月初五日　水　晴　雨

晨散策。校景祐本《汉书》。王疏安来。饭后小寝。习《左传疏》，钞词例数条。出访田博文、戴总务④，俱不遇。晚七时寝。

---

① 魏东明夫妇：即魏东明、梁再。魏东明（1915—1982），原名杨戊生，浙江绍兴人。1934年入清华大学文学院，是遇夫先生的学生。时任新筹建的中南土木建筑学院副院长。李蟠《岳麓学人轶事》中有专章介绍魏东明夫妇。

② 戴鸣钟（1914—2007）：江苏甪直人。时任中南土木建筑学院教授、总务长。

③ 陆咏沂：即陆懋德（1888—1961），山东历城人。中国现代法学的开创者之一。时任北京师范大学教授。

④ 戴总务：即戴鸣钟。

十一月十二日　癸巳十月初六日　木　雨

　　晨散策。校景祐《汉书》。饭后小寝。习《左传疏》。晚七时半寝。〇唐医、龙叟来。

十一月十三日　癸巳十月初七日　金　晴

　　晨散策。校景祐《汉书》。饭后小寝。习《左氏疏》。出,到一院访马宗霍,不遇,与周秉钧谈。晚八时寝。(天头:舜芝书,《述林》二校稿。)

十一月十四日　癸巳十月初八日　土　晴

　　晨散策。校《述林》二校。林萍乡[①]来。饭后寝,不成寐。一时趁车入市到舅氏千总巷新寓;到老屋少坐;到文史馆与吴立卿略谈;访曹籽翁,五时半偕曹步至交际处应程、唐二公饯别金(明)、袁(任远)之宴。席间程致辞,并希望余与曹说话。余不得已举金政委争文史馆名额事,致佩仰之意。遇新政委周小舟,乃师大同学云,曾听余修辞学。金君以车送余至老屋。九时寝。(天头:考古所书。)

十一月十五日　癸巳十月初九日　日　雨

　　晨,老屋进肉包三枚,出门雇车到坡子街,买油布伞一柄。昨入市未携雨具,今日又雨故也。买胶丸、茶叶。十时返山。廖海廷来,见示读余《金文说》意见三条。其一谓杞白每夻为杞伯匃可商。此文余本拟削去,竟未及削,宜海廷之致疑也。海廷谓《馀说》尤精于前说,颇中肯。饭后小寝。校《述林》。访戴守信,戴旋来。晚六时半寝。(天头:与舜芝,洪书。)

十一月十六日　癸巳十月初十日　月　晴

　　晨散策。作信与洪。校《述林》。昨日中午用面,夜中未久

---

①林萍乡:即林增平(1923—1992),江西萍乡人。1947年毕业于中正大学历史系。是年院系调整由南昌大学调任湖南师范学院。

醒,故今日午亦进麦条。盖余胃已渐不如前,麦消化视稻为易也。柳午亭[1]、黄新彦、方恪斋来,陪客游爱晚亭。黄方登山,余陪柳到一院及图书馆。五时客去。余小寝。晚七时半寝。(天头:复洪[汇款,三次]。)

十一月十七日　癸巳十月十一日　火　雨

晨散策。校《小学述林》。饭后小寝。江同学来,为作曹信。易岳云来。三时到二舍为同事讲金文《沂白毁》。晚七时寝。(天头:与夏竹铭[2],叶定侯[3]书,与籽老。)

十一月十八日　癸巳十月十二日　水　晴

晨散策。校《小学述林》,遂竟日。饭后小寝。四时出,答访魏东明,不遇。理发。晚马宗霍来谈。七时半寝。(天头:洪书,语言所书。)

十一月十九日　癸巳十月十三日　木　晴

晨散策。作信。校《述林》第五卷,未讫。饭后小寝。五时出,至龙谷瑞处少坐。晚八时寝。○编局书告,《甲文说》今年不能付排。(天头:编局书,复姚薇元,复叶。)

十一月二十日　癸巳十月十四日　金　晴

晨散策。习《左氏疏》。林增平来取登记表。饭后小寝。校《述林》第六卷。晚七时寝。○王疏安来。(天头:舜芝书。)

十一月二十一日　癸巳十月十五日　土　晴

晨散策。校《述林》。王启湘夫妇来,留午饭。小寝。习《左传疏》。五时出散步。疏安处少坐。晚七时寝。(天头:复舜芝。)

---

①柳午亭:即柳大谧(1877—1957),湖南长沙人。柳直荀的父亲,李肖聃的儿女亲家,李淑一的公公。知新学会会员。

②夏竹铭:即夏鼐(1910—1985),字作铭,浙江温州人。著名考古学家、历史学家。

③叶定侯:藏书家。叶德辉之弟叶德炯的儿子,叶启发的二兄。《积微翁回忆录》1945年11月4日:"访叶定侯,观所藏书。"

十一月二十二日　癸巳十月十六日　日　晴　小雪

晨散策。校《述林》六、七卷。饭后小寝。向子珅来。五时出门，答访向玉阶、易岳云。过李祜家一看。晚七时寝。（天头：陆懋德复。）

十一月二十三日　癸巳十月十七日　月　晴

晨散策。校《述林》第七卷二校讫，送邮局。银行取款。答访林增平。归，洗足。唐寅陔生日，邀午饭，赴之。归，小寝。清理书案。王原一来。晚七时半寝。（天头：与彭慧，寄《述林》二校。）

十一月二十四日　癸巳十月十八日　火　晴　雨

晨散策。清北屋书三箱。加《释同篇》材料，寄艺文局。饭后小寝。萧礼衡、刘通叔、陈介石、柳敏泉、狄昂人、龚彬甫、杨韫三来，同到爱晚亭小坐。到屈祠讲金文《𥰠白殷》讫。晚七时半寝。（天头：与艺文，与编局，寄《馀说·序》，夏鼐书。）

十一月二十五日　癸巳十月十九日　火①　阴　晴

晨散策。访袁勋安。校景祐本《汉书》。饭后小寝。习《左氏疏》。王疏安来。晚八时寝。○午后袁勋安来，毅热已退矣。（天头：与洪，与方、吴，洪书。）

十一月二十六日　癸巳十月二十日　木　晴

晨散策。访戴守信。补《小学述林·自序》。校景祐《汉书》。饭后小寝。习《左传疏》。五时出，访田博文，不值。谭绪缵处小坐。晚七时半寝。○题《今桐乡遗爱图》云："爰有循吏，经生起家。薇垣展翼，颍川下车。首曰富之，民足桑麻。既富乃教，庠序无哗。父老归诚，多士咨嗟。惟此贤牧，悃愊无华。天不慭

---

①火：应为"水"，误记。

遗，甘棠失葩。迎丧负土，民尽侯芭。昔在扶桑，曾接光华。白头诵德，我词无夸。"（天头：刘公元书。）

十一月二十七日　　癸巳十月二十一日　　金　　晴

晨散策。校景祐《汉书·邹阳传》，"然则轲沉七族"，颜注本无"荆"字，宋祁说景祐本亦无，然今景印景祐本有"荆"字，且上下字较小，明出于剜补。然则今本不可尽信也。《内则》说生子之事云"作而自问之"，郑注："作，有感动。"按，长沙今言"发作"。饭后小寝。习《左氏疏》。五时，龙谷瑞来，偕出散步。晚七时半寝。〇谭绪缵来借款。访陈悆涛。（天头：骧书，庆书，与颂公［提刘］。）

十一月二十八日　　癸巳十月二十二日　　土　　晴

晨散策。校景祐《汉书》。饭后小寝。以景祐校记补入《窥管》。习《左氏疏》。王原一来谈。晚七时半寝。〇《论语》"不患寡而患不均，不患贫而患不安"，以下文"均无贫"一语核之，此二句"寡""贫"二字当互易。

十一月二十九日　　癸巳十月二十三日　　日　　晴

晨五时起，增加旁字"或""国"——前此脱漏也——寄艺文。六时半出散策。校景祐《汉书》。李吟秋夫妇来。饭后廖海廷来。小寝。习《左氏疏》。田博文送写件来。晚沈氏母女去。八时寝。（天头：纯廿二书，与艺文。）

十一月三十日　　癸巳十月二十四日　　月　　晴

晨散策。作信。校景祐《汉书》。饭后小寝。习《左氏疏》。王疏安、齐陶来。晚皮名举来。七时寝。（天头：复纯，复刘公元。）

十二月

十二月一日　癸巳十月二十五日　火　晴

晨作信。出散策。景祐《汉书》校讫，取校记粘入《窥管》。饭后小寝。三时出，讲金文。取《𣂪白𣪘》每字说之，诸君所希望也。晚七时寝。○觉人请借钱。（天头：张觉人书，娴书，纯书，与峻。）

十二月二日　癸巳十月二十六日　水　雨

晨散策。取《十志》校记入《窥管》。闻王原一翻病，往视之，小坐。饭后小寝。校《小学述林·自序》，增补材料。晚七时半寝，久不寐。（天头：复张，复陆咏沂，复特老。）

十二月三日　癸巳十月二十七日　木　雨

晨散策。整理《窥管》第三卷。饭后小寝。习《左氏疏》。晚李细[1]来，由宁乡归也。八时寝。

十二月四日　癸巳十月二十八日　金　雨

晨散策。续草《小学述林·序》。饭后小寝。粘景祐本校记入《窥管》。龙谷瑞来，为余购到托件。晚八时寝。○洪书表现个人利益服从集体之意，为之大慰！申业敬[2]来。（天头：洪卅书，大嫂二书。）

---

[1] 李细：即李惠慈，此时在"达诚书局"为大学装订讲义，后为师范学院传达室工人，由遇夫先生介绍给曾祖母表妹沈莉君为丈夫。沈莉君为沈明粹的四女儿。由宁乡归，即由宁乡向家塅沈家归来。次年，沈莉君诞一男，由遇夫先生取名"定萱"，以沈莉君多病之故。

[2] 申业敬（1922—1994）：湖南石门人，毕业于湖南大学外文系，历任石门县中校长、桃源师范学校教导主任、湖南师范学院讲师。不知申业敬与石门申悦庐有无关系，悦庐曾任石门中学校长。《东方早报》2015年5月28日刊有遇夫先生文《申悦庐先生六十生日序》，家父撰有说明。

十二月五日　癸巳十月二十九日　土　雨

晨散策。作信。一院领薪。答访李吟秋，出示所为旧诗，颇好。粘《汉书》校记，未讫。晚八时寝。（天头：复洪。）

十二月六日　癸巳十一月朔日　日　阴

晨以粘校记，未出散策。上午粘讫。饭后小寝。拟致编局书，申述审查《汉窥》意见书之意见，拟二次，尚须增改。晚八时寝。○《左传》云"归而饮至，以数军实"，《虢盘》"折首五百"二句，正所谓"数军实"也。"执讯五十"盖谓探兵，故只五十人。

十二月七日　癸巳十一月初二日　月　阴

晨散策。改订与编局关涉《汉窥》意见书。彭、田二助教来。饭后小寝。检《窥管》，欲删十一条，竟未见。晚八时寝。（天头：黄宗潽①书。）

十二月八日　癸巳十一月初三日　火　晴

晨散策。补《汉书窥管》四条。到银行取款，邮局汇款，寄书稿。饭后小寝。补《小学述林·自序》。豫备课业，二时半资料室讲金文一时。同事诸君要求讲文字，今日有豫备，故讲授颇佳。晚七时半寝。（天头：峻四日书，与编局：再寄《窥管》，与觉人汇款。）

十二月九日　癸巳十一月初四日　水　晴

晨散策。访蔡伏三问以事。用点后渡湘入市，解放路拍卖行购羊裘狐裘袍各一。小桃园进面。答访萧礼衡，少坐。过舜芝寓，不遇。返山，小寝。习《左氏疏》。晚七时半寝。（天头：嘉书，与籽老。）

十二月十日　癸巳十一月初五日　木　晴

晨散策。增补《小学述林·自序》。王疏安来。饭后小寝。

---

① 黄宗潽：辛亥后曾任湖南第一师范地理教师，与遇夫先生熟识。

送邮件。到龙宅量衣尺寸。看《甲骨语法》。彭耀文来。晚七时半寝。〇前日寄出《汉书窥管》,今日又了清《述林》文件,如释重负矣。(天头:与纯,寄《述林·自序》。)

十二月十一日　癸巳十一月初六日　金　晴

晨散策。到缝纫社及龙宅问布量,合作社买学生蓝二丈九尺,制羊皮过膝干部服(一丈四尺)及罩衣(一丈五)之用也。覆校《论语疏证》,删去自注多条,施标点,拟请审也。饭后小寝。陈愍涛来谈,云曾读余《文法》及《词诠》。五时到书库还书。送布到龙宅,以《疏证》托谷瑞标点。晚八时寝。(天头:籽老复,与杨蕴三。)

十二月十二日　癸巳十一月初七日　土　晴

晨散策。得籽老书,嘱入城商馆员年终救济费事,遂入市访曹。吴立卿亦来曹宅,留午饭。饭后偕到省府访张孟旭,请定办法。张主先定救济人数(三十到五十),发表问家庭情况及所知最困者,俟表到齐,开会研究决定。馆中少坐。与陈书农市上购物。四时返山。晚七时半寝。〇今日为先母孔太夫人生忌,不见音容已十八年,曷胜怆痛! (天头:复大嫂,籽老书,庆书。)

十二月十三日　癸巳十一月初八日　日　晴

晨散策。习《左传疏》。廖海廷来,见付《小学述林》序稿,并以孙仲容手札一通见赠(与童劭甫[①]者),留午饭。小寝。王原一、危克安、唐寅陔、邱有吾来。邱言苏联化学书引及《抱朴子》《参同契》及马和《平龙认》。马,明朝人,不知为何如人,《平龙认》亦不知为何书。晚八时寝。

---

① 童劭甫:即童兆容,温州道台。

十二月十四日　癸巳十一月初九日　月　晴

晨散策。龙谷瑞来，同到其家量衣。向伯翔[1]来，同访向玉阶，留午饭，二时归。小寝，不成寐。作信。晚七时半寝。（天头：编局书，杨蕴三书，与张孟旭，与籽老。）

十二月十五日　癸巳十一月初十日　火　阴　小雨

晨散策。看《宗周钟》后半截文字。午小寝。改廖海廷《述林·序》文字。以倦，金文研究缺席。晚七时半寝。

十二月十六日　癸巳十一月十一日　水　雨

晨晏起，未散策。作信答峻金甲文应读何书之问。《述林》三校校样来，校之，得百五十纸。晚七时半寝。（天头：与峻，复洪，《述林》三校样，洪书。）

十二月十七日　癸巳十一月十二日　木　阴

晨散策，投与洪信。校《述林》，遂竟日。饭后小寝。王疏安来。彭、田二助教来。晚八时寝。○彭慧问郭沫若余入京事。郭复书言科院成立上古史研究所，郭自兼所长，当请余入所从事研究，不日即成事实云。自十月末有此说，后消息杳然，心疑其容有变化，得此事乃确定无疑矣。（天头：与洪，与艺文，彭慧复。）

十二月十八日　癸巳十一月十三日　金　阴

晨散策。王疏安来。校《述林》竟日，得六十叶。饭后小寝。晚八时寝。

十二月十九日　癸巳十一月十四日　土　晴

晨散策。改廖《述林·序》。清检书籍。以《养知诗文集》赠王原一。饭后小寝。校《述林》，得七十叶。晚马宗霍来。八时寝。○沈五太来。陆咏沂书言，日本人考中国古史有佳著，望余

---

① 向伯翔：即向乃祺（1884—1954），湖南永顺人。毕业于早稻田大学政治经济系。1949年后任湖南大学政协常委，湖南省政府参事。

留意及之。此意极好！（天头：陆懋德书，与艺文。）

十二月二十日　癸巳十一月十五日　日　晴

晨散策。王疏安来。黄假我来。蒋固节[1]、薛涟夫妇来；萧礼衡、文运昌[2]来。萧邀余到戴桂蕊家午饭，闻舜芝来山，返寓。舜去后小寝，不成寐。校《述林》。出散步，过疏安寓。晚八时寝。〇觉人书述谢觉哉养生诀云："走路莫跑，吃饭莫饱，遇事莫恼，说话要少，睡觉要早，经常洗澡。"甚妙！余当力行之。（天头：觉人书，籽老书。）

十二月二十一日　癸巳十一月十六日　月　阴

晨散策。校《述林》竟日。方则之来。饭后小寝。晚七时半寝。（天头：豫书。）

十二月二十二日　癸巳十一月十七日　火　阴　冬至

晨五时半起，校《述林》。七时半趁车入城，九时抵文史馆出席年终津贴会议。馆员出席者十三人。午散，与吴立卿出，进面条。陈书农家小坐。二时续会，四时毕，返山。晚七时半寝。（天头：舅氏书，舜芝书。）

十二月二十三日　癸巳十一月十八日　水　阴

晨散策，便到王疏安寓，补祝其昨日七十整寿。校《述林》三校，讫。疏安来谢祝。饭后小寝。习《左传疏》。晚七时半寝。（天头：寄《述林》三校，与编局，与吴立卿，与陶孟和。）

十二月二十四日　癸巳十一月十九日　木　阴

晨散策。作信。阅夏鼐《考古学的现状》，文颇详尽。饭后小寝。到邮局汇款。答访曹廷藩。晚八时寝。（天头：与编局，与艺

---

[1]蒋固节：湖南大学法律系教授，民盟盟员。
[2]文运昌（1884—1961）：名士荇，以字行，湖南湘乡人。毛泽东八舅文玉钦的次子，时为湖南文史研究馆馆员。

文，峻、庄书，洪书，庆书，嘉书，编审室书，统战部书，曹老、吴立卿书，与洪［汇三十万，四次］。）

十二月二十五日　癸巳十一月二十日　金　晴

晨散策。校《论语疏证·学而篇》。今日毅君六十初度，前已谢客。十一时大嫂及郭人俊夫人来，留午饭。饭后小寝。偕毅到爱晚亭寻客，则已去。习《左氏疏》。晚七时寝。○到卫生所，血压百八十度，低百十五。周秉钧、王石波来。（天头：与郭沫若［《琐记》]，与陶孟和，复编审室，纯书。）

十二月二十六日　癸巳十一月二十一日　土　晴

晨散策。校《论语疏证·为政篇》。出，理发。饭后小寝。校《小学论丛》，笺《左传》一条，以《封禅书》"鄗衍"证"鄟衍"。习《左传疏》。出散步。晚八时寝。

十二月二十七日　癸巳十一月二十二日　日　阴

晨散策。习《左传疏》竟日。饭后小寝。到达诚纸店贺李细、沈莉君结婚。龙谷瑞寓少坐。晚七时半寝。○陈天权来。到彭祖智家少坐，偕毅答其问病也。（天头：娴书，与舜芝，与陈介石。）

十二月二十八日　癸巳十一月二十三日　月　阴

晨散策。作信。王疏安来祝毅六十。出访：雷敢，小坐；梁再①、向大威②，不遇。答谢疏安。饭后小寝。补《小学论丛》。习《左氏疏》。王原一来。晚李、沈新夫妇来请明日午饭。七时半寝。（天头：与娴、久坚［赙十万］。）

---

① 梁再：1980年代中期，她曾请家父在湖南大学其家中吃饭，请求协助为其整理书稿。
② 向大威（1908—2005）：湖南衡山人。曾任湖南大学、湖南师范学院体育教师。歌唱家李谷一的继母。李家是杨家的邻居。

十二月二十九日　癸巳十一月二十四日　火　雨

　　晨散策。校补《小学论丛》。午龙谷瑞来,一时同到合作社赴李、沈新婚宴。二时归,寝不成寐。三时讲金文。晚七时寝。○羊裘干部服制成,始服之。(天头:籽老书,编局书。)

十二月三十日　癸巳十一月二十五日　水　阴

　　晨散策。校补《小学论丛》,取《积微文录》择要并入之,遂竟日。饭后小寝。偕毅访李吟秋夫妇,不遇。文自新[①]、熊雨生处少坐。晚七时半寝。○古文"子"多从"丝",去"丝"之半则为"孙",此与"飞"字省作"非""卂"二字例同。(天头:彭沛民片。)

十二月三十一日　癸巳十一月二十六日　木　雨

　　晨散策。习《左氏疏》全书讫。饭后小寝,不成寐。习《左氏》白文,讫隐、桓二公。彭祖智夫妇来。晚七时半寝。○今年出版《淮南子证闻》,《小学述林》三校已讫,一月内外即可出版,此个人可喜之事也。朝鲜停战,此世界及国家可喜之事也。(天头:王舜芝书。)

---

① 文自新:即文志新(1897—?),女,湖南大学土木工程系教授。

一九五四年

一月

元日　癸巳十一月二十七日　金　阴

晨散策。早点后草《汉书窥管》,补五条(白帝子、家人、公胜子、遂、陈钦)。危克安、孙秉莹、李俊[1]、向玉阶、李繁[2]、涂西畴来贺。午文玄夫妇来山,庆儿亦来。文玄已升三三一工厂副厂长。饭后小寝。四时送文玄至十字路口。晚与庆谈。七时庆去。八时寝。(天头:编局书。)

一月二日　癸巳十一月二十八日　土　阴

晨散策。早点后出,答访来贺诸友:涂西畴、李繁,不遇;向玉阶、孙秉莹、李俊寓少坐。饭后小寝。阅昨日报。整理《小学论丛》。方则之来。晚七时半寝。○陶孟和病,马代复云聘书在准备,题目请先考虑,俟到院后定。(天头:复编局,马黎元[3]书。)

---

[1] 李俊:湖南祁阳人。时在湖南师范学院历史系工作。
[2] 李繁:即李蕃(1896—1973),湖南资兴人。1953院系调整由湖南大学调任中南财经学院统计系教授。
[3] 马黎元:河南新野人。曾在中国社会科学院财贸所工作。

一月三日　癸巳十一月廿九日　　日　阴

晨以倦，未散策。编校《论丛》。饭后小寝。艺文局寄来《述林·自序》及廖海廷《序》校样，校之，即寄返。答访方则之，不遇。晚七时寝。（天头：洪书，复洪，复彭沛民，寄艺文编局［《述林》序二］。）

一月四日　癸巳十一月三十日　　月　阴　晴

晨散策。作信与上海市政府，说洪儿事。《论丛》《文录》合并编校讫，始标点之。饭后小寝。习《左疏》，从第一卷起。前此续前业，从中间起也。五时出，答访皮、邱，不遇。晚八时寝。（天头：与陈毅市长 ①。）

一月五日　癸巳十二月初一日　　火　晴

晨散策。习《左氏疏》。午小寝。标点《论丛》。五时散步。晚七时寝。○《吕刑》"苗民弗用灵"，"灵"假为"令"，故《缁衣》作"弗用命"；《诗》"令终"金文多作"霝冬"。以昨晚失眠，金文辍讲。（天头：与洪，与骧，与艺文。）

一月六日　癸巳十二月初二日　　水　晴　夜雨　小寒

晨散策。习《左氏疏》，续撰《读〈左〉小笺》，得五条。饭后小寝。标点《论丛》六叶。五时偕毅携新孙散步。七时半寝。○王疏安、李俊来。（天头：庆书告赴汉。）

一月七日　癸巳十二月初三日　　木　雨

晨散策。习《左传疏》，得小笺五条。以"逾年即位"之"逾年"证《孔疏》"逾月"与"三月"同之误。饭后小寝。标点《论丛》六叶。晚七时寝。（天头：与舜芝。）

---

① 与陈毅市长：杨德洪在美国学银行学，1953 年归国后安排在上海百货公司任会计，遇夫先生写此信即为此事。

一月八日　癸巳十二月初四日　金　雨

晨散策。阅仰天湖墓所出竹简。阅《两周大系考释·序》，颇能见其大。饭后小寝。检《大丰敦》诸家考释，悟"王凡三方"为封邶、廓、卫，"天亡"疑是"大颠"，似新而确。书库借书。晚马宗霍、王原一来。七时寝。〇陈恣涛来，力主余入京。谓系报国之事，所见甚大。编局寄《小学述林》《甲文说》合同两份来，随签字寄还。云当豫付部分稿费，合同期限明年底止，基本印数三千部，超过此数再付稿费。（天头：编局书，复编局［挂］。）

一月九日　癸巳十二月初五日　土　雨

晨散策。草《大丰敦再跋》，悟"不克三殷王祀"为祝周家长久之辞，极以为喜！饭后小寝。习《左氏疏》。晚八时寝。〇科院书告《卜辞琐记》郭沫若已阅过，同意附在《甲文说》后。（天头：洪书，舜芝书，科院书，与马宗霍。）

一月十日　癸巳十二月初六日　日　雨

晨未散策。习《左传疏》。饭后小寝。改《大丰敦跋》。晚七时寝。〇编局书告出版事业分工，《高等国文法》《词诠》三书暂存局待交代，定后再告。作复问其详情。（天头：编局书，复编局。）

一月十一日　癸巳十二月初七日　月　雨

晨改《大丰敦跋》，据麦尊"王乘舟为大丰"，定"大丰"为游娱之事。此云"王凡三方"，"凡"假为"般"，谓游般也。三方，地名。草《窒叔敦跋》，定𣄷为"敦"字，假为𨥛。猒𣄷连文，以《说文》、淮白鼎为证。久不作金跋，连日遂得两篇，皆审核，殊可喜。饭后寝，不成寐。标点《论丛》五叶。晚七时半寝。〇田生来，令抄金跋。

一月十二日　癸巳十二月初八日　火　雨

晨习《捃古金文》第七册，《酅侯少子敦》读"鑫"为"合"，

"妳"为"乃"，"少"字、"姃"字知器晚。饭后小寝。李春山、皮名举先后来，为住宅事。标点《论丛》。讨论金文《班殷》讫。晚七时半寝。（天头：编局书。）

一月十三日　癸巳十二月初九日　水　阴

晨改《𡥉叔》《大丰跋》，草《酈侯少子殷跋》。饭后小寝。标点《论丛》五叶。龙曳、李俊来。习《捃古金文》。晚八时寝。（天头：沈五太书，曹典溥书，与廖海廷。）

一月十四日　癸巳十二月初十日　木　雨

晨校改金文跋，以昨夜寐不安，不治金文。习《左氏疏》。雷敢、彭耀文来告，午后选举乡代表。饭后张耀丞之子来。小寝。二时到忠孝堂集合，到大礼堂出席选举会，五时散，选出姜运开[1]、胡庆云[2]（学生）。晚七时半寝。（天头：洪书。）

一月十五日　癸巳十二月十一日　金　雨

晨作信。草《彔中簠三跋》，明"卽"为"即"字；"匭"两"耳"字示有二耳。出送信。到静一斋与郭圣铭[3]少谈。饭后小寝。习《左疏》。晚六时陈毖涛、马宗霍、王原一来，共饭。七时半寝。（天头：与洪［汇款］，与峻，与徐旭生[4]。）

一月十六日　癸巳十二月十二日　土　雨

晨添改《彔簠跋》。《述林》二序校样来，校讫，寄编局。饭后小寝。习《捃古金文》。习《左疏》。晚七时寝。〇王容箴[5]来。（天头：艺文《述林·序》，寄编局《序》。）

① 姜运开（1905—2011）：湖南宁乡人。时任湖南师范学院中文系教授。
② 胡庆云：时为湖南师范学院历史系学生，后留校任教。
③ 郭圣铭：原名郭述节（1915—2006），江苏镇江人。时任教于湖南师范学院历史系。
④ 徐旭生：即徐炳昶（1888—1976），河南唐河人。当时中科院欲调遇夫先生北上，遇夫先生担心开会过多，影响研究，曾给徐去信，徐二月回信。
⑤ 王容箴：遇夫先生早年任教湖南第一女子师范（稻田女师）时的学生。

一月十七日　癸巳十二月十三日　日　雨

晨草《庚嬴卣再跋》，说明"宫"字秦汉以前贵贱无别，及解"蒐厤"为"解甲"之不确。又草《庚季鼎跋》，疑白俗父与庚季为父子或长属。习《左传疏》。饭后小寝。看金文。晚七时寝。

一月十八日　癸巳十二月十四日　月　雨

晨散策。连日为《工师佫罅》"四秉"二字思索不能决，今日借出《宝蕴楼图释》读之，器图有四耳，乃始恍然，因草其跋。饭后小寝。标点《论丛》五叶。出，答访邱有吾。晚七时寝。（天头：与嘉，与吴涟^①，纯书，杨得云书。）

一月十九日　癸巳十二月十五日　火　雨

昨晚失眠，因食卤鸭有硝故。习《左氏疏》。饭后小寝。向又八太来。龙叟来。《加室叔段》一节金文缺讲。晚七时寝。（天头：籽老复，与豫。）

一月二十日　癸巳十二月十六日　水　雨　大寒

晨改《工师跋》，主甀无定量，纠王念孙说；于"四秉"特详言之。饭后小寝。习《捃古金文》，识出无惠段"虎臣"上一字是"卿"字，此易从♀为从鼎也。晚七时寝。

一月二十一日　癸巳十二月十七日　木　雨

晨习《左氏疏》。饭后小寝。标点《论丛》十叶。今日人软弱无力，以昨日食腊八豆稍多故。余胃中有鬼而贪食不慎，真可嗤也。晚七时寝。（天头：舜芝书。）

一月二十二日　癸巳十二月十八日　金　雨　夜雪

晨草《散季段跋》，合诸器观之，知"散"为姬姓国，疑散宜生为始封之君，似颇审确。又草《无惠鼎跋》，定鼒是"卿"字，读遹

---

① 吴涟：杨德骧夫人，医师。

为"正"。今日左脑有物如针刺，毅召医来。饭后小寝。标点《论丛》五叶。晚七时半寝。○蔡伏三来借钱，介之龙文蔚。因籽老告馆员加薪，龙可得百馀万也。（天头：骧书，籽老书，邓国基书。）

一月二十三日　　癸巳十二月十九日　　土

晨草《六年琱生𣪘跋》，读"典"为"田"，"名典"谓"名田"，即定田主之名，于是全铭通顺，毫无阻碍。饭后寝，不成寐。标点《论丛》四叶。到邮局取豫付稿费，存银行千二百万元。秦佩珩[①]来。晚八时寝。（天头：寄书杨得云，洪书，编局[《甲》《小》合同、预款]，复籽老，复编局：寄合同。）

一月二十四日　　癸巳十二月二十日　　日　　雪

晨增改《六年琱生𣪘跋》（即召白虎𣪘）。饭后小寝。看金文。陶先瑜来求助，以少数应之。晚八时寝。○思《五年琱生𣪘》，不解。（天头：编局书。）

一月二十五日　　癸巳十二月二十一日　　月　　晴

晨增补《琱生𣪘跋》，说明据"邑""封"二字定读"典"为"田"之经过，可为度尽金针矣。此亦不奇，科学方法而已。因涉及𫗳从𥃡，一见通辞，遂为其跋。原文平易近人，郭沫若凿深为高，恍如梦呓矣。饭后小寝。标点《论丛》四叶。晚八时寝。九时半醒后久不成寐，今日写文太久也。（天头：刘开悌[②]书，复，群联出版社书，复，与觉人，毅与训老[汇百万元]，复邓国基。）

一月二十六日　　癸巳十二月二十二日　　火　　晴

晨习《左传疏》一卷。饭后小寝。王石安来，请作信，当即辞之。三时与同事诸君讲大丰𣪘。晚与铁铮谈话。九时寝。

---

① 秦佩珩（1914—1989）：山东安丘人。1953年院系调整由湖南大学调任中南财经学院教授。
② 刘开悌：时为长沙一中语文老师。

一月二十七日　癸巳十二月二十三日　水　晴

　　晨习《左传疏》。龙谷瑞来。饭后小寝。改撰《散季毁跋》。晚八时半寝。十一时半醒后，五六小时不寐。原因食猪肝，作文过久。我已成废人矣，奈何！（天头：洪书，复。）

一月二十八日　癸巳十二月二十四日　木　晴

　　以昨晚失眠，静坐，不事事。统战部书，问孔先生①情况，作书复之。饭后小寝。标点《论丛》八叶。王疏安来。答访秦佩珩。晚七时半寝，睡酣。（天头：统战部书，复，嘉书。）

一月二十九日　癸巳十二月廿五日　金　晴

　　晨点后趁车渡湘入市，到千总巷舅氏处少坐，赠年礼三十万元。访籽老司马里新居作贺，则已赴馆；到馆与谈，请其为舅氏津贴事作信与谢华。午籽老邀同立卿赴市进馄饨。喻家巷、学宫街大巷大嫂及峻侄妇②处少坐，各送二拾万元。答访向伯翔。四时返山。标《论丛》四叶。晚七时半寝。○编审室寄来《甲文说》校样。（天头：编审室书，豫书。）

一月三十日　癸巳十二月二十六日　土　晴

　　晨出散策。录《春秋大事表》所记姬姓国名。皮名举、孙秉莹、刘湘生来。饭后小寝。标点《论丛》两叶。出散步。访王疏安，不遇。彭祖智处少坐。晚八时寝。（天头：与舅氏。）

一月三十一日　癸巳十二月二十七日　日　晴

　　晨草《周代姬姓封国考》，虢仲、虢叔，文王之弟，姬姓无疑。吴其昌《金文世族谱》以金文有"虢妃"之称，谓"虢"为妃姓。不知"虢妃"乃虢妇，非虢女也。吴之卤莽如此！《甲文说》到，校之，得十馀叶。饭后小寝。一院取金文讲义，校之。晚八时半寝。

①孔先生：即孔荭村，遇夫先生的舅舅。
②峻侄妇：杨伯峻夫人粟陶靖。

〇王疏安、狄昂人来。余超原①来。皮名举来。编局书告《淮南证闻》印八百部，现只存二十二部。售出之多如此，非所料也。士喜读书，殊可喜也。《金文说》不知印若干？现存百四十九部。此书太专门，宜其少售矣。（天头：编局书二，《甲文说》初校样。）

二月

二月一日　癸巳十二月二十八日　月　晴

晨校《甲文说》上卷三十叶讫。饭后小寝。续草《姬姓封国考》。余志宏来，谈及文字改革事，述一九五〇年教育汇报时，毛主席曾表示拉丁化之不可行，闻之甚喜。信哉，毛公之睿圣也！晚八时寝。（天头：与编局，舅氏书，徐旭生书。）

二月二日　癸巳十二月小除日　火　阴

晨习《左传疏》，尽一卷。校《甲文说》。饭后小寝。王原一来。续写《姬姓封国考》。纯女归，与谈话。晚七时半寝。〇统战部送年敬百万元来。

二月三日　甲午元旦日　水　阴

晨七时出散步，行人稀少。校《甲文说》。来贺者络绎。文玄夫妇、舜芝媳、庆儿皆来山。饭后小寝。晚七时半寝。（天头：峻书。）

二月四日　甲午正月初二日　木　阴　雪

晨《甲文说》校讫。早点后出门答访来贺者，到集贤、至善二村及静一、胜利、双梧三斋。午归。廖海廷来，留午饭。涂西畴来。周三元②来。饭后小寝。同纯女清书。晚八时寝。〇今日为

①余超原：湖南江华人。曾编著《实用公文作法》《伦理学概论》等书。
②周三元：遇夫先生的外甥女，周大椿（季良）的女儿。

孔太夫人见背之辰,不见音容遂十九年矣,曷胜凄恻!（天头:与编局[告《甲文》应再寄校]。）

二月五日　甲午正月初三日　金　晴

晨标点《论丛》五叶。偕毅到桃源村答访来贺者。本思入城,以疲倦不果。续草《姬封考》。饭后小寝。三时出,到民主村、荫马塘、刷把冲答贺。达诚局小坐。晚八时寝。○胡书请序所集甲骨集。洪书告病。（天头:胡厚宣书,洪书,省府招饮简。）

二月六日　甲午正月初四日　土　阴

晨看胡厚宣甲骨集《凡例》。查《姬姓封国考》,计得二十七国。邿为姬姓,由邿造鼎得之。标点《论丛》五叶。偕毅出,答访来贺者。饭后小寝。王疏安来。晚八时寝。○《春秋大事表》不记樊国姓,楚庄王有樊姬,则姬姓也。（天头:范炳星书,寄《甲》初校。）

二月七日　甲午正月初五日　日　晴

晨作信。九时偕毅趁车入市,到学宫街大巷子向祖龛贺岁;至喻家巷大嫂处,便访胡云崖;同郭人俊到戴祠巷陈毖涛寓答贺;步到籽老寓;过馆员九十三老人李芋青,问李养生法,则云早睡早起,日服苍术红枣黑豆汤,当茶饮。午以省府约饭,同曹、李到交际处。入席后,程、周说话。席后程星龄报告赴朝慰问情况。六时返山,晚八时寝。（天头:与洪及史。）

二月八日　甲午正月初六日　月　晴

晨标点《论丛》五叶。杨华一、熊雨生、孙俍工、李振邦来。杨蕴三、王启湘来,留午饭。小寝。草《邾友父鬲再跋》,庄六年《左传疏》引《世本》,邾颜之子肥别封郳,杜谱云是友封,《疏》云肥、友当是一人。观彝铭,友字是,肥字非也。又草《录白戜殷三跋》，释🔥为鞞，字形藏弓也。"惠🔥天命"，则当读为"当"（去声）——"惟当天命"，与𧵩白敦"有丼大命"字异而义同。出，答贺李吟秋。晚八时寝。（天头：锺昌言请帖。）

二月九日　甲午正月初七日　火　晴

晨标点《论丛》五叶。补录《彧敦三跋》。王疏安来。偕毅到至善新、旧村答贺。饭后小寝。姚大慈、王原一来。何申甫、易祖洛来。到资料室讲通、静二敦。晚八时寝。○日本立命馆大学白川静寄所著殷周史论文来，久疏日文，阅之吃力。（天头：易贞玉书，黄假我书。）

二月十日　甲午正月初八日　水　晴

晨出理发。九时入市访陈书农，少坐，到文史馆晤籽老，杨蕴三适在，因以《论语疏证》后十卷请其标点，余正拟访蕴相托也。午偕籽老步到奇珍阁赴锺佩箴之约。饭后购物，四时返山。小寝。晚八时寝。（天头：洪儿书，胡厚宣书，复，杨蕴三书，姚薇元书，复。）

二月十一日　甲午正月初九日　木　晴

晨草《邓瑾珊会考行卷题词》，引吴南屏以落卷获乡举为说，邓恰是吴乡里后进也。又草胡厚宣《京津甲骨集跋》。出，答贺来客。饭后小寝。标点《论丛》四叶。晚马宗霍来。王原一来。八时寝。○峻侄告骧云，科院觅屋不易，余或当以科院名义留湘工作，如此亦佳。（天头：与洪［款二十］，骧及三孙书。）

二月十二日　甲午正月初十日　金　晴　夜风雨

晨清写胡君《甲骨集跋》。标点《论丛》十叶。饭后小寝。龙谷瑞来。习《左氏疏》。作信。晚七时寝。（天头：与胡厚宣，与邓瑾珊。）

二月十三日　甲午正月十一日　土　雨　晴

晨增订《乖白毁》《琱生毁跋》，拟投稿《历史研究》杂志也。饭后小寝。标点《论丛》五叶。李春山来量书柜。晚八时寝。

二月十四日　甲午正月十二日　日　雨

今日为先君子见背之日，不闻謦欬忽十六整年矣，思之惨沮！增补《乖白毁》。饭后小寝。王原一、黄假我来。刘开悌来。阅《捃古金文》，草《雔卯弋卩彝跋》。晚八时寝。（天头：与胡厚宣，复易贞玉，与文玄，与庆，邓瑾珊书，觉人复，编局书。）

二月十五日　甲午正月十三日　月　雨

晨标点《论丛》二十叶。饭后小寝。阅《捃古金文》，《京姜鬲》云"京姜庚女作尊鬲"，"庚女"亦女字，知王静安以"母"为字，为有母道之说，确为附会也。作字二幅。晚七时半寝。（天头：编局书。）

二月十六日　甲午正月十四日　火　雨

晨草《京姜鬲跋》，"京姜庚女"是古女子字；称女之例，王静安《女字说》引此例作"庚母"误也。外有兹女、帛女、繺女之女例同。阅《捃古金文》。饭后小寝。草《黄尊跋》，"肇"字不从"聿"，而从"又"，足证"聿"借为"又"之说。又跋《白孝盨》，以"鼓铸"二字连读。晚八时寝。（天头：与陈崧涛。）

二月十七日　甲午正月上元节　水　阴

晨阅《捃古金文》。陶生来问文史馆事。饭后小寝。草《东朋尊跋》。为人作字。标点《论丛》六叶。晚八时寝。（天头：洪十四书，与杨蕴三。）

二月十八日　甲午正月十六日　木　阴

晨阅《捃古金文》，跋娸角，以角铭及癸未尊盖、郘彝三器均有"征贝"之文。余往释"征"为侍，疑"征贝"为赏侍臣之贝。出取讲义,与庶务科接洽屋及炭事。饭后寝,不成寐。理校关涉周史彝铭五篇:《 白》《大丰》《散季》《濬司土》《六年琱生》,拟投《历史研究》。晚八时寝。○群联社书云,可考虑《卜辞疏义》出版,寄稿酬办法来。曹书致段嵘生小学书。（天头:洪十六书,群联社书,张外舅书,籽老书,省府书。）

二月十九日　甲午正月十七日　金　阴　雨

标点《卜辞说义》,得模、至、月五部。饭后小寝。编次《疏义》,得模、铎、唐三部。晚七时半寝。（天头:姚薇元书,王绮仁书,与舜芝,与庆,寄五彝铭与《历史研究》社。）

二月二十日　甲午正月十八日　土　晴

晨校《卜辞说义》,得七部,粘三部。饭后小寝。偕毅到晚亭小坐。王原一来。晚八时寝。○张秀勤来。（天头:胡厚宣书,陈毖涛书,与张孟旭,与籽老,复王绮仁。）

二月二十一日　甲午正月十九日　日　晴　阴

晨习《左传疏》。出外散策。访王疏安,不遇。王原一来。饭后小寝。草《国书鼎跋》,旧释戎都,余前释 为或,今日觉或非国族之名,细思乃是“域”字,即“国”字;“者”假为“书”,乃是“国书”也。整理《卜辞说义》,另粘模、侯、组三部。晚八时寝。○柏林苏、英、法、美四国外长会议决议四月二十六日在日内瓦召开中、苏、英、法、美五国外长会议,讨论朝鲜问题。此事甚可喜,世界和平渐露曙光矣。（天头:大嫂书,复,与编局。）

二月二十二日　甲午正月二十日　月　晴

晨校《卜辞疏义》。午出外散策。饭后小寝,不成寐。粘《疏义》五部,止哈部。五时出,过邱有吾,小坐,出示近诗,有佳句。晚八时寝。○洪电话问艺文,云《述林》印二千部,二月底运京。（天头:洪书,黎尔毅书,复。）

二月二十三日　甲午正月二十一日　火　阴

晨十时偕毅携外孙周硕朋[①]趁车入市,小桃源进午饭。趁车到大嫂寓,以助买房款四百万元交之。同大嫂看富雅村屋。访马宗霍、陈右钧、柳敏泉,少坐。遇蕴三,告傅安经明日约饭;劝今日勿归。同蕴访籽老,籽言余致张书病直率,已易之矣。偕毅游文化宫。访蕴三、方恪斋,皆不遇。刘湘生寓[②]少坐,返大嫂寓晚饭。蕴三寻来,与杨岳云久谈。九时寝。郭人俊夫妇下乡,故有下榻处也。(天头:陈拔吾书。)

二月二十四日　甲午正月二十二日　水　雨

七时起床,与陶靖俍妇谈峻好事。余劝其牺牲,属望于儿女。九时过北平街,银行取款,百货公司购物。余到史馆少坐,得黎书致"耐林翁"石章,刻甚好。车赴潇湘傅约。饭后到舅氏寓会毅渡湘返山。晚八时寝。(天头:庆书,黎尔毅书。)

二月二十五日　甲午正月二十三日　木　雨

晨黏《卜辞求义》,凡黏德部以下十一部,黏粘功讫。饭后小寝。三时讨论金文《六年瑚生殷》。便问唐寅皆病。王疏安、龙谷瑞来。补《卜求》材料。晚八时寝。

二月二十六日　甲午正月二十四日　金　雨

晨作信。补《卜求》材料。涂西畴来,言京中有电来,邀余到科学院,询余意见。午王平默来,见示公文,非电也。余云,年老不能多受约束;书籍颇多,房须能容纳家口六人,以预备令娴女来京也。饭后小寝。复校《求义》哈、德部。晚八时寝。(天头:与洪,与曹籽老,陆咏沂书,张廷耀[③]书,文玄书,刘文典书。)

---

① 周硕朋(1945—):遇夫先生的外孙,周铁铮、杨德纯的儿子,后改名杨立。
② 刘湘生寓:即长沙通泰街刘永湘教授的旧宅。
③ 张廷耀:即张吟村(1871—1954),湖南望城人。张桂森之孙。名医。

二月二十七日　甲午正月廿五日　土　晴　阴

　　晨学校送复教部电稿来,颇妥。整理《卜求》,增益材料,遂竟日。饭后小寝。雷伯涵、皮名举、孙秉莹先后来。孙云清书当嘱彭、田二助教来相助。王疏安来,携书数册去。晚八时寝。(天头:复姚薇元,复陆咏沂。)

二月二十八日　甲午正月二十六日　日　雨

　　晨整理《卜求》,竟日。王原一来。龙叟来。廖海廷来,留午饭;欲得《小学述林》原稿,遂付之;并赠以书二种(《程伯翰集》《曾诗钞》)。小寝。晚伍钺来。八时寝。(天头:陈介石书,谭戒甫书。)

三月

三月一日　甲午正月二十七日　月　阴雨

　　晨整理《卜求》。庆儿归,与谈。庆肺部又有小病,即当休假 ①。饭后小寝。晚行,触火钵,以右肱着书案,幸未僵仆;神经震动,尚未觉也。晚入寝,十时醒后,竟夕不能合眼,乃知病也。(天头:复群联,复骧,嘉片。)

三月二日　甲午正月二十八日　火　阴

　　晨以恐人来扰,移至北屋卧床,十时入寐二刻。午饭后小寐片刻。一时,袁医来,予以镇定剂,睡前服安眠片,一夜寐安。(天头:编局书,骧粤片。)

三月三日　甲午正月二十九日　水　雨

　　卧北屋竟日。周铁铮来。写文字学事。晚寐安。

---

① 庆肺部又有小病,即当休假:祖父派八伯祖父去探望某亲戚病(肺结核),因而感染;后某边肺切去三分之二,从团省委回家休养。后主动要求到母校长沙一中工作。

三月四日　甲午正月晦日　木　雨

　　静卧北屋竟日，间起坐。一时许，袁医来量血压（176/134）。晚服安眠药，睡安。○皮名举来。彭耀文来。龙叟入城归见。大嫂云，屋不成交，还借款百万元来。

三月五日　甲午二月一日　金　雪

　　连日安眠，坐起作信。王啸苏来。饭后小寝。删《卜辞求义》上卷。蔡伏三来。晚七时寝，夜寐屡醒不安，以工作故也。○京行决止。家被代写 ①。（天头：籽老复，庆儿书，复张吟村，接大嫂书。）

三月六日　土

三月七日　日

三月八日　月

　　得德洪书。

三月九日　火

　　寄《卜辞求义》与群联出版社。方授楚来。

三月十日　水

　　寄德洪书，并寄款二十万元。得陈介石书，复书。刘虚来。寄七、八、九书。

三月十一日　木

　　唐寅陔来。得舅氏书、德纯书。《甲文说》三校来。龙文蔚来。科学院编译局书。《历史研究》编译局书。

三月十二日　金

　　陈天和父亲来。

---

① 家被代写：以下至三月二十二日日记均为曾祖母张家被代写，文风有所不同。如下文"陈天和父亲来"，若曾祖父写，则为"陈老人来"（1953 年 9 月 13 日）。

三月十三日　土

科学院编译局书。寄编译局书。寄还稿件。寄容庚书。淦初表弟来。寄林[①]、六两媳书。

三月十四日　日　晴

庆儿归。陈书农来。田、彭两助教来清书。

三月十五日　月　晴

今日移居至善村。龙先生及四助教、铁铮均来帮忙。午前在旧宅监视搬运什物，午后与铁铮同来新屋。王原一夫妇及李□和母亲来。

三月十六日　火　晴

文史馆员郭、胡、吴、文、杨来，留午饭。刘虚来。

三月十七日　水

王啸老同萧礼衡、邓瑾珊夫妇来，留午餐。龙老人夫妇及许多人来。

三月十八日　木

彭祖智夫妇来。纯女来。杨开劲来。唐寅陔来。德洪两书，德豫书。黏友札[②]。（天头：郭沫若书。）

三月十九日　甲午二月十五日　金

方授楚夫人来。陈毖桃来。陈佑钧、萧礼衡、邓瑾珊来，同三君到王啸苏处小坐。饭后小寝。危克安来。《鳞鸿集》第二册贴毕。到葛宅小坐。听余叔岩话匣三片。晚八时寝。寐安，未服安眠药。（天头：庆书，与郭人俊。）

---

① 林：杨德洪。我伯祖父、祖父称之为林哥，家父称之为林伯伯。

② 黏友札：家父在《积微居友朋书札·整理后记》中说："祖父生前曾先后将部分书札装订成册，分别题名《师友遗札》和《鳞鸿集》；还有一本《友朋投赠》，则既收书札，也收序跋和诗词。"

三月二十日　甲午二月十六日　土

　　昨夜得七绝三首,答萧、邓二老也。以倦久寝。向玉阶、李蕃来,未见。饭后阅《半毡斋题跋》《李南涧文集》。作信。晚八时寝。(天头:袁久坚书,容庚书,与《历史研究》,寄托片。)

三月二十一日　甲午二月十七日　日　阴　晴

　　四助教来清书。分类列之。遂竟日,留午饭。舜芝、德纯皆来。寝不成寐。晚八时寝,服药。○《卜辞琐记》初校来,付铁铮代校。(天头:邓瑾珊诗札,《卜琐》校样,语言所书。)

三月二十二日　二月十八日　月　晴

　　与编译局书。与德洪书。阅《珠泉师友录》。至邮局取编译局寄来馀款二千二百七十万元。至银行存款。至周铁铮家。至王原一家小坐,又至周家午饭。后回家寝。看《段王学五种》。晚八时寝。(天头:编译局书、寄款,复,编译局编审书。)

三月二十三日　甲午二月十九日　火　晴

　　晨阅段氏年谱,遂竟日。饭后小寝。贾助教来。李俊来。晚八时寝,未服药。

三月二十四日　甲午二月二十日　水　晴

　　晨到卫生所检查身体,血压百六十度,较前减十六度矣。阅《段王学五种》。饭后小寝。龙文蔚、谭宛生来。晚林兆倧、杨开劲两夫人来。八时寝,服药。○今日服 B1 丸四片,虽大致合式而太突然。与雷敢散步半小时。(天头:与编局片。)

三月二十五日　甲午二月二十一日　木　晴

　　晨作信。阅《经韵楼集》竟日,尽二册。饭后小寝。方则之来。文运昌来。晚八时寝。(天头:洪书,复郭沫若。)

三月二十六日　甲午二月廿二日　金　晴　阴

　　晨阅段氏文集,遂竟日。饭后小寝。作信。龙叟来。晚八时寝,安。（天头：与萧礼老,与邓瑾珊。）

三月二十七日　甲午二月二十三日　土　雨

　　晨阅段著《东原年谱》竟。饭后小寝。种树人来,绕屋植梧桐十株。晚八时寝,安。三夜未服安眠药,亦可喜也。（天头：与编局片。）

三月二十八日　甲午二月二十四日　月　阴

　　晨阅《诗经小学》,真惬心之作也。饭后小寝。静坐不事事。姚薇元书来,云寅恪以多病,辞不北行,举陈垣自代；且谓寅老不满意于科院,谓解放数年,绝不重视史学,至此老成凋谢之际,乃临时抱佛脚,已有接气不上之象云云。晚八时寝,十二时半醒；二时半服药。以上午看书太久,且认真看之故。○骧告月初可归,可喜！（天头：郭人俊书,骧广州书,姚薇元书,与骧片。）

三月二十九日　甲午二月二十五日　月　晴

　　上午到王啸疏、方授楚处小坐。阅《合肥学舍札记》一本。饭后小寝。晚八时服药。（天头：得邓、萧和诗札。）

三月三十日　甲午二月二十六日　火　雨

　　晨王啸疏来,告学校接到公文,云科学院当于四月派人来迎。看《合肥札记》一本。饭后小寝。阅《焦里堂年谱》。到雷敢处小坐。访李俊。借书。晚八时寝,服药。

三月三十一日　甲午二月二十七日　水　晴

　　晨静卧不看书。竹篱前后门完工。饭后小寝。王平默来,见示教部公文,余请其复缄,以病暂不能去北京。晚八时寝,夜寐安,未服药。○缝工来。（天头：与编局,寄《论语疏证》送审。）

四月

四月一日　甲午二月二十八日　木　晴

晨阅《焦里堂年谱》,讫。王疏安来,见示寿余七十五律四章,工整之至！邱有吾来。铁铮代领薪金来,留午饭。饭后小寝。雷敢来,讨论《甘誓》,同到王疏安处小坐。晚八时寝,服药。○历研所告,因房屋修缮,迎者当延期来湘,初云四月初来也。(天头:洪书,大嫂书,历史研究所书,九儿书,与八儿。)

四月二日　甲午二月二十九日　金　雨

晨静卧。作信复大嫂;又,毅代写复历研所信,请迎使缓来;又,作与郭信,告以《管集解》稿本事及编局不补寄样书事。饭后仍寝。旷璧城来。服中药一道。晚七时半寝,甚安,中药之效也。(天头:复大嫂,复历研所,与郭沫若。)

四月三日　甲午三月朔日　土　雨

晨作信与陶,为《述林》样书事。饭后小寝。龙文蔚来。阅《合肥札记》一册。晚七时半寝,尚安。(天头:与陶孟和,与洪[汇款],文玄书,童国熹书。)

四月四日　甲午三月初二日　日　雨

晨八儿来山,与谈话。午廖海廷来,留午饭。小寝。阅《合肥学舍札记》。彭祖智夫妇来。晚七时半寝,尚安。(天头:大嫂书,德纯书。)

四月五日　甲午三月初三日　月　雨

晨骧儿由广州北返,来山,与久谈。饭后小寝。与骧谈话。王疏安来。左开泉、刘德基来。六时晚饭。骧别去。晚七时半寝。十时半后久醒不寐;进柑橘一枚,服安眠药,大溲后始入寐;安神药颇损胃也。(天头:编审室书,与邓瑾珊,与曹籽翁。)

四月六日　甲午三月初四日　火　雨

　　晨阅《合肥学舍札记》，得材料二条（益、备）。饭后小寝。唐医来，加药三昧。龙叟入城来，租金一无所得。晚七时半寝。〇《历史研究》一期来。（天头：曹籽翁复，复编审室，毅与纯。）

四月七日　甲午三月初五日　水　雨

　　晨小寝。文玄来山，与久谈，饭后别去。再小寝。阅《四寸学》半卷。唐医来，改药方。晚七时半寝。中夜醒，二时服柑三片，入寐。（天头：训老书，廖海廷书，与豫。）

四月八日　甲午三月初六日　木　雨

　　晨作信。午小寝。饭后沈五太、葛太太来。阅《四寸学》一卷。晚八时寝。十一时半醒，至二时不寐，服安眠药后入寐。〇借新华书店新书内容介绍阅之，于《小学述林》揭出凶聪甀、惰餚谞、寮憭、反四事，并谓定出文字学许多定律，都是确凿不移的。（天头：范炳星书，复童国熹，与张孟旭。）

四月九日　甲午三月初七日　日　雨

　　晨王平默来。周秉钧、铁铮来。彭耀文来。饭后久寝，甚酣。连日进蒲萄干，甚合宜也。清检书、物。阅《四寸学》一卷。王疏安来。晚八时寝。睡前进蒲萄干十粒，寐甚酣，未服药也。〇请秉钧缄戒甫说《管子》事[①]。（天头：廖海廷书，与《历史研究》社定抽印本。）

四月十日　甲午三月初八日　土　雨

　　晨阅《四寸学》，讫。李春山来。饭后小寝。作信。晚八时寝。十一时半久醒不寐，服药，进柑一枚后入寐。（天头：洪书，出版组书，复，出版组第二书。）

---

① 请秉钧缄戒甫说《管子》事：请周秉钧写信给谭戒甫谈有关颜昌峣《管子校释》的事。颜昌峣（1868—1944），原名可铸，湖南湘乡人。曾任湖南大学教授。

四月十一日　甲午三月初九日　日　晴

　　晨记《四寸学》方言诸条于手册。阅《松崖笔记》竟日,三卷讫。作信。饭后小寝。出,答访一号刘德基;访疏安,不遇。葛德淦来。晚八时寝。十一时醒,二时醒,四时醒,朦胧入寐,六时醒。养阴药加生姜二片,下抑上提,有中和作用,故入寐也。(天头:复出版组,与骧片。)

四月十二日　甲午三月初十日　月　晴

　　晨阅惠《九曜笔记》。到王疏安寓小坐。《小学述林》寄到,繙阅之,仍有误字。饭后小寝。邱有吾来,示寿余七十诗。铁铮为买葡萄糖来。晚八时寝。○以《述林》赠师院、曹籽翁、廖海廷、范炳星,又与铁铮及豫儿,凡六册。京送于思泊、孙蜀丞与伯峻,凡三册。(天头:《小学述林》七册。)

四月十三日　甲午三月十一日　火　晴　雨

　　晨皮名举来。翻阅《小学述林》。阅《九曜笔记》,讫。饭后小寝。作信。周仁济来。晚八时寝,十二时服药。(天头:纯书,嘉书,与编审室[催审查],与出版组,与骧片[寄田款]。)

四月十四日　甲午三月十二日　水　雨

　　晨偕毅到合作社购物。周宅小坐。饭后小寝。阅沈涛《文翠轩笔记》。铁铮来。阅教部颁常用字表。晚八时寝。○汪铁士来,馈荔支一包,以午睡未晤。(天头:骧十二汉口书。)

四月十五日　甲午三月十三日　木　雨

　　晨阅铁铮汉语讲义。午假寐片刻。饭后阅《文翠轩笔记》,讫。说"宋人绥来"之"绥"为《左传》之"私",甚确。晚王石波、周秉钧来,闻戒甫可寄颜《管子校释》与郭沫若,甚好!○籽翁得余赠书,云余近十馀年治学之勇,非俞、章晚年所可及,闻之增愧。(天头:张福书,籽老书,毅与娴、嘉、福[皆汇款],与洪。)

四月十六日　甲午三月十四日　金　雨

晨记惠、沈笔记涉语言者于手册。始记《语言杂录》，写面般、赔备二条。饭后小寝。庆儿归，宿山中。王疏安、刘实君、雷伯涵来。晚七时半寝，服药。（天头：与语言所同志及王显，与廖海廷。）

四月十七日　甲午三月十五日　土　晴

晨写《语言杂录》两节。看《义府》。小寝。五时庆儿别去。遇疏安，同散步马路上。晚铁铮来谈。八时寝。（天头：出版组书。）

四月十八日　甲午三月十六日　日　晴

晨阅《新建设·孔子思想之研究》。铁铮来谈。廖海廷来为余清书，留午饭。小寝。写《语言》四条。马路散步。晚八时寝。（天头：陶孟和书，出版组复。）

四月十九日　甲午三月十七日　月　雨

晨写《语言》三条。翻阅《札朴》。八儿归，饭后去，明日入病院休息。晚八时寝。（天头：复籽老。）

四月二十日　甲午三月十八日　火　晴

晨阅《札朴》，录笔记语言六条。饭后小寝。《历研》告，二期月底出刊，送抽印本四十本。寄还渣司土拓片，随寄还容庚。骧书要洪札，寄与之。晚王原一夫妇来。八时寝。中夜醒，服药。（天头：骧书，《历研》书，与容庚［挂］，寄骧以洪信［挂］。）

四月二十一日　甲午三月十九日　水　雨

晨以昨夜失眠，不事事。饭后小寝。翻阅学校书目，录其拟借读者。晚九时寝，极安。○今日服唐药，换药方，去生地、龟板，似相安也。织篱费八十二万二千四百元。阅浦江清推屈原生年文字，似于历法颇了解也，较前时有进矣。

四月二十二日　甲午三月二十日　木　晴

晨阅《札朴》三卷，讫。饭后小寝。沈五太、周乞丐 [①]、龙谷瑞、王疏安来。钞《语言》三节，拟《汉语的词》目录。晚八时寝，服药。（天头：寄《增订小学论丛》与科学院。）

四月二十三日　甲午三月二十一日　金　晴

晨以失眠，不事事。饭后小寝。陈兰陔医师来，谓余肝、肾两家亏损。晚彭耀文来。八时寝，安。（天头：洪书，骧书［款］，大嫂书，沈伟书［款］。）

四月二十四日　甲午三月二十二日　土　雨

晨王疏安来。录《语言》四节。饭后小寝。阅《札朴》。晚八时寝，服药。（天头：庆书。）

四月二十五日　甲午三月廿三日　日　雨

晨以失眠，静养。廖海廷来，告以古今音变，以“绥”为例。海续为余清书。饭后小寝。晚八时寝。今日不服药饵。十时醒，进柑橘一枚，服安眠药，亦无效。调和阴阳，始入寐。（天头：谢、陈、柳祝寿诗札。）

四月二十六日　甲午三月二十四日　月　雨

晨录《今语寻源》数则。方则之来。饭后小寝。阅《札朴》。晚八时寝，安。（天头：出版组书，纯书。）

四月二十七日　甲午三月二十五日　火　阴

晨录《今语》材料。午倦寝。饭后阅《札朴》。晚袁勋安来谢贺。八时寝，以今日饮牛乳一杯，久醒，进柑橘一枚，始入寐也。（天头：商务股息书，与编审室［告寄《论丛》］。）

---

① 周乞丐：大约指周少卿。

四月二十八日　甲午三月二十六日　水　晴

晨录《今语》多条。饭后小寝。阅《札朴》。访方则之、雷敢。散步半小时。晚麓山馆谢夫妇来收三月电费。九时寝，服药。

四月二十九日　甲午三月二十七日　木　晴

晨录《今语》。午假寐。饭后阅《札朴》。理发。入浴。六时出散步，过疏安、则之寓小坐。晚八时半寝，安。（天头：编局片［收《论丛》］。）

四月三十日　甲午三月二十八日　金　晴

晨录《今语》数节，据《札朴》作材料也。饭后小寝。《札朴》阅讫。阅《古夫于亭杂录》。晚八时半寝，十一时醒，服药后入寐。（天头：考古所复。）

五月

五月一日　甲午三月二十九日　土　晴

晨录《今语》多节。王疏安、原一来，谈郭耘桂《离骚》著作事。饭后小寝。阅《夫于杂录》，讫。钱牧斋、吴梅村与阮亭书，称之为"门下"，此近此所未见。陶晋规来。晚八时寝，安。○阅《甲申三百年祭》。（天头：吴立卿书，纯书。）

五月二日　甲午三月晦日　日　雨

晨录《今语》多节。饭后小寝。阅《读书丛录》，不能快人意。危克安来。晚八时半寝，安。（天头：复文教会［告缺席］，舜芝醴陵书。）

五月三日　甲午四月初一日　月　晴

晨纯女来，与久谈，同游晚亭，两月馀不到矣。纯、铁留午饭。饭后寝。沈五太母女来。龙叟夫妇来。检金文讲义，拟再投稿也。晚九时寝,服药。

五月四日　甲午四月初二日　火　晴

　　晨录《今语》。以倦,小寝。纯女来。阅《读书丛录》。五时出散步。八时半寝。○豫寄三十万元寿余。龙叟为余收佃租,并往庆儿处一视。悟箴折当作"簪"字,阻厄切。(天头:豫书[款],庆书,文教会书。)

五月五日　甲午四月初三日　水　雨

　　晨以倦,小寝,王疏安来,未晤。录《今语》。饭后小寝。阅《读书丛录》。晚八时寝,服药。○匡水[①],疑"倾"之变。

五月六日　甲午四月初四日　木　雨　晴　立夏

　　晨倦寝。作信。阅《读书丛录》。疏安来,确定明日宴余夫妇为寿。饭后谭绪缵来。录《今语》。晚八时半寝。○编局书告,《小学论丛》已付审查,前片但云付处理也。(天头:与豫,与洪,易贞玉书,编局书。)

五月七日　甲午四月初五日　金　晴

　　晨录《广雅疏证》所记今语,知今语之"罩"即"焘"字。午偕毅到邮局发洪信。到合作社食堂应疏安、原一、宗霍三君寿余七十之宴。归,小寝。龙谷瑞、李俊来。晚八时半寝,安。(天头:复大嫂,骧书,胡厚宣书,与洪款。)

五月八日　甲午四月初六日　土　雨

　　晨录《今语》多条。饭后小寝。作信。阅《通俗编》,可谓博矣。晚七时半寝,恶梦,服药后寐甜。○"杜门"即"堵门"。李俊来,谈後菊英事。史研一所书,意在促行。(天头:复胡厚宣,史研一所书。)

---

①匡水:长沙话,把水倒掉的意思。

五月九日　甲午四月初七日　日　晴

晨录《今语》。廖海廷来。午倦寝。饭后阅《通俗编》。出，答谢二王见寿。晚八时半寝，中夜醒，进柑后入寐。（天头：复舜芝，嘉书，寿舅氏。）

五月十日　甲午四月初八日　月　晴

晨录《今语源》。出外散策。午寝。饭后阅《通俗编》。出散策。晚与铁铮谈。八时寝，十时半醒，服柑橘一枚，安。○炮谓火力将灭，今语尚言之。饭局乃"暴"字，经传作"具"。

五月十一日　甲午四月初九日　火　晴

晨录《今语》。饭后小寝。雷伯涵、彭耀文来。阅龙辑《仓颉篇》及《通俗编》。晚八时寝，服药。○入浴。

五月十二日　甲午四月初十日　水　晴

晨录《今语》，记养疴日志二则，声训一则（娄、敛）。黄玄龄母女来。午寐。饭后阅《通俗编》二卷。龙谷瑞来。晚九时寝。（天头：统战书，陈天权书。）

五月十三日　甲午四月十一日　木　雨

晨录《广雅疏证》所记今语讫。嘉儿由零陵假归，与谈。作信。饭后小寝。阅《通俗编》，"青天白日"见韩文，而翟引朱子，偶失之。《仓颉篇》："单土，除疫人也。"可证桂馥单祭宗，单主傩祭之说。此昨日所记二则，今补记之。"娄"，《角弓笺》训"敛"，"㩫"为曳聚（《说文》），"娄"为贪貌（《广韵》），"篓"为竹笼，"㔩"为筲（皆《说文》），"㦊㔩"为囊（《广雅》），皆所以敛也。晚八时寝，服药（天头：与何申甫，与陶孟和，与纯。）

五月十四日　甲午四月十二日　金　雨

晨录《今语》。倦，小寝。饭后沈五太来。疏安送见寿诗来。嘉入市问庆病。阅《仪礼汉读考》，"阃"为"戚"，此以"戚"与

"切"音近，假"戚"为"楬"。段云，言其迫近，谓之"戚"。从假音字求本字之义，误也。汉人多假"切"为"楬"，知"楬"音当与"切"同。今音先结切，非也。"屑"训动作切切，"鬩"读若"切"，皆可证。晚铁铮来。八时半寝，安。（天头：与纯，袁庆年书。）

五月十五日　甲午四月十三日　土　雨

晨以倦，小寝。阅段氏《书撰异》，记今语数条。午后杂阅书。晚八时寝，服药。〇胡书告《卜辞求义》群联社可出版，亦可喜也。骧寄十万元为寿。（天头：舅氏书，胡厚宣书，骧书，与後其苏［挂］。）

五月十六日　甲午四月十四日　日　雨

晨录《今语》。嘉儿别去，与以车费十万元。倦寝。饭后阅《通俗编》及《小学蒐佚》。王疏安来。晚八时寝。（天头：复骧，与洪。）

五月十七日　甲午四月十五日　月　晴

晨作信。录《今语》。倦寝。饭后阅《段注撰要》。蔡伏三、李一萍来。晚洗足。九时寝，极安。〇三仓"芦"音"罗乃"（古音）。（天头：舜芝书，何生复，与出版组。）

五月十八日　甲午四月十六日　火　雨　晴

晨以六证说"楬"当读"切"，入《今语源》："屑"训"动作切切"；"鬩"读如"切"；汉人以"切"为"楬"；《士冠礼》"阈"或作"戚"；"柣"郭千结反；《匡谬正俗》门菁。"先结反"乃隋唐音。阅《段注撰要》。饭后小寝。入浴。晚饭后出散步，疏安处小坐。洗足。九时寝，安。〇李吟秋来。（天头：洪书，峻书，编局书，嘉书。）

附

五三年二月九日血压百五十八度。

二月十九日第三次寄《小学述林》。

二十三日寄《淮南子证闻》,标点讫。

廿八函张[1],介王乔安、向岜元[2];三月十日函张,
介锺昌言、余乃苏。

三月十九日寄《汉书窥管》,二十四日接《甲文》二审
审查报告。

十三日血压百八十度,十八日同,廿八日血压
百六十六度。

三十一日百六十五度,二十七日与普希金书。

四月一日与毛公,六日血压176,十八185,廿四
176/104,五月十二175/110。

八月三日寄《淮南》三校。

九月二十五寄《金文馀说》。

十月廿二寄《修辞学》。

十月十日寄《国文法五种》。

十二月八日再寄《汉书窥管》。

十二月廿五血压180/115。三月四日血压176/134。

三月廿四日血压160/110。三月卅一日寄《论语疏证》。

---

① 张：即张孟旭。

② 向岜元：即向恺然(1889—1957),湖南平江人。武侠小说家,笔名平江不肖生。时为湖
南文史研究馆馆员。按,岜、恺相通,长沙话然、元同音。

人名索引

说　明

一、本索引所收人名条目按姓名拼音顺序排列。

二、本索引只为同时代人物出条。

三、本索引只为指向具体人物的人名出条，非指向人物的情况不出条。如1953年6月1日《斯大林事业展览会》，1953年1月27日"三时社院学习会看斯大林书三章"，为以人名代称书籍，不出条。

四、以关系称谓形式出现的人物，则以最终指向的人物出条。如日记记作"某某夫人"者，若能考得姓名，则以人名出条，若无法确知其姓名，则以"某某夫人"出条。日记记作"某某夫妇""某某父子"者，只以"某某"出条。

五、不知真实姓名的人物，则将日记所记称谓直接出条。如某生、某君、某女士等无从查考者。

六、一人有多种称谓，一般以人名出条；以字、号行者，则以字、号出条。日记中出现的同一人的不同称谓，则附于姓名条目之后的括号中。日记中未出现的称谓，则不予开列。如杨伯峻先生本名杨德崇，字伯峻，以字行，小名寿。其所出条目即为"杨伯峻"，括号中则只开列日记中的称谓"峻侄、寿侄"，"杨德崇"因未在日记中出现，不开列。

七、条目之后的数字，是该人物在日记中的年、月、日。如"卞孝萱 48/11/26、48/11/29"，即卞孝萱出现于 1948 年 11 月 26 日和同月 29 日的日记中。

八、出现在第 46 册末尾账目、第 50 册末尾 1953 年大事记中的人名，其出现日期归入当册最后一日，即 1949 年 9 月 30 日、1954 年 5 月 18 日。

九、时隔七十多年，有些人名难以考证，索引不免瑕疵。如一人数名者，可能出现一人对应多条的情况；重名者，可能出现一条对应多人的情况。凡此种种，切盼读者多多批评赐正。

53/5/18、53/5/19、53/6/20、
53/6/23、53/6/25、53/7/5、
53/7/28、53/8/11

陈明仁　49/7/24、49/8/1、49/
8/2、49/8/3、49/8/5、49/8/23

陈墨移（邦福）　52/12/12

陈融　49/4/17

陈书农　49/5/17、49/5/20、49/
7/1、49/7/23、49/8/5、49/8/8、
52/12/16、53/1/16、53/1/17、
53/2/7、53/2/21、53/2/23、
53/4/13、53/5/3、53/5/10、
53/6/27、53/7/24、53/9/30、
53/10/2、53/10/20、53/12/12、
53/12/22、54/2/10、54/3/14

陈恕人　49/2/9、49/2/13、49/
2/14

陈天和　52/12/11、53/2/19

陈天权　53/12/27、54/5/12

陈铁夫　49/3/26、49/4/8、49/
7/14、49/9/16、49/9/19

陈锡祺　48/11/15、48/11/20、
49/1/2、49/1/3、49/1/21

陈锡祥　48/11/20、49/1/26

陈序经（习经）　49/1/17、49/
2/6

陈宣理　49/9/20

陈毅　54/1/4

陈寅恪　49/1/24、49/2/6、49/
5/1、52/11/21、52/11/22、
52/12/8、52/12/9、52/12/30、
53/1/5、53/4/6、53/11/6、
54/3/28

陈友古　49/6/19

陈有觐　49/8/19

陈右钧（佑钧）　53/2/23、53/4/
25、54/2/23、54/3/19、54/
4/25

陈浴新　53/1/17、53/1/21、53/
7/21

陈元　49/7/5

陈垣（援安）　49/6/23、52/11/
21、52/11/22、52/12/6、
53/1/5、53/3/27、53/3/28、
53/10/8

陈徵祥　53/7/24、53/7/25

程潜（颂公、程主席）　49/8/1、
52/12/15、52/12/20、53/3/10、
53/3/15、53/3/17、53/3/24、
53/5/3、53/5/9、53/6/7、
53/6/12、53/6/18、53/6/20、
53/7/14、53/10/28、53/11/27

傅种孙（仲嘉）　53/3/27

傅作义　49/1/19

G

淦初表弟　54/3/13

高鸿缙（笏之）　49/3/8、49/7/
21

高克明　49/5/23

高敏　53/4/23、53/4/24、53/7/
5、53/7/17、53/9/24

葛德淦　53/2/28、53/3/1、53/
9/1、53/10/30、53/10/31、
54/3/19、54/4/11

葛太太　54/4/8

龚彬甫　53/11/24

龚大昕　49/9/8

龚曼甫　49/7/13、49/8/18、49/
8、53/5/31

古宪遵　49/1/17

谷国瑞　49/3/7、49/8/2

顾颉刚　49/3/12、53/9/14、53/
11/8

顾铁符　48/11/8、48/11/13、48/
11/28、48/12/20、49/1/9、
49/1/19、49/1/21、49/1/25、
49/1/28、49/2/19、49/2/20、

49/2/22、49/4/9、49/4/12、
49/4/16、49/5/13、49/5/22、
49/9/30、52/12/18

关葆谦　49/12/29

郭晋稀　49/4/2

郭君伟（人俊）　53/4/28、53/5/
1、53/5/3、53/5/22、53/6/12、
53/6/13、53/6/23、53/6/24、
53/6/26、53/7/29、53/7/31、
53/8/29、53/10/5、54/2/7、
54/2/23、54/3/16、54/3/19、
54/3/28

郭鸣九　49/9/18

郭沫若（鼎堂）　48/12/1、48/12/
31、49/3/1、49/4/14、49/5/26、
53/1/8、53/3/28、53/4/3、
53/4/13、53/4/15、53/4/20、
53/5/4、53/5/5、53/6/12、
53/6/18、53/6/19、53/6/23、
53/7/18、53/7/20、53/8/23、
53/9/4、53/9/9、53/9/11、
53/9/23、53/11/2、53/11/6、
53/12/17、53/12/25、54/1/9、
54/1/25、54/3/18、54/3/25、
54/4/2、54/4/15

郭人俊夫人　53/12/25

姜运开　54/1/14

蒋复璁　49/3/29、49/4/8

蒋固节　53/12/20

蒋介石（蒋公）　49/1/21、49/1/22

蒋良俊　49/9/22

金明　52/12/15、53/3/17、53/5/9、53/6/2、53/6/7、53/10/3、53/10/16、53/11/14

金天翮　49/3/24

景霖　49/9/15

景韬白（韬伯）　49/9/11

景燕霓　48/11/26、48/11/29

K

康清桂（桂清）　48/11/15、49/2/27、49/2/28

康辛元　48/11/3、49/1/1、49/2/27、49/2/28、49/3/4、49/3/7、49/3/12、49/3/17、49/3/26、49/6/6、49/6/11、49/7/20、49/8/9、49/8/18

孔德（肖云）　48/11/3、48/11/4、48/11/5、48/11/7、48/11/9、48/11/11、48/11/12、48/11/15、48/11/20、48/11/21、48/11/23、48/11/25、48/11/28、48/12/4、48/12/5、48/12/8、48/12/13、48/12/16、48/12/18、48/12/19、48/12/20、48/12/31、49/1/1、49/1/10、49/1/12、49/1/17、49/1/18、49/1/21、49/1/22、49/1/23、49/1/28、49/1/31、49/2/2、49/2/3、49/2/7、49/2/12、49/2/14、49/2/19、49/2/21、49/3/1、49/3/8、49/3/16、49/3/22、49/3/29、49/4/2、49/4/14、49/4/17、49/4/24、49/5/4、49/5/9、49/5/11、49/5/27、49/6/11、49/6/25

孔弗村（舅氏、孔先生）　48/12/20、49/2/10、49/6/3、53/5/20、53/5/31、53/8/19、53/11/2、53/11/14、53/12/22、54/1/18、54/1/28、54/1/29、54/1/30、54/2/1、54/2/24、54/3/11、54/5/9、54/5/15

孔弗村夫人（舅母）　49/9/12、49/9/13

孔叟（孔老者）　53/3/1、53/4/22、53/4/23

12/27、53/12/28、53/12/29

李家源　48/11/1、48/11/18、48/11/19、48/12/4、49/1/5、49/1/7、49/1/25、49/2/11

李津身　49/1/23

李锦荃　53/6/8

李景传　53/3/31

李俊　54/1/1、54/1/2、54/1/6、54/1/13、54/3/23、54/3/30、54/5/7、54/5/8

李麓岑（鹿岑）　49/5/17、49/6/16

李弥六　48/11/3、49/1/20、49/7/24、53/4/5

李祁　49/1/26

李仁浦　53/4/16、53/7/11

李日章　48/11/17

李莎青　48/11/17

李石吾　49/3/17

李淑一　53/1/26、53/1/28、53/2/10、53/3/23、53/5/10、53/8/23、53/9/3、53/9/9、53/9/17、53/9/24

李思安　53/3/24

李㑊君　49/9/25

李㑊君夫人　53/6/5

李肖聃　48/11/29、49/1/5、49/1/15、49/2/14、49/3/26、49/4/21、49/5/29、49/5/30、49/6/6、49/6/13、49/7/3、49/7/10、49/7/22、49/8/5、52/12/3、52/12/17、53/1/14、53/1/23、53/1/25、53/2/1、53/2/5、53/2/10、53/2/16、53/2/23、53/3/7、53/3/11、53/3/23、53/4/20、53/4/28、53/5/10、53/8/29、53/8/30、53/9/2

李修蘅　53/7/11

李逊伯　49/6/10

李一萍　54/5/17

李吟秋　53/10/1、53/10/22、53/10/23、53/11/29、53/12/5、53/12/30、54/2/8、54/5/18

李芋青（宇青）　53/10/5、54/2/7

李振邦　49/8/4、54/2/8

李子魁　49/1/26

李宗仁　49/1/22、49/4/9

李祖荫（眉寿）　48/11/2、48/11/18、48/11/25、49/4/30、49/5/21、49/5/22、49/5/24、49/7/20、49/8/2、49/8/8

刘成禺　49/4/17

刘成禺夫人　49/4/10

刘垂萱　53/11/4、53/11/6

刘德基　54/4/5、54/4/11

刘定仪　53/6/23

刘斐　49/6/19

刘孚永　49/5/28

刘公元　53/11/26、53/11/27、53/11/30

刘光华　53/3/17

刘厚斋　49/9/8、49/9/14

刘节（子植）　48/11/13、48/11/16、49/1/4、49/2/8、49/3/6、49/4/24、53/1/3

刘君（辛树帜秘书）　49/3/14

刘开俤　54/1/25、54/2/14

刘况　53/10/5

刘梦雪　53/9/4

刘鸣剑　49/7/2、49/7/23

刘铭彰　49/4/2、49/5/12

刘启益　53/3/4、53/3/14、53/3/21

刘趠蔚（筠友）　53/6/30

刘求南　49/7/17、49/7/18、49/7/20、49/9/4

刘瑞潞（通叔）　53/1/18、53/11/24

刘师培（申叔）　49/8/12

刘寿彤　49/5/16、49/5/17、49/5/28、49/7/13、49/8/3、49/8/15、49/8/17

刘绥松（刘同学）　53/10/26、53/10/27、53/10/28

刘树荣　48/12/4、48/12/11

刘天隐夫人　49/2/8

刘维楷　49/4/30

刘文典　54/2/26

刘文兴（诗孙）　52/12/21、52/12/23、53/2/8

刘显琳　48/11/14、49/1/3

刘虚（实君）　49/6/15、49/6/20、49/7/17、53/6/4、53/6/10、53/8/30、53/8/31、53/9/8、53/9/10、53/9/18、54/3/10、54/3/16、54/4/16

刘学沛　53/3/26、53/3/27

刘永湘（湘生）　48/11/29、49/6/5、49/7/13、49/8/15、53/9/21、53/9/23、54/1/30、54/2/23

刘腴深（天隐）　48/11/2、49/1/5、49/1/21、49/2/8、49/2/9、

49/4/15、49/5/17、49/6/21、
49/6/22、49/7/20、52/12/29

刘中亭　53/3/27

刘子任（子亚）　49/5/24

刘子中　53/7/14、53/7/18、53/
8/4、53/8/16、53/9/19

柳大谥（午亭）　53/11/16

柳敏泉　53/4/25、53/11/24、54/
2/23、54/4/25

柳蜃庵　53/2/23

柳晓昂　53/8/23

柳诒徵　49/4/25

龙伯坚　48/12/6、49/2/26、49/6/
12、49/6/15、49/6/17、49/6/
25、49/7/6、49/7/9、53/3/14、
53/3/28

龙绂瑞（茋溪老人）　49/7/6

龙谷瑞（文蔚、龙叟、龙老、龙
先生、龙老人）　52/12/6、52/12/
11、52/12/29、53/1/13、53/1/
17、53/1/19、53/1/25、53/2/4、
53/2/20、53/2/21、53/2/23、
53/3/9、53/3/18、53/3/23、
53/3/24、53/4/5、53/4/7、
53/4/10、53/4/15、53/4/18、
53/4/21、53/4/24、53/4/25、

53/5/2、53/5/16、53/5/31、
53/6/4、53/6/15、53/7/21、
53/7/23、53/7/29、53/7/31、
53/8/3、53/9/1、53/9/9、
53/9/10、53/9/22、53/9/24、
53/10/8、53/10/18、53/10/30、
53/11/9、53/11/12、53/11/27、
53/12/4、53/12/10、53/12/11、
53/12/14、53/12/23、
53/12/27、53/12/29、54/1/13、
54/1/19、54/1/22、54/1/27、
54/2/12、54/2/25、54/2/28、
54/3/4、54/3/11、54/3/15、
54/3/17、54/3/24、54/3/26、
54/4/3、54/4/6、54/4/22、
54/5/3、54/5/4、54/5/7、
54/5/12

龙谷瑞妻　53/9/24

龙康侯　53/4/11

龙璋（砚仙）　49/6/23、49/6/
26

卢俊恺　48/11/12、49/1/16、49/
2/20

鲁实先　49/3/12、49/4/26、49/
4/27、49/5/6、49/6/5、49/6/6、
49/6/27、49/6/28、49/6/30、

彭燕郊　53/9/15

彭耀文（助教）　52/11/21、52/
12/5、52/12/7、52/12/10、52/
12/22、52/12/23、52/12/30、
53/1/19、53/3/1、53/3/16、
53/3/19、53/3/21、53/3/30、
53/4/8、53/7/7、53/8/9、
53/9/9、53/10/8、53/10/18、
53/10/28、53/11/4、53/11/6、
53/11/10、53/12/7、53/12/10、
53/12/17、54/1/14、54/2/27、
54/3/4、54/3/14、54/3/15、
54/3/21、54/4/9、54/4/23、
54/5/11

彭泽陶（葛怀）　49/1/8、49/
1/13、49/6/22、53/9/11、
53/9/19、53/10/10

彭祖智　48/11/7、48/12/5、48/
12/13、48/12/25、49/1/28、
49/2/20、49/3/11、49/3/17、
49/3/22、49/4/3、49/4/4、
49/4/5、49/4/8、49/4/18、
49/5/6、49/5/7、49/5/8、
49/5/9、49/5/11、49/5/13、
49/5/22、49/5/27、49/6/16、
49/6/17、49/6/25、49/6/27、

49/7/1、49/7/8、49/7/14、
49/7/23、49/7/24、53/8/29、
53/9/4、53/9/6、53/9/10、
53/9/23、53/9/26、53/9/28、
53/10/3、53/10/12、53/10/24、
53/12/27、53/12/31、54/1/30、
54/3/18、54/4/4

皮名举　49/5/24、53/2/21、53/
3/20、53/9/4、53/10/29、53/
10/31、53/11/2、53/11/30、
54/1/4、54/1/12、54/1/30、
54/1/31、54/2/27、54/3/4、
54/4/13

皮名振（芋岩）　49/5/16、49/
5/20、49/8/22、49/9/25

浦江清　54/4/21

普希金　53/3/27、54/5/18

Q

前大嫂　1953/1/1

钱吉甫　53/1/18

钱穆（宾四）　49/4/15、49/
4/16

钱清廉　49/1/31

钱三强　53/5/12

钱玄同　53/1/22

申业敬　53/12/4

沈莉君　53/4/10、53/8/26、53/10/5、53/11/29、53/12/27、53/12/28、53/12/29、54/5/3

沈曼如　52/12/26

沈四太　53/3/25、53/3/29

沈天梦　49/1/21

沈伟　54/4/23

沈五太　49/5/31、53/1/9、53/1/27、53/3/13、53/7/4、53/8/7、53/10/23、53/11/29、53/12/19、54/1/13、54/4/8、54/4/22、54/5/3、54/5/14

盛启廷　49/6/4、49/6/7、49/6/12、49/6/25、49/8/10

施应坤　53/5/17

石陶钧（醉六）　53/6/3

史金妹　54/2/7

舒国华　53/9/23

斯大林　53/3/5、53/3/6、53/3/9

宋希禹　49/6/11、49/6/25

宋增禹　49/7/2、49/7/19、49/7/21、49/8/17

宋长栋（宋生）　48/11/7、48/11/30、49/1/16、49/1/30、49/2/11、49/2/14、49/2/15、49/3/2、49/3/10、49/3/25、49/4/1、49/4/5、49/4/8、49/4/29、49/5/12、49/5/27、49/6/16、49/6/17、49/7/2、49/9/30

宋之昭　53/6/23

苏景泉　49/1/23、49/1/24

苏清卓（建秋）　49/9/2、49/7/3

苏重稣　49/5/25

粟陶靖（峻侄妇、陶靖侄妇）　54/1/29、54/2/24

孙秉莹　53/8/24、53/9/16、53/10/9、53/10/12、53/10/29、53/10/30、53/10/31、53/11/3、53/11/6、53/11/10、54/1/1、54/1/2、54/1/30、54/2/27

孙常钧　49/6/11、49/6/19、49/7/6

孙俍工　53/7/19、53/7/21、54/2/8

孙人和（蜀丞）　53/8/30、53/9/15、53/10/2、54/4/12

孙诒让（中容、仲容）　49/9/1、53/12/13

唐太君（曾祖母） 49/7/5

唐艺菁（艺青） 49/5/20、49/9/28

唐寅阶（寅陔、唐医、寅皆） 49/5/20、49/8/20、53/11/12、53/12/6、53/2/25、53/2/28、53/7/7、53/11/8、53/11/12、53/11/23、53/12/13、54/2/25、54/3/11、54/3/18、54/4/6、54/4/7、54/4/21

唐永銮 53/4/21

唐云毅 53/11/8

陶杰（驿达） 49/4/26

陶晋规 54/5/1

陶孟和 53/1/28、53/1/30、53/2/10、53/2/12、53/4/24、53/5/8、53/8/15、53/12/23、53/12/25、54/1/2、54/4/3、54/4/18、54/5/13

陶生 54/2/17

陶先瑜（鲁实先妻） 49/4/26、53/6/14、53/9/12、54/1/24

陶元珍（云孙） 48/11/2

田博文（助教、田生） 53/11/1、53/11/6、53/11/10、53/11/11、53/11/26、53/11/29、53/12/7、53/12/17、54/1/11、54/2/27、54/3/14、54/3/15、54/3/21

田名瑜（个石） 53/2/27、53/3/13、53/9/10、53/9/18、54/5/18

田培林 49/3/4

田渠（河森） 48/11/27、48/11/28、48/12/10、48/12/22、49/6/10、49/7/18、49/8/27、49/9/30

田兴奎（星六） 49/5/8、49/5/27、53/3/10、53/3/15、53/3/16、53/5/9

田运钧 48/11/7、49/5/25

童国熹（光瓒、国禧） 53/7/27、54/4/3、54/4/8、53/8/2、53/8/27

涂西畴 53/3/16、53/7/23、53/11/1、54/1/1、54/1/2、54/2/4、54/2/26

W

汪铁士 49/8/24、54/4/14

汪诒荪（诒孙、怡孙） 52/11/24、53/1/4、53/2/9、53/2/11、53/2/16、53/2/22、53/3/28、53/5/12、53/5/16、53/6/14、

49/7/30、49/8/29、49/9/4、
52/12/13、52/12/21、53/1/1、
53/1/5、53/1/6、53/1/10、
53/2/13、53/2/22、53/2/24、
53/3/3、53/3/22、53/3/29、
53/4/23、53/4/27、53/5/31、
53/7/22、53/7/26、53/8/9、
53/8/12、53/8/15、53/9/13、
53/10/1、53/10/12、53/10/13、
53/10/18、53/10/28、53/
10/29、53/11/4、53/11/5、
53/11/9、53/11/13、53/11/15、
53/11/20、53/11/21、53/12/
9、53/12/20、53/12/22、53/
12/27、53/12/31、54/1/7、54/
1/9、54/1/21、54/2/3、54/2/19、
54/3/13、53/3/21、53/5/2、
53/5/9、53/5/17

王太霞　53/3/2

王显（伯晦）　48/11/8、48/11/
18、48/11/19、48/11/29、48/
12/13、48/12/18、49/5/22、
49/5/27、49/5/31、49/6/1、
49/6/13、49/6/16、49/7/10、
49/7/31、49/9/14、49/9/17、
52/11/26、53/1/5、53/1/28、

53/2/2、53/2/8、53/2/11、
53/2/12、53/2/15、53/2/17、
53/3/8、53/3/18、53/3/25、
53/4/4、53/4/17、53/4/18、
53/4/22、53/5/27、53/6/3、
53/7/30、54/4/16

王襄　53/4/15、53/4/20

王啸苏（啸稣、疏安、啸老、啸疏）
48/11/1、48/12/15、48/12/
27、49/5/20、49/6/16、49/
6/29、49/7/3、49/7/12、49/
7/16、49/8/6、49/8/15、49/
9/17、49/9/27、52/11/24、52/
11/26、52/11/29、52/11/30、
52/12/2、52/12/9、52/12/
13、52/12/28、52/12/29、
53/1/2、53/1/12、53/1/21、
53/1/22、53/1/23、53/1/31、
53/2/2、53/2/4、53/2/5、
53/2/10、53/2/16、53/2/28、
53/3/1、53/3/6、53/3/7、
53/3/11、53/3/15、53/3/23、
53/3/24、53/3/31、53/4/3、
53/4/14、53/4/17、53/4/18、
53/4/22、53/4/23、53/5/5、
53/5/7、53/5/11、53/5/13、

53/5/14、53/5/29、53/5/31、
53/6/1、53/6/3、53/6/8、
53/6/12、53/6/17、53/6/19、
53/6/20、53/6/27、53/7/5、
53/7/7、53/7/9、53/7/12、
53/7/16、53/7/18、53/7/21、
53/8/2、53/8/16、53/8/17、
53/8/26、53/8/30、53/9/1、
53/9/3、53/9/9、53/9/13、
53/9/17、53/9/29、53/10/3、
53/10/4、53/10/8、53/10/11、
53/10/12、53/10/16、53/10/
27、53/10/28、53/11/11、53/
11/20、53/11/21、53/11/25、
53/11/30、53/12/10、53/12/
17、53/12/18、53/12/20、53/
12/23、53/12/28、54/1/6、
54/1/28、54/1/30、54/1/31、
54/2/6、54/2/9、54/2/21、
54/2/25、54/2/27、54/3/5、
54/3/17、54/3/19、54/3/29、
54/3/30、54/4/1、54/4/5、
54/4/9、54/4/11、54/4/12、
54/4/16、54/4/17、54/4/22、
54/4/24、54/4/29、54/5/1、
54/5/5、54/5/6、54/5/7、

54/5/9、54/5/14、54/5/16、
54/5/18

王学膺（平默） 49/6/7、49/6/
16、53/2/16、53/3/21、53/
9/29、54/2/26、54/3/31、
54/4/9

王耀埔 49/1/23

王易（晓湘） 49/8/14、49/9/7、
49/9/13、49/9/27

王颖珠（颖珠） 48/11/7、48/
12/13、49/7/7

王原一 52/11/24、52/11/30、
52/12/8、52/12/23、52/12/27、
52/12/28、53/1/1、53/1/14、
53/1/18、53/1/29、53/1/30、
53/1/31、53/2/5、53/2/11、
53/2/12、53/2/18、53/2/20、
53/2/24、53/3/8、53/3/17、
53/3/20、53/3/23、53/3/25、
53/4/2、53/4/3、53/4/6、
53/4/16、53/4/28、53/5/10、
53/5/19、53/5/22、53/5/29、
53/6/1、53/6/4、53/6/9、
53/6/17、53/6/19、53/6/21、
53/6/27、53/7/8、53/7/19、
53/7/28、53/8/1、53/8/15、

53/8/16、53/8/20、53/8/22、
53/8/23、53/8/25、53/9/7、
53/9/13、53/9/22、53/10/3、
53/10/8、53/10/17、53/10/27、
53/11/10、53/11/23、53/11/
28、53/12/2、53/12/13、53/
12/19、53/12/28、54/1/8、
54/1/15、54/2/2、54/2/9、
54/2/11、54/2/14、54/2/20、
54/2/21、54/2/28、54/3/15、
54/3/22、54/4/20、54/5/1、
54/5/7、54/5/9

王越（士略）　48/11/14、48/11/
20、49/1/18

王肇勋　53/4/25、53/5/2

王正本　53/9/19

王重民（有三）　48/11/12

王子祐　49/9/28

王祖岐　53/6/23

危克安　49/6/22、49/8/14、52/
11/23、52/12/30、53/1/11、
53/3/11、53/10/2、53/12/13、
54/1/1、54/3/19、54/5/2

魏东明（杨戊生）　53/11/8、53/
11/18

魏猛克　53/10/26、53/10/28

温廷敬　48/11/11

文斗　52/12/9、52/12/19、53/3/
17、53/5/12

文笃义　53/7/11

文国华　49/4/9

文韶清　48/12/4

文运昌　53/12/20、54/3/16、54/
3/25

文志新（自新）　53/12/30

吴承仕（检斋）　53/8/30

吴翾冈　49/4/27

吴闿生　49/1/29、49/1/30

吴康（敬轩）　48/12/13、49/
2/3

吴立卿　53/8/29、53/9/19、53/
9/23、53/9/30、53/10/5、53/
11/14、53/11/25、53/12/12、
53/12/22/、53/12/23、53/
12/24、54/1/29、54/3/16、
54/5/1

吴涟　49/1/8、54/1/18

吴良愧　53/9/23

吴鸣岗　53/9/23

吴其昌　54/1/31

吴润江（吴上师）　49/2/7、49/
2/13、49/2/16、49/2/18、49/

萧锡三（韵庭）　49/2/3

萧伊莘　49/6/19、52/12/3

萧仲祁（理衡、礼老、礼衡）　53/
2/13、53/2/15、53/6/4、53/
11/24、53/12/9、53/12/20、
54/3/17、/54/3/19、54/3/20、
54/3/27、54/3/29

小贝　49/6/13

谢国桢（刚主）　48/11/28、48/
11/29、48/12/16、48/12/20

谢厚藩　53/1/1

谢华　53/5/11、54/1/29

谢觉哉　53/12/20

谢启明　49/2/7、49/2/24、49/
3/15

谢善继（弘毅）　48/11/2、49/
5/16、49/5/20、49/6/30、49/
8/10、49/8/19、49/8/24、53/
2/21、53/2/22、54/4/25

谢太君（祖母）　49/7/5

谢文龙　49/4/10

谢义伟　49/9/16、53/5/29

谢哲邦　49/2/3

辛树帜　48/11/1、49/3/7、49/3/
8、49/3/12、49/3/14、49/3/15、
49/4/13

辛仙椿　49/4/13

辛仲勤（冲勤）　53/7/14

熊崇煦（知白）　48/11/1、49/
5/20、49/6/2、49/6/9、49/9/22、
53/6/5、53/6/7

熊嘉麟　53/1/3

熊润桐　49/3/4、49/4/18、49/4/19

熊申元　53/5/18、53/5/19

熊正理（雨生）　53/10/10、53/
10/11、53/10/22、53/10/23、
53/12/30、54/2/8

虚云　48/11/21

徐炳昶（旭生）　54/1/15、54/2/1

徐黻本　52/12/26

徐复观（佛观）　48/11/14、48/
11/23、49/4/20

徐闳立（季含）　53/6/24

徐君　53/3/29

徐懋庸　53/3/17、53/3/21

徐仁铸　53/6/3

徐特立（懋恂、特老）　49/9/13、
52/11/21、52/11/22、53/6/
13、53/6/14、53/6/16、53/
6/19、53/6/20、53/6/27、53/
7/20、53/9/16、53/10/12、53/
12/2

徐贤恭 49/3/3、49/3/27、49/6/25

徐显立（戊舟） 53/6/1、53/6/23、53/7/5、53/10/2

徐笑庵（笑安） 53/1/3、53/2/13

徐兴培 49/4/14、49/4/30、49/7/3、49/8/15、49/8/22、49/9/13

徐璋 53/1/27、53/6/27

徐桢立（绍周） 49/9/13、52/12/17、52/12/20、52/12/28、52/12/29、53/9/2

徐正凡 49/8/2

徐中舒 53/9/12、53/10/20

许生 52/12/6

薛涟 53/12/20

薛寅伯 53/7/7

Y

严学宭 48/11/5、48/11/7、48/11/13、48/11/16、48/11/25、48/12/7、48/12/16、48/12/22、48/12/26、49/1/21、49/1/30、49/2/2、49/2/8、49/2/12、49/2/21、49/3/11、49/3/18、49/3/25、49/3/30、49/4/14、49/5/3、49/5/13、49/5/22、49/6/13、49/6/15、49/7/7、53/6/24、53/6/25、53/6/26、53/6/27、53/6/28

言瑾 53/4/20、53/4/21、53/5/17

阎敬夫（言仲儒） 49/8/20、49/9/18、49/9/19

阎宗临 49/2/1

颜工 48/11/5、49/2/23、49/3/8

颜杰贤 48/12/14

颜老头 49/1/15、49/2/1

晏文松 49/9/10

杨邦杰 48/12/21、49/1/3、49/2/21、49/2/24、49/3/22

杨本善 48/11/3、53/4/5、53/9/6

杨伯峻（峻任、寿任） 48/11/2、48/11/6、48/11/9、48/11/10、48/11/23、48/11/29、48/11/30、48/12/10、48/12/12、48/12/13、49/1/1、49/1/8、49/1/16、49/1/22、49/1/27、49/2/10、49/2/11、49/2/14、

49/2/17、49/2/23、49/3/3、
49/3/7、49/3/15、49/3/16、
49/3/17、49/3/21、49/3/30、
49/4/2、49/4/13、49/4/18、
49/4/19、49/4/20、49/4/22、
49/5/4、49/5/17、49/5/18、
49/7/8、49/7/10、49/7/18、
49/7/29、49/8/2、49/8/6、
49/8/9、49/8/15、49/8/18、
49/8/19、49/9/30、52/11/21、
52/12/11、52/12/15、52/
12/18、53/1/7、53/1/13、
53/1/16、53/1/18、53/1/23、
53/1/27、53/2/14、53/2/15、
53/3/8、53/3/13、53/5/9、
53/5/25、53/5/28、53/7/14、
53/7/17、53/7/20、53/9/25、
53/10/29、53/10/30、53/11/2、
53/11/6、53/12/1、53/12/8、
53/12/16、53/12/24、54/1/15、
54/1/29、54/2/3、54/2/11、
54/2/24、54/4/12、54/5/18

杨成志　48/11/18

杨承孝　49/4/18、49/4/19、49/
4/26、49/5/2、49/5/8、49/5/12、
49/5/20、49/6/27

杨德纯（纯女、同妹）　48/11/3、
48/11/5、48/11/8、48/11/9、
48/11/13、48/11/14、48/
11/15、48/11/18、48/11/19、
48/11/20、48/11/25、48/
11/26、48/11/27、48/11/29、
48/11/30、48/12/1、48/12/6、
48/12/7、48/12/8、48/12/9、
48/12/11、48/12/16、48/
12/17、48/12/24、48/12/25、
48/12/27、48/12/29、48/
12/31、49/1/1、49/1/4、49/1/5、
49/1/8、49/1/10、49/1/15、
49/1/22、49/1/25、49/1/26、
49/2/1、49/2/5、49/2/6、
49/2/7、49/2/8、49/2/10、
49/2/14、49/2/17、49/2/22、
49/2/23、49/2/28、49/3/2、
49/3/3、49/3/7、49/3/8、
49/3/10、49/3/30、49/4/1、
49/8/6、49/8/9、49/8/28、
49/9/30、49/9/30、52/12/14、
53/1/1、53/3/15、53/4/19、
53/5/24、53/5/31、53/7/17、
53/7/22、53/7/28、53/8/21、
53/10/4、53/10/20、53/10/21、

49/3/8、49/3/15、49/3/22、
49/3/28、49/4/6、49/4/19、
49/4/28、49/4/30、49/5/15、
49/5/16、53/1/12、53/1/15、
53/2/17、53/3/9、53/3/27、
53/4/21、53/5/9、53/5/25、
53/6/3、53/7/25、53/7/27、
53/8/26、53/9/6、53/9/15、
53/10/3、53/10/8、53/12/9、
53/12/24、54/1/18、54/1/28、
54/3/1、54/3/10、54/4/1、
54/4/13、54/4/15、54/5/9、
54/5/13、54/5/14、54/5/16、
54/5/18

杨德庆（八儿、庆儿）　48/11/8、
48/11/9、48/11/15、48/11/22、
48/11/24、48/11/30、
48/12/6、48/12/14、48/12/23、
48/12/30、49/1/4、49/1/11、
49/1/25、49/2/18、49/2/28、
49/3/8、49/3/15、49/3/21、
49/3/22、49/3/30、49/4/6、
49/4/19、49/4/25、49/4/28、
49/5/3、49/5/15、49/5/16、
49/8/28、49/9/13、52/12/3、
52/12/17、53/1/4、53/2/10、

53/2/14、53/3/6、53/3/15、
53/4/4、53/4/5、53/5/2、
53/5/4、53/5/17、53/5/24、
53/5/31、53/6/12、53/7/12、
53/8/14、53/8/15、53/8/30、
53/9/8、53/9/19、53/9/22、
53/10/20、53/10/25、
53/10/27、53/11/4、53/11/9、
53/11/10、53/11/27、53/
12/12、53/12/24、54/1/1、
54/1/6、54/2/3、54/2/14、
54/2/19、54/2/24、54/3/5、
54/3/10、54/3/14、54/3/19、
54/4/1、54/4/4、54/4/16、
54/4/17、54/4/19、54/4/24、
54/5/4、54/5/14

杨德娴（娴女）　48/11/17、48/
11/26、48/11/29、48/11/30、
48/12/3、48/12/6、48/12/17、
49/1/5、49/1/8、49/1/10、
49/1/15、49/2/10、49/2/23、
49/3/1、49/3/3、49/3/7、
49/3/10、49/3/11、49/3/13、
49/3/25、49/3/26、49/4/9、
49/4/22、49/4/23、49/5/12、
49/5/16、49/8/6、49/8/9、

49/8/15、52/12/22、52/12/30、
53/1/5、53/1/15、53/2/12、
53/3/9、53/4/9、53/4/11、
53/4/21、53/4/29、53/5/16、
53/5/30、53/6/4、53/6/17、
53/7/2、53/7/19、53/9/29、
53/10/13、53/11/7、53/12/1、
53/12/27、53/12/28、54/2/26、
54/4/15

杨德骧（五儿、骧儿）48/11/5、
48/11/13、48/11/14、48/
11/20、48/11/21、48/11/26、
48/11/29、48/12/2、48/12/3、
48/12/4、48/12/9、48/12/11、
48/12/12、48/12/15、48/
12/16、48/12/21、48/12/23、
49/1/6、49/1/7、49/1/8、
49/1/11、49/1/12、49/1/20、
49/1/25、49/2/3、49/2/5、
49/3/28、49/3/29、49/4/9、
49/6/22、49/6/30、49/8/11、
49/8/28、49/9/3、49/9/25、
52/12/21、52/12/22、52/
12/23、52/12/31、53/1/1、
53/1/16、53/1/30、53/2/14、
53/3/18、53/3/20、53/4/14、

53/5/2、53/5/5、53/5/10、
53/5/28、53/5/31、53/6/3、
53/6/10、53/8/9、53/8/12、
53/9/17、53/9/21、53/10/12、
53/11/3、53/11/27、54/1/5、
54/1/22、54/2/11、54/3/1、
54/3/2、54/3/28、54/4/5、
54/4/11、54/4/13、54/4/14、
54/4/20、54/4/23、54/5/7、
54/5/15、54/5/16

杨德豫（豫儿、七儿、小七）48/
11/5、48/11/17、48/11/24、
48/12/4、48/12/11、48/12/12、
48/12/13、48/12/14、48/
12/22、48/12/23、49/1/6、
49/1/8、49/1/11、49/1/14、
49/1/31、49/2/6、49/2/9、
49/2/12、49/2/14、49/2/16、
49/2/20、49/3/12、49/3/14、
49/4/4、49/4/5、49/4/8、
49/4/9、49/4/11、49/4/19、
49/4/20、49/8/28、49/8/31、
49/9/5、49/9/12、49/9/14、
52/11/22、53/1/8、53/1/10、
53/2/22、53/3/20、53/4/24、
53/6/14、53/6/17、53/7/10、

袁浚夫人　49/1/9

袁籁清　48/11/1

袁弥孙　49/5/22、49/7/19、49/
　7/22、49/7/23、49/9/17

袁庆年　49/7/23、54/5/14

袁任远　52/11/24、52/12/16、53/
　1/16、53/11/14

袁勋安　53/11/25、54/4/27

袁医生　53/3/18、53/3/20、53/
　4/6、54/3/2、54/3/4

袁志强（自强、强孙）　49/8/15、
　52/12/22

袁志新（新孙）　53/4/12、53/
　5/31、53/7/29、53/9/6、53/
　9/30、53/10/1、53/10/9、53/
　10/12、54/1/6

袁仲仁　49/2/26、49/2/27、49/
　2/28、49/3/1、49/3/3、49/3/4、
　49/3/6、49/3/7、49/9/28

Z

曾纪绥　53/8/23、53/8/24

曾云鹗　53/7/9、53/7/13

曾运乾（星笠）　49/11/16

曾昭琼　48/11/6、48/11/13、48/
　11/16、49/1/3、49/1/4、49/1/9、

49/1/30、49/2/8、49/4/9、
　49/4/30、49/5/3、49/6/10、
　49/6/13、49/7/11、49/7/21

曾昭权（威谋）　49/5/28、49/6/9、
　49/6/25、49/7/28、52/12/19

曾志宁　53/5/3

曾志远　53/5/3

翟毅夫　49/1/31

詹安泰（祝南）　49/1/17、49/1/
　20、49/2/2、49/2/3、49/3/4、
　49/3/30、49/4/17、49/7/19

张勃川　53/5/25、53/6/9、53/
　11/2

张超寰　53/8/14

张迪祥　53/10/23

张国薰　52/12/21、53/1/30

张家祓（毅君）　48/11/9、48/11/
　17、48/12/5、48/12/10、48/
　12/13、48/12/30、49/1/1、
　49/1/8、49/1/12、49/1/28、
　49/2/2、49/2/3、49/2/6、
　49/2/9、49/3/1、49/3/30、
　49/4/1、49/4/9、49/5/1、
　49/6/9、49/7/11、49/8/28、
　53/1/4、53/1/15、53/3/15、
　53/4/9、53/4/12、53/4/18、

53/4/19、53/4/20、53/4/22、
53/4/23、53/5/1、53/5/9、
53/5/24、53/5/31、53/6/2、
53/6/3、53/6/10、53/6/13、
53/7/29、53/8/8、53/8/20、
53/9/4、53/9/6、53/9/30、
53/10/4、53/10/5、53/10/7、
53/10/8、53/10/9、53/10/11、
53/11/1、53/11/8、53/11/25、
53/12/25、53/12/27、53/
12/28、53/12/30、54/1/6、
54/1/22、54/1/25、54/2/5、
54/2/6、54/2/7、54/2/9、
54/2/20、54/2/23、54/2/24、
54/3/5、54/4/2、54/4/6、
54/4/14、54/4/15、54/5/7

张家祺夫人（张大嫂、嫂）　49/
1/12、49/1/14

张家祉（觉人）　48/11/13、48/
11/17、48/12/8、48/12/11、
49/1/14、49/3/29、49/3/30、
49/4/2、49/8/17、49/9/11、
53/9/20、53/12/1、53/12/2、
53/12/8、53/12/20、54/1/5、
54/2/14

张嘉谋　49/2/28

张健　53/4/27

张俊坤　49/8/24

张可南（罗仲言夫人）　53/6/14

张孟旭　53/1/16、53/1/17、53/
1/19、53/2/28、53/3/10、
53/3/13、53/3/24、53/3/29、
53/4/22、53/4/25、53/5/3、
53/5/7、53/5/9、53/5/14、
53/6/2、53/6/12、53/6/13、
53/6/30、53/7/13、53/7/22、
53/7/24、53/7/29、53/8/29、
53/9/2、53/9/3、53/9/30、
53/10/3、53/10/16、53/12/12、
53/12/14、54/2/20、54/2/23、
54/4/8、54/5/18

张名彦　53/4/25

张茜（张福）　52/11/24、53/
7/21、54/3/13、54/4/15

张任南　49/2/1

张舜徽　49/8/28

张为纲（嵚坡）　48/11/6、48/11/
16、48/12/11、48/12/12、48/
12/30、49/1/1、49/1/4、49/
1/10、49/1/30、49/2/13、49/
4/16、49/5/12、49/5/13、49/
5/22、49/6/4、49/6/15、49/6/27

锺应梅　48/11/5、49/5/12

周秉钧　48/11/1、48/11/2、49/
　5/16、49/5/20、53/1/3、
　53/2/23、53/2/25、53/7/21、
　53/8/10、53/8/24、53/9/7、
　53/9/17、53/9/23、53/10/8、
　53/11/13、53/12/25、54/4/9、
　54/4/15

周达夫　48/11/6、48/11/16、49/
　2/4、49/2/8、49/3/31、49/4/22、
　49/4/24

周德伟（子若）　49/2/5、49/2/8、
　49/2/10、49/2/14、49/3/6、
　49/3/25、49/3/28、49/3/29

周好古　49/4/30、49/8/22、49/
　8/24

周介裪（筼翘）　49/7/5、49/7/
　12

周名煇　48/11/13

周明正（名震）　53/2/16、53/2/
　26、53/2/27

周鸣珂（明珂）　52/12/21、52/12/
　22、53/1/23、53/2/16

周其勋（淦卿）　48/11/11、48/11/
　12、48/11/20、48/11/21、49/
　1/21、49/1/26、49/1/31、49/

2/4、49/2/7、49/4/10

周仁济　53/1/9、53/6/27、54/
　4/13

周汝聪（汝冲）　48/11/3、48/
　11/13、48/11/22、48/11/24、
　48/11/29、48/12/4、48/12/14、
　48/12/20、48/12/24、49/2/26、
　49/4/13、49/4/20、53/2/14

周三元　54/2/4

周少卿（周乞丐）　52/12/7、53/
　1/22、53/2/10、53/3/7、54/
　4/22

周铁铮　48/11/3、48/11/5、48/
　11/13、48/11/14、48/11/17、
　48/11/19、48/11/26、48/
　11/27、48/11/29、48/12/9、
　48/12/20、48/12/31、49/1/1、
　49/1/8、49/1/25、49/2/1、
　49/2/5、49/2/6、49/2/8、
　49/2/10、49/2/11、49/2/14、
　49/2/17、49/2/22、49/2/23、
　49/2/24、49/2/28、49/3/3、
　49/3/7、49/3/8、49/3/11、
　49/3/13、49/3/25、49/3/26、
　49/3/30、49/4/2、49/4/5、
　49/4/6、49/4/8、49/4/9、